Elvis Presley

Ein reifer Elvis-Fan inmitten seiner Kollektion.

Mike E. Rodger

Elvis Presley

Eine Biographie mit vollständiger bebilderter Disco- und Filmographie

VERLAG GERHARD RAUTENBERG · LEER/OSTFRIESLAND

Dieses Buch widme ich meiner Freundin Evelyn, die mich meist vom Schreiben abgehalten hat, meiner Mutter, die so gerne etwas Gedrucktes von mir liest, meinem Großvater, der immer noch daran zweifelt, ob je etwas Ordentliches aus mir wird — und meinen beiden Freunden Rüdiger und Folker Spangenberg, denen ich verdanke, daß ich Elvis-Fan wurde.

1. Auflage Dezember 1976	1.— 5. Tausend
2. Auflage August 1977	6.—10. Tausend
3. Auflage August 1977	11.—20. Tausend
4. Auflage September 1977	21.—30. Tausend
5. Auflage April 1982	31.—35. Tausend

(Sonderausgabe zum 5. Todestag)

Gesamtherstellung Druckerei Gerhard Rautenberg D-2950 Leer
Umschlagentwurf Rolf Kessler, 2000 Hamburg

ISBN 3 - 7921 - 0176 - 9

ELVIS PRESLEY PERFORMING

Elvis in Again

Elvis Presley is enjoying a spectacular revival in Germany. Several years ago he was considered passé, but today the 41-year-old fat boy is more widely acclaimed than ever.

Presley's records began to sell towards the end of 1975 and will probably sell 2.5 million copies this year. He is second in popularity to James Last, the German bandleader.

A few weeks ago North German, Bavarian, and Swiss radio all featured a 10-part series on the Elvis Presley phenomenon. It was so enthusiastically received, there is talk of repeating it.

Elvis has become hot again in Deutschland.

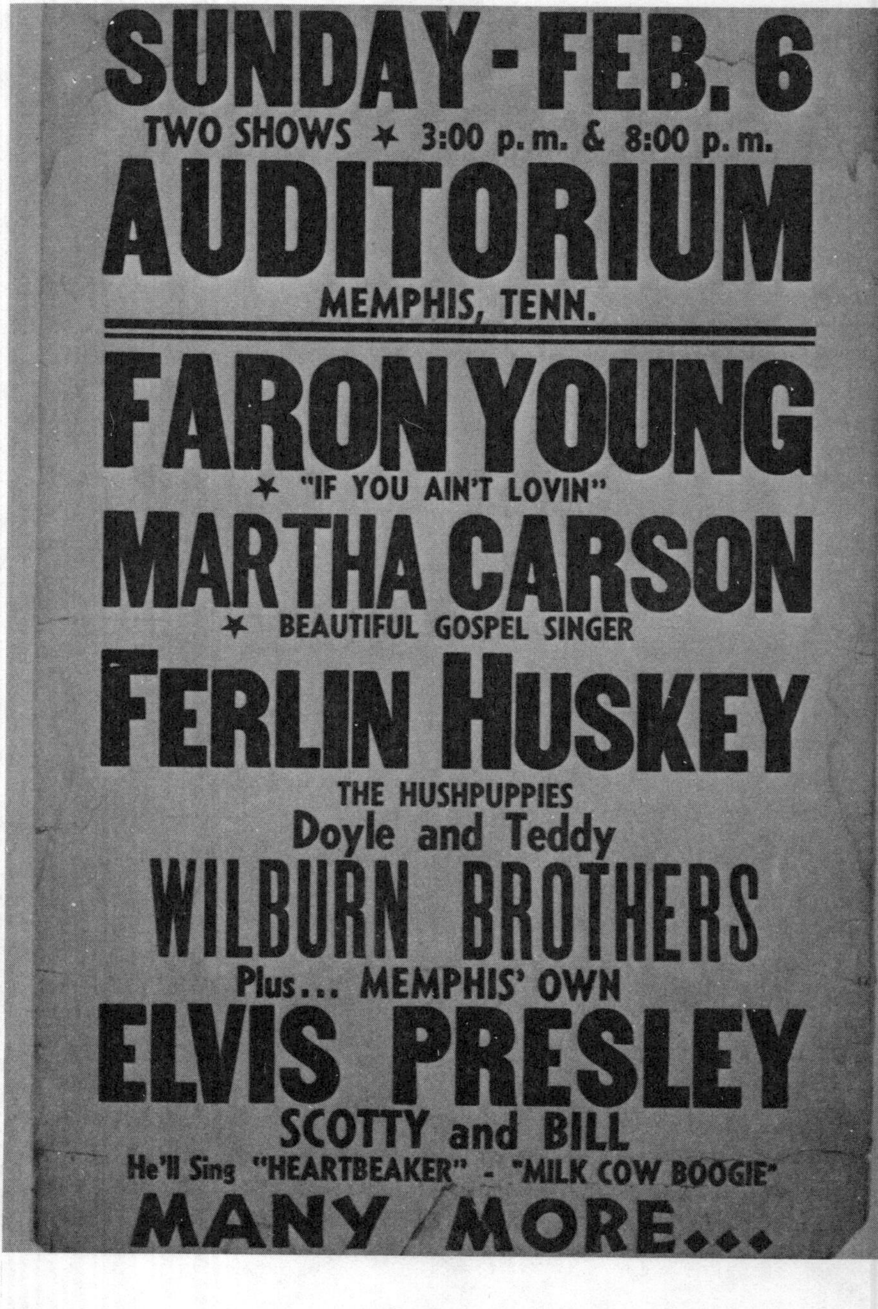
SUNDAY - FEB. 6
TWO SHOWS ✶ 3:00 p.m. & 8:00 p.m.
AUDITORIUM
MEMPHIS, TENN.
FARON YOUNG
✶ "IF YOU AIN'T LOVIN"
MARTHA CARSON
✶ BEAUTIFUL GOSPEL SINGER
FERLIN HUSKEY
THE HUSHPUPPIES
Doyle and Teddy
WILBURN BROTHERS
Plus... MEMPHIS' OWN
ELVIS PRESLEY
SCOTTY and BILL
He'll Sing "HEARTBEAKER" - "MILK COW BOOGIE"
MANY MORE...

Vorwort von Chet Atkins

Ich kann mir nur schwer vorstellen, wie sich das Musikgeschäft in den vergangenen zwanzig Jahren ohne den Einfluß Elvis Presleys entwickelt hätte. Seine Wirkung auf die Musik veränderte damals schlagartig und vollständig die Art, wie wir alle Schallplatten produzierten.

Kurz nachdem Steve Sholes seinen Vertrag für 40 000 Dollar von Sam Phillips für die RCA gekauft hatte, traf ich Elvis Presley zum ersten Mal. Viele Leute in Nashville waren der Meinung, daß Steve Sholes seinen Verstand verloren habe. Nur einige wußten es besser: alle die, die von Elvis Presleys Erfolgen auf seinen Tourneen mit Hank Snow gehört hatten und die wußten, wie populär er in Louisiana und im Osten von Texas war. Wie auch immer, Elvis kam für einige Plattenproduktionen in die Stadt, und ich hatte die Aufgabe, die richtigen Musiker und Sänger zu besorgen. An einige der Musiker erinnere ich mich, außer mir waren Floyd Cramer und die Jordanaires dabei. Natürlich hatte Elvis Scotty Moore und Bill Black mitgebracht, die damals mit ihm spielten, und sie nahmen auch an den Sessions teil. Die Aufnahmen wurden in unserem Studio gemacht, daß zu der Zeit in Nashville in der McGavock Street No. 1525 lag. Alle Titel, die wir bei diesen Sessions produzierten, wurden, glaube ich, große Hits. Besonders erinnere ich mich an ‚Heartbreak Hotel' und ‚I Want You, I Need You, I Love You'. Ich erinnere mich auch, meiner Frau und meiner Tochter gesagt zu haben, sie sollten mal einen Blick durch die Trennscheibe in's Studio werfen. Ich hatte sie extra dafür eingeladen, denn ich hatte ihnen erklärt, dieser Mann würde das Heißeste, was die Schallplatten-Industrie jemals gesehen hätte. Während der Aufnahmen hatte Elvis mit den Musikern rumgealbert und dabei seine Hose zerrissen. Ein anderes Paar wurde für ihn aus dem Hotel geholt, und die kaputte Hose ließ man achtlos in der Halle liegen. Ein Mädchen, das für irgendeine andere Firma im Hause arbeitete, fragte mich, was ich mit der alten Hose tun wolle. Ich gab sie ihr mit der Bemerkung, eines Tages würde sie sicher eine Menge Geld wert sein. Sie lachte mich aus, aber — dieses war eines der wenigen Male, wo ich recht behalten habe.

Ich hatte das Privileg, ganz am Rande, etwas zum Erfolg Elvis Presleys beizutragen und seine Karriere aufmerksam zu verfolgen. Ich freue mich über seine Erfolge und wünsche ihm viele glückliche Jahre!

Chet Atkins, Nashville/Tennessee, den 27. September 1976

Der Gitarrist Chester B. Atkins, am 20. Juni 1924 in Luttrell, Tennessee geboren, nahm 1947 seine erste Platte für RCA-Victor auf. Bis heute hat der gefragte Studio-Musiker auf über 100 Langspielplatten mitgespielt. Zwischen 1956 und 1964 organisierte er die Elvis Presley-Sessions, die er auch musikalisch leitete. In dieser Zeit war er der Produzent der meisten Elvis Presley Platten. Heute ist Atkins leitender Direktor der RCA für Country Musik und Vize-Präsident des Konzerns. Das renommierte amerikanische Magazin ‚Harper's' schrieb im Juli 1968 über ihn: ‚Obwohl Chet Atkins von sich sagt, er sei bloß ein Gitarrist, den man nach vorne geschubst habe, ist dieser 44jährige Sohn des ursprünglichen, ländlichen Tennessee wahrscheinlich der einflußreichste Mann in der Musikstadt Nashville.'

Vorwort von Tony Sheridan

‚The last shall be the first — Die Letzten werden die Ersten sein', diese biblische Botschaft, glühend verkündet von den feurigen Vertretern einer Pfingstler-Sekte (einer leidenschaftlich demokratischen Religion), hörte sich die fromme Presley Familie jeden Sonntag eifrig an. In der Kirche wurde der junge Elvis mit seinen musikalischen Grundlagen versorgt, und vor allem — was am wichtigsten war — entwickelte er die Basis seines späteren Ehrgeizes, nämlich seinen Stolz und seine Selbstachtung; was er selbst bestätigt hat. Die Intensität eines solchen Gottesdienstes, seelische Leibrente für das Proletariat des Südens, brachte eine ekstatische Kirchenmusik hervor, die dazu diente, die Gemeinde von allen Sünden reinzuwaschen und sie aller Glaubenszweifel zu entheben. Für die Elenden, gleich ob schwarz oder weiß, war dieser Glaube an eine göttliche Gerechtigkeit der einzige Fixpunkt, die einzige konkrete Hoffnung in einer meist aussichtslosen Zukunft. Dadurch fühlte man sich erlöst von angestauten Emotionen und Frustrationen und gerüstet für die Bewältigung einer Misere, welche für die Arbeiterklasse des tiefen Südens kaum Aussicht auf irgendein Erdenheil bot, aber ein ungeheures Vertrauen auf eine zwar ferne, jedoch mit Sicherheit zu erwartende apokalyptische Erweckung wachsen ließ.

Diesem Hintergrund entstammt der Mann, der die Musik Amerikas, ja das Gesamtbild des amerikanischen Lebens drastisch und grundlegend verändern sollte. Fest steht, daß Elvis Presley der einzig wahre Urheber einer bis dahin unbekannten Art volkstümlicher Musik war, der Katalysator in einem außergewöhnlichen Verschmelzungsprozeß schwarzer und weißer Quellen. Wahr ist, daß die Musik einiger anderer ähnliche musikalische Komponenten enthielt (Blues, Hillbilly), aber keiner der ‚Konkurrenz' besaß die nahezu magische Fähigkeit, Massen von Leuten in aller Welt eine Musik zu vermitteln, mit der sie sich selbst, ihre Träume und ihre Vorstellungen von persönlicher Freiheit identifizieren konnten. Kurz gesagt, Elvis Presley war GE-

NIAL, während andere lediglich TALENT besaßen. Er war ROCK — eine Tatsache, die von den meisten Kritikern, bei ihren Bemühungen, eine kühle Logik in der Entwicklung seiner Musik aufzuzeigen, indem sie versuchen, diese Entwicklung sozio-ökonomischen Ursachen zuzuschreiben, unverständlicherweise ignoriert wird. Ein Journalist, der meines Erachtens eine realistische Einschätzung gibt, schreibt: ‚Um Amerika verstehen zu können, muß man Elvis Presley verstehen!' Es bedurfte eines genialen Talentes, um die Komplexität des amerikanischen Lebens zu absorbieren und in einer neuen, hochemotionalen Musikform wieder zum Ausdruck zu bringen. Diese Konfrontation mit der Realität war freilich nicht jedem genehm, weil sowohl die Musik, als auch die Art und Weise, in der er sich auf der Bühne bewegte ‚zum Verfall der sittlichen Werte und zur Verblödung der heutigen Jugend' führe. Diese Art Aussage verkörperte die vorhandene Doppelmoral des wohlhabenden puritanischen Teils der weißen Bevölkerung im Süden. Man stelle sich vor, am Anfang seiner Karriere wurden Elvis Presley Auftritte verweigert! In unserer heutigen modernen Szene finden seine ersten Aufnahmen nach wie vor Anklang. Das Hauptmerkmal großer Musik ist eine zeitlose Gültigkeit, die uns heute noch ergreift und Emotionen freisetzt, die heute wie damals vorhanden sind. Wohlgemerkt, hier ist nicht von Nostalgie die Rede, sondern von einem heute noch aktuellen Phänomen. Schon die erste veröffentlichte Single-Platte von Elvis Presley stieß bei den Rassisten auf heftige Ablehnung, weil sie in ihnen ein Gefühl des Horror erweckte, während von vielen Pazifisten dieses Ereignis als Meilenstein betrachtet wurde, als ein Schimmer eines künftigen integrierten Amerikas, und das zu einer Zeit, als der Rassismus den Frieden am stärksten bedrohte. Diese Tatsache wurde in den Auseinandersetzungen der populären Musik am deutlichsten reflektiert.

Ich meine, wir haben Elvis Presley und seiner Musik vieles zu verdanken; auf seine Art leistete er, wenn das auch ursprünglich nicht seine Absicht war, zur Bewältigung der Rassenprobleme mehr als alle Präsidenten der USA seit zwei Jahrzehnten.

Tony Sheridan, Paris, den 12. Oktober 1976.

Der englische Sänger und Gitarrist Tony Sheridan, unter dem Namen Anthony Esmond Sheridan McGinnity am 21. Mai 1940 in Norwich in der Grafschaft Norfolk geboren, hatte 1959 die Norwich Arts School verlassen, um in Londoner Kneipen und Clubs mit eigenen Bands Skiffle, Blues und Rock 'n' Roll zu spielen. Er begleitete amerikanische Rock 'n' Roll Musiker wie Eddie Cochran (der Interpret von ‚Summertime Blues' starb am 17. April 1960 bei einem Autounfall in der Nähe von London), Gene Vincent (der Sänger des Hits ‚Be-Bop-A-Lula') und Conway Twitty (heute ein etablierter Country-Sänger in Nashville, Tennessee) und ging 1961 nach Hamburg. Dort spielte Sheridan im berühmten Star Club auf der Reeperbahn und bei Platten-Sessions mit der Ur-Besetzung der Beatles zusammen, die damals noch unter dem Namen Silver Beatles auftraten. 1967/68 ging Tony Sheridan fast eineinhalb Jahre zur US-Truppenbetreuung nach Vietnam. Nach einem weiteren Jahr in Australien kehrte er Ende 1969 nach Europa zurück. Neben seinen ‚live' Auftritten, moderiert er Rundfunksendungen, komponiert und schreibt Titel für andere Musiker. Seine Erfahrungen in Vietnam möchte er in einem Buch zusammenfassen.

Einleitung

,There's no business like show business' heißt das geflügelte Wort der amerikanischen Unterhaltungsindustrie. Und wie um diesen Satz zu beweisen, hat das zu einer perfekten Marketing-, Produktions- und Sales-Maschinerie entwickelte Schaugeschäft im Lande der unbegrenzten Möglichkeiten immer wieder Stars in kürzester Zeit und in immer schnelleren Schüben produziert.

Man baut sie auf, gibt ihnen goldene Hits, ausverkaufte Tourneen, Tausende von Fans; verschafft ihnen Ruhm und Glanz, Reichtum und Ansehen, um sie dann oft genug ebenso schnell wieder in der Anonymität verschwinden zu lassen: ausgebrannt, verbraucht und verschlissen!

Natürlich gibt es Ausnahmen von dieser Regel — ja muß es geben. Denn ,Money talks' ist die Orientierungshilfe in der unsentimentalen Glamour-Branche. Und wenn das Geld stimmt, dann stimmt auch die Karriere des Künstlers.

Bei keinem anderen Star des Show Biz war je mehr Geld im Spiel, als bei dem schmächtigen Jüngling, der 1953 als Gospel- und Country-Sänger begann und heute als übergewichtiger, alternder Rock-Star immer noch auf der Bühne steht: Elvis Presley.

,Vier Dinge', so schreibt der amerikanische Journalist und Schriftsteller Jerry Hopkins, ,hat Amerika der Welt gegeben: Baseball, Mickey Mouse, Coca Cola und Elvis Presley!'

Warum Elvis zum strahlendsten Stern des Showbusiness wurde, weshalb er zum Maßstab aller nach ihm Kommenden avancierte und wie man ihn zum Helden und Symböl der Pop-Kultur stilisierte, wird klar, wenn man seine Lebensgeschichte kennt. Sie beginnt in dem Ort Tupelo in Mississippi.

Die Kindheit in Tupelo

Woher die Presleys kommen, weiß keiner so genau. Der Name ist nicht sehr häufig in den Vereinigten Staaten. Im Süden und im mittleren Westen scheint er noch etwas verbreiteter zu sein, als im Norden. Man sagt, er sei englischen Ursprungs. Vernon Presley, der Vater von Elvis, glaubt sich zu erinnern, daß seine Familie schon immer im nördlichen Teil des US-Bundesstaates Mississippi ansässig gewesen ist. Genaueres läßt sich nicht recherchieren, denn die Presleys gehörten zur Schicht der Land- und Hilfsarbeiter. Diese bildeten die unterste Stufe der weißen Gesellschaftshierarchie, und von ihnen sagt man in den Staaten, daß sie immer das schmutzige Ende des Stockes in der Hand halten. Und in dieser sozialen Schicht ist Genealogie noch nie üblich gewesen.

Seit dem Ende der 20er Jahre, die Depression machte sich schon deutlich bemerkbar, lebte die Familie Presley in dem kleinen Dorf Tupelo. Der Ort liegt zwischen Grenada und der nördlichen Staatsgrenze, die Mississippi von Tennessee trennt. Gleich hinter der Grenze im Nordosten an dem bekannten Fluß Mississippi, den schon so viele große amerikanische Schriftsteller beschrieben und gerühmt haben, liegt Memphis. Die Stadt ist das wichtigste und größte Handelszentrum der beiden Agrarstaaten und bildete immer schon einen Anziehungspunkt für die arme Landbevölkerung, die sich von einem Leben in der Großstadt Arbeit und bescheidenen Wohlstand versprach.

Tupelo war um 1850 als Eisenbahnstation und Marktflecken gegründet worden. Es wurde wirtschaftlich nie bedeutend und hat in der amerikanischen Geschichte nur einmal Erwähnung gefunden. Im Jahre 1865 marschierte der Nordstaaten-General Sherman durch den Staat Tennessee, in dem seine Truppen teilweise chaotische Zustände hinterließen, gegen Georgia. Man befand sich mitten im Bürgerkrieg, der wegen der immer größeren politischen, wirtschaftsgeographischen und sozialen Gegensätze zwischen den Nord- und den Südstaaten ausgebrochen war. In der Nähe von Tupelo traf Sherman-Untergebener General Smith mit 14 000 gutausgerüsteten Männern auf den

Konföderierten-General Forrest. Dieser wollte mit seinen restlichen 6 000 Soldaten noch die Wende erzwingen. Doch die letzte große Schlacht des Sezessionskrieges dokumentierte einmal mehr die Überlegenheit des Nordens: Forrest wurde in zwei Tagen dreimal geschlagen. Und Tupelo dem Erdboden gleich gemacht.

Nach 1865 wuchs der Ort nur langsam. Der Wiederaufbau war schwer, lag die Stadt doch inmitten eines Landwirtschaftsgebietes, das besonders unter dem Krieg hatte leiden müssen. Um 1920 hatte der Ort noch nicht einmal 5 500 Einwohner. Im Süden der Stadt, dort wo all die kleinen schäbigen Holzhäuser mit ihren zwei oder drei Zimmern, den Besitzern der Farmen und der Mühlen gehörten, wohnte die ärmste Bevölkerung: Schwarze und Weiße, die auf den Baumwoll- und Getreidefeldern rund um Tupelo arbeiteten.

Den Schwarzen anstrengendste Landarbeit zuzumuten, war bei den weißen Großgrundbesitzern selbstverständlich. Hatten die Neger auch nach dem Sieg der Union über die Südstaaten ihre Freiheit erhalten, so galt das in weiten Teilen des Südens nur auf dem Papier. Aus ihrer Rolle als billige Hilfskräfte der weißen Bourgeoisie konnten sie sich nicht lösen. Zu groß war die über Jahrhunderte hinweg instituierte Abhängigkeit. Doch auch Weiße waren während der Depression in die niedrigste Gesellschaftsschicht geraten und mußten sich ihren Lebensunterhalt als Land- und Hilfsarbeiter verdienen. Diese Weißen nannte der etablierte und wohlhabende Südstaatler abfällig: poor white trash — der letzte weiße Dreck!

Die Presleys gehörten dazu. Sie wohnten im Südteil der Stadt am Rande der Negerviertel in einem kleinen, verwohnten aber sauberen Zweizimmer-Holzhaus in der Old Satillo Road. Der jüngste Sproß der Familie war Vernon. Wie sein Vater war er Landarbeiter.

Der Zusammenbruch der New Yorker Börse am ‚schwarzen Freitag', dem 25. Oktober 1929, leitete weltweit eine Wirtschaftskrise ein. Die amerikanische Industrieproduktion sank in den Jahren 1929 bis 1932 um mehr als

54 Prozent, und die Zahl der Arbeitslosen in den USA stieg bei kaum vorhandener Arbeitslosenfürsorge auf über 15 Millionen. Die um 1915 neubegründete Ku-Klux-Klan-Bewegung, die zeitweise im Süden und mittleren Westen über 5Millionen Anhänger zählte, erlebte eine neue Blütezeit und wütete im Namen des Christentums, der Moral und des Anstandes gegen Neger, Intellektuelle, Juden und Katholiken.
1933 waren der siebzehnjährige Vernon und sein Vater froh, auf einer außerhalb Tupelos gelegenen Farm Arbeit zu finden. Von Sonnenauf- bis Sonnenuntergang schufteten sie auf den Baumwoll- und Kornfeldern. Den ganzen Sommer über gab es reichlich viel zu tun und die tägliche Arbeit wurde nur von ein bis zwei kurzen Pausen unterbrochen. Doch nach den Erntearbeiten im Herbst blieb den Landarbeitern nichts weiter übrig, als nach Hause zu gehen. Das bißchen Geld, was man verdient hatte, mußte nun den Winter über reichen. Nur wenige fanden nach der Ernte noch einen Job in einem Lagerhaus, in einer der Mühlen oder wurden von den Grundbesitzern weiterbeschäftigt. Die meisten hatten erst zum nächsten Frühjahr wieder eine Chance, einen Job zu bekommen.

In der Berry-Street, unweit von den Presleys entfernt, wohnte Gladys Smith mit ihren Eltern, ihren drei Brüdern und fünf Schwestern. Gladys kannte den vier Jahre jüngeren Vernon von Kindheit an. Sie spielten zusammen, wuchsen zusammen auf und im Winter 1933/34 heirateten die beiden.
Während Vernon auf den Feldern schwitzte, arbeitete Gladys von morgens um sechs, täglich 12 Stunden, an sechs Tagen in der Woche in Akkordarbeit als Näherin für eine Kleiderfabrik im Südteil von Tupelo. Ihr wöchentlicher Verdienst lag meist etwas über 12 Dollar. Vernon brachte noch weniger nach Hause. Das junge Paar, das sich eine eigene Wohnung nicht leisten konnte, wohnte zuerst bei Gladys Eltern, später dann bei den Presleys.

In den dreißiger Jahren waren die sozial Schwachen in den Vereinigten Staaten rechtlich schlecht gestellt. Erst 1935 wird mit dem Social Security Act eine Arbeitslosen-, Invaliden-, Alters- und Hinterbliebenenversicherung eingerichtet. Andere Gesetze sollten faire und sozialere Arbeitsbedingungen sichern. Doch die Realisation ging nur mühsam voran, gebremst durch die Ende 1937 einsetzende wirtschaftliche Rezession. Gladys Presley, die im Sommer 1934 merkte, daß sie schwanger wurde, verlor ihren Arbeitsplatz. Glücklicherweise hatte Vernon inzwischen einen relativ sicheren, weil jahreszeitlich unabhängigen Job als Milchwagenfahrer gefunden. Als ihm sein Boß, der Molkerei-Besitzer Orville S. Bean, auch noch ein kleines Darlehen gewährte, konnte Vernon ein Zweizimmer-Holzhaus für sich und seine Frau bauen. Es war eine dieser typischen Armeleute-Hütten, wie sie in den Südstaaten zu Tausenden zu finden sind. Das Haus stand auf gemauerten Steinklötzen, damit bei den häufigen Hochwassern oder bei plötzlich stark einsetzendem Regen nicht die Zimmer überflutet werden. Heute ist diese Hütte die meistbesuchteste Elvis-Presley-Gedenkstätte in Tupelo.

Am 8. Januar 1935 brachte Gladys in ihrem neuen Zuhause Zwillinge zur Welt: Elvis Aron und Jesse Garon. Doch das zweite Kind wurde tot geboren. Vielleicht hätte man in einem Krankenhaus rechtzeitig bemerkt, daß Gladys Zwillinge gebären würde, hätte eventuelle Schwierigkeiten mit den beiden Kindern feststellen und beseitigen können, doch die Presleys waren zu arm, um einen Krankenhausaufenthalt bezahlen zu können. Und eine Krankenversicherung hatten sie nie abgeschlossen. Am nächsten Tag wurde das Baby in einem namenlosen, und deshalb heute unbekannten Grab, auf dem Priceville-Friedhof begraben.

Da Gladys durch die schwere Geburt nicht mehr in der Lage war, weitere Kinder zu bekommen, wuchs Elvis als Einzelkind auf. Gladys und Vernon konzentrierten nun — wohl weil sie wußten, daß sie nie andere Kinder haben würden — alle Fürsorge und Liebe auf ihren Sohn. Elvis wurde beschützt und behütet. Zumeist mußte er zu Hause spielen und wenn er dann doch hin und wieder einmal nach draußen durfte, konnte man sicher sein, daß sich Gladys immer in der Nähe ihres Kindes aufhielt. Sie hatte zu große Angst, ihm könne etwas geschehen. Später berichtete Elvis: „Meine Mutter ließ mich nie aus den Augen. Nie durfte ich mit den anderen Kindern an den nahegelegenen Bach!" Hier wird der Ansatz zu Elvis Presleys starker Mutterbindung deutlich. Eine Bindung, die so eng wurde, daß er seiner Mutter nach ihrem Tode im Jahre 1958 in seinem Haus in Memphis ein Museum einrichtete. Das Zimmer seiner Mutter durfte außer ihm niemand betreten. In Graceland, seinem Wohnsitz auf dem seine Mutter bis zu ihrem Tode lebte, wurde danach kaum etwas geändert; hatte sie das Haus doch selbst eingerichtet.

Ordnung, Anstand, Fleiß, Höflichkeit und Gläubigkeit, nach diesen Kriterien wurde Elvis erzogen: schon als kleiner Junge von drei Jahren, so berichteten Nachbarn, war Elvis immer ordentlich angezogen und seine Mutter achtete peinlich darauf, daß er sich nicht schmutzig machte; als er einmal auf einem anderen Grundstück eine Coca-Cola-Flasche findet und mit nach Hause bringt, legt ihn seine Mutter übers Knie, und Elvis muß die Flasche zur Nachbarsfrau zurückbringen und sich entschuldigen, denn er hatte nicht gefragt, ob er die leere Flasche mitnehmen und behalten dürfe; sehr früh lernte Elvis zu arbeiten und seine Eltern durch seine kleinen Nebeneinnahmen zu unterstützen; noch als etablierter Sänger und Filmschauspieler stand er auf, wenn Damen oder ältere Personen den Raum betraten, und bis heute dokumentiert Elvis durch seine recht häufigen Kirchenbesuche und seine hohen Spenden für karitative und kirchliche Zwecke seine Frömmigkeit.

Die Presleys waren immer eine sehr gläubige Familie. Wie bei den meisten Weißen in den Südstaaten und dem Mittelwesten, so war auch ihre politische Einstellung protestantisch-konservativ. Sie waren das, was man in den USA so treffend als ‚WASPs', als ‚white Anglo-Saxon Protestants' bezeichnet. Die amerikanische Zeitung ‚The Saturday Evening Post' charakterisiert diese ‚WASPs' schon am 25. April 1916 in einem Artikel exakt als ‚einfallslose, unkritische Durchschnittsamerikaner, die an die alten, überlieferten amerikanischen Wertvorstellungen glauben!' Dieser Kommentar hat sich

als zeitlos zutreffend erwiesen, denn noch heute bilden die ‚WASPs' das Stammwähler-Reservoir der Republikanischen Partei. Mit der Hilfe dieser konservativ-reaktionären Bevölkerungsschicht wurde Richard M. Nixon 1969 zum Präsidenten gewählt und im November 1972 durch ihre Unterstützung mit 61 Prozent der Stimmen wiedergewählt und in seiner Politik bestätigt. Ein Jahr später stürzte er über die Watergate-Affäre.
Jeden Sonntag ging die Familie Presley zur Kirche. Sie gehörten der ‚First Assembly Of God' Gemeinde an, die in der Adams Street in einem kleinen Gebäude ihre Gottesdienste abhielt. Hier hörte Elvis zum ersten Mal Kirchenlieder. Obwohl die Gemeinde nur Weiße als Mitglieder zählte, und die Gottesdienste im Gegensatz zu den Neger-Kirchen mit sehr viel weniger emotionalem Einsatz abgehalten wurden, war doch der Einfluß der fröhlichen, schwarzen Religiosität zu spüren. Lieder wurden nicht zurückhaltend pastoral zelebriert, sondern im Wechselgesang zwischen Pfarrer, Chor und Gemeinde gleichsam gemeinsam aufgeführt.
Das war beste Gospel-Tradition. Als man Elvis Presley viele Jahre später einmal danach fragte, woher er die Idee zu seinen Bewegungen genommen habe, antwortete er: ‚Die Sänger im Chor standen zuerst immer ganz still. Es waren gute Sänger, aber obwohl sie sehr schön sangen, beeindruckten sie die Gemeinde kaum. Doch dann begann der Pfarrer sich zu bewegen, hämmerte wie wild auf das Klavier und ging richtig mit der Musik mit. Ich glaube, als ich merkte, wie die Gemeinde davon angetan war, da habe ich das gelernt!"
1940 spürte man in den Vereinigten Staaten nur wenig von den Kriegswirren in Europa. In Tupelo, das wie das umliegende Agrargebiet im Sommer häufig von Hurrikanen und Tornados heimgesucht wurde, waren außenpolitische Ereignisse kein Thema für die Arbeiter, die nach dem täglichen Schuften auf den Plantagen abends mit ihren Familien auf den Veranden ihrer kleinen Holzhütten saßen. Die Presleys sprachen zwar über die Wiederwahl des Demokraten Franklin D. Roosevelt als Präsident, die Okkupation von

Dänemark, Norwegen und Frankreich durch das Hitler-Deutschland beschäftigte sie aber weit weniger als die Tatsache, daß ihr fünfjähriger Sohn in die Schule kommen sollte. Vom ersten Schultag an wurde Elvis täglich von seiner Mutter in die East Tupelo Consolidated School gebracht. Alleine durfte er den Schulweg nicht zurücklegen, denn Gladys hielt das für viel zu gefährlich. Die Lehrerin J. C. Grimes fand ihren neuen Schüler wohlerzogen und liebenswürdig. Seine Leistungen beurteilte sie als durchschnittlich.
In den nächsten Jahren wurde das Leben nicht leichter für die Presleys. Der Vater hatte seinen Job als Milchwagenfahrer verloren, was gleichzeitig bedeutete, daß die Familie ihr kleines Haus, in dem Elvis zur Welt gekommen war, verlassen mußte. Vernon war froh, wenn er wenigstens zeitweise Arbeit fand. Um seine Frau und seinen Sohn zu ernähren, nahm er jeden Job an, den er finden konnte. In den Jahren der Depression konnte man nicht wählerisch sein.
Schon 1933 hatte Franklin D. Roosevelt zur Überwindung der Wirtschaftskrise den nationalen Notstand ausgerufen und unter der Bezeichnung ‚New Deal' von einem wissenschaftlichen Planungsstab ein umfangreiches Reformprogramm erarbeiten lassen. Es enthielt zum Teil auch Lösungskonzeptionen zur Beseitigung der landwirtschaftlichen Mißstände und des Arbeitslosenproblems. Leider konnten die Reformen auf Grund einer starken Opposition der Großindustrie und der Privatwirtschaft nur zum Teil realisiert werden. Roosevelt versuchte dann in der zweiten Phase des ‚New Deal' die Arbeitslosenzahl dadurch zu vermindern, daß er Bauten aus öffentlichen Mitteln finanzieren ließ. Die damit beauftragte Works Progress Administration (WPA) hatte den Verwaltungssitz für 18 Landkreise im nördlichen Mississippi nach Tupelo gelegt. Und bei der WPA fand Vernon dann schließlich einen Job als Zimmermann und Vorarbeiter. Nach mehreren Umzügen hatten die Presleys auch wieder ein ordentliches, kleines Haus zum Wohnen. Und Vernons Verdienst reichte gerade aus, die Familie zu ernähren.

Mit fünf Jahren reüssierte Elvis Presley als Sänger. Er ging in die erste Klasse und täglich wurde vor Unterrichtsbeginn eine kurze Andacht gehalten. Zwei Tage lang hatte die Klassenlehrerin Frau Grimes dabei gefragt, ob einer ihrer Schüler ein Gebet sprechen könne. Am dritten Morgen meldete sich Elvis. Er sprach ein Gebet und sang anschließend einige Lieder. Frau Grimes war gerührt und begeistert. Besonders eines der Lieder hatte es ihr angetan. Sie informierte den Direktor der Schule, dem Elvis dieses Lied noch einmal vorsingen mußte. Die Schnulze hieß ,Old Shep' und Elvis hat sie später nachdem er den Schallplattenvertrag mit der RCA unterschrieben hatte, in seiner sechsten Session für die neue Firma am 2. September 1956 im Radio Recorders Studio in Hollywood aufgenommen. Das Lied erschien im Oktober 1956 auf seinem zweiten Album. Der Schuldirektor J. D. Cole war beeindruckt. Er versprach, Elvis dürfe bei dem jährlich stattfindenden Sängerwettstreit mitmachen, der während der Abschlußfeiern zum großen Viehmarkt in Tupelo einen besonderen Höhepunkt bildete.
Schon seit 1904 hatte es in Tupelo alljährlich einen großen Viehmarkt gegeben. Durch die günstige geographische Lage des Ortes hatte dieses Ereignis sehr bald nicht nur die Bauern und Händler aus der näheren Umgebung, sondern auch Gewerbetreibende aller Art jenseits der Grenze aus Alabama angezogen. Schausteller kamen hinzu, die ihre Buden und Karussells aufbauten, und bald war aus der Viehausstellung ein Jahrmarkt und Volksfest entstanden. Bei den Talentwettbewerben kamen die Teilnehmer aus beiden Staaten, um gegeneinander um einen großen Preis anzutreten. Elvis, der kaum bis an das Mikrofon reichte, sang ohne jegliche instrumentale Begleitung für seine Stadt sein ,Old Shep' und gewann den zweiten Preis: fünf Dollar und Freikarten für das Karussell. Am nächsten Tag in der Schule wurde er nicht nur von Frau Grimes gelobt, auch seine Klassenkameraden bewunderten ihn. Elvis, der schmächtige, schüchterne und zurückhaltende Junge, war stolz.
Vernon Presley hatte in Memphis/Tennessee Arbeit gefunden. Wie viele

andere Landarbeiter auch, war er in die immerhin über hundertfünfzig Kilometer entfernte Stadt gefahren, weil er hoffte, dort bessere Arbeitsbedingungen und höheren Verdienst zu finden. Er hatte Glück. Er konnte dadurch nur noch an den Wochenenden nach Hause zu seiner Familie fahren. Die Woche über blieb er in Memphis.

Elvis Presley hatte wenig Kontakt zu seinen Klassenkameraden und auch mit den Kindern aus der Nachbarschaft spielte er nur selten. Viel lieber blieb er stundenlang allein und beschäftigte sich selbst. Er war ein sehr introvertiertes Kind, das nur selten aus sich herausging und gerne viel Zeit mit seiner Mutter verbrachte, zu der er ein grenzenloses Vertrauen hatte und die er über alles liebte. Und Gladys schuf — ganz ungewollt — die ersten musikalischen Grundlagen zu seiner späteren Karriere als Sänger. Von ihr lernte Elvis die ersten Kirchenlieder, von denen, so hat er später einmal erzählt, das trostreiche ‚I Won't Have To Cross Jordan Alone' über Jahre hinweg sein Lieblingslied war. Als Elvis allerdings mehr als 15 Jahre später am 30. und 31. Oktober 1960 in Nashville/Tennessee sein erstes Album mit religiösen Liedern aufnahm, war das Stück aus seiner Kindheit nicht mit dabei.

Nicht nur Kirchenlieder sang ihm seine Mutter, Gladys kannte auch manch alte, überlieferte Folk-Melodie, viele der Bluegrass-Stücke und Hillbilly-Songs aus der musikalisch so traditionsreichen Vergangenheit des amerikanischen Südens. Dazu kam die Country & Western Musik, die aus den folkloristischen Musikformen des Südostens und mittleren Westens entstanden und in den dreißiger und vierziger Jahren durch zunehmende Verbreitung über die Rundfunkstationen bald zur gefragten Popmusik der weißen Landbevölkerung avanciert war. Bald sang Elvis alle diese Songs.

Im Januar 1945 überlegten Gladys und Vernon, was sie ihrem Sohn zum bevorstehenden 10. Geburtstag schenken könnten. Sie wußten, Elvis hatte sich ein Fahrrad gewünscht. Verständlich für einen Jungen in seinem Alter, aber leider nicht realisierbar für seine Eltern. Der Vater, der wöchentlich nur wenige Dollar mit nach Hause brachte, die kaum zum täglichen Leben

reichten, konnte ein Fahrrad gar nicht bezahlen. Die Presleys hatten sich erkundigt: das billigste Modell sollte 55 Dollar kosten. Also fragte Gladys ihren Sohn, ob er nicht ebenso gern eine Gitarre haben wolle. Elvis antwortete, wenn er eine Gitarre zum Geburtstag bekäme, wolle er sich erst im nächsten Jahr ein Fahrrad wünschen. Für 12,95 Dollar kaufte Vernon im größten Warenhaus in Tupelo eine Gitarre. Er konnte nicht wissen, daß er damit das Beste tat, was er seinem Sohn für seine Ausbildung und seinen zukünftigen Lebensweg geben konnte.
Elvis begann, Gitarre zu spielen. Er war so begeistert, daß er das Fahrrad bald vergessen hatte. Seine beiden Onkel Johnny Smith und Vester Presley brachten ihm einige Griffe bei, weiteres lernte er, indem er sich einfach selbst, so gut es eben ging, zu seinen Liedern begleitete. Und bald hatte er das Radio als beste Informationsquelle und hervorragenden Lehrmeister entdeckt. Stundenlang hörte er täglich die Stationen, die die populären Country-Songs spielten.
Country Musik hat sich eigentlich erst in den mittsechziger Jahren in den gesamten USA richtig durchgesetzt. Ursprünglich waren Hillbilly und Bluegrass und die anderen folkloristischen Musikformen der weißen Landbevölkerung auf ein geographisch eng begrenztes Gebiet im Südosten und Mittelwesten der Vereinigten Staaten beschränkt gewesen. ,,Es waren Menschen", so beschreibt der Musik-Publizist und Schriftsteller Paul Hemphill es treffend in seinem Buch ,The Nashville Sound' ,,die die Musik des Südens, im Süden für den Süden spielten!" Erst Anfang der dreißiger Jahre brachten weiße Landarbeiter, die während der Depression in ihrer Heimat keinen Job finden konnten, auf der Suche nach neuer Arbeit ihre Musik in den Südwesten, nach Texas und bis nach Kalifornien. In diesen Staaten entstand vermischt mit dem Einfluß mexikanischer Folklore eine eigene Musik-Szene. Neue Instrumente wurden bekannt, aus Hawaii kamen die Vorläufer der Steel-Gitarren, und auch Schlagzeuge wurden in Country-Bands immer häufiger eingesetzt.

Seit Ende der dreißiger Jahre wurden die ursprünglichen Musikformen des Südens immer mehr kommerzialisiert. Nashville entwickelte sich zum Mittelpunkt dieser neuen Country & Western Musik. Dort schufen Produzenten, Musiker, Texter, Komponisten, Arrangeure und vor allem die Manager der großen Plattenfirmen einen leicht verdaulichen, melodisch und harmonisch unkomplizierten Schlager-Sound. 1939 war der Großindustrielle Plough - ein naher Verwandter von ihm half mir überraschend bei meinem ersten Treffen mit Colonel Parker — in das Musikgeschäft eingestiegen. Schon bald war seine Rundfunkstation WMPS in Memphis nicht nur einer der kilowatt-stärksten, sondern vor allem auch der meistgehörte Country-Sender der Gegend. Und Tupelo lag von Memphis nur etwas mehr als hundert Meilen entfernt. Elvis hört alle damals bekannten Country-Sänger, die unter dem Einfluß der Western Filme gerade damit begannen, sich wie ‚Sonntag-vormittag-möchtegern-cowboys' in die buntesten und geschmacklosesten Anzüge zu kleiden. Elvis lauschte gebannt, wenn die großen Stars wie Roy Acuff, Ernest Tupp oder Bob Wills sangen, oder wenn die Discjockeys, die eine fast ebenso große Popularität genossen wie mancher Country-Star, die alten Platten von Jimmie Rodgers auflegten.
Aber noch eine andere Art von Musik hörte Elvis Presley täglich: den Blues. Lebte er doch in Tupelo lange Jahre im ärmsten Teil der kleinen Stadt, direkt neben den Negerbezirken. Schwarze waren die Nachbarn der Presleys, und Elvis kannte genug Negerkinder, so daß ihm deren Lebensformen und deren Musik von klein auf vertraut waren.

Die Country Musik der Weißen und der Blues der Schwarzen waren zwei verschiedene musikalische Gebiete, und sozio-politisch gesehen, zwei divergierende Lebensanschauungen, die scharf voneinander getrennt, nebeneinander existierten. Solange die Kommunikation zwischen Weiß und Schwarz auf das allernotwendigste reduziert war, diskriminierten die Weißen die Musik der schwarzen Minderheit als ‚race music', umgekehrt bezeich-

neten die auf ihre Musikkultur stolzen Neger Country-Musik verächtlich als ,white crap'. Entlang des Mississippi bis hinunter nach New Orleans hatten sie den Blues entwickelt, aus dem sich dann in den dreißiger und vierziger Jahren nach Hinzufügung eines Tanz-Rhythmus der Musikstil entwickelte, den die großen Plattenfirmen zwischen 1947 und 1952 Rhythm & Blues benannten. Sie wollten damit die verletzende, deklassierende Bezeichnung ,race music' ersetzen, denn inzwischen hatten sie den schwarzen Markt für ihre Produkte als äußerst lukrativ ausgemacht.
Elvis hörte über die Rundfunkstationen der Neger so großartige, ursprüngliche Musiker wie Booker ,Bukka' White, Big Bill Broonzy, Muddy Waters, John Lee Hooker oder Otis Spann. Sie prägen entscheidend sein Musikempfinden.
So arm die Familie auch war, und so hart die Lebensbedingungen zu ertragen waren, zwei Dinge, so hat Elvis viele Jahre später gesagt, gab es reichlich: Liebe und Musik!
Am 16. September 1948 lud Vernon seine Frau und seinen Sohn in sein altes, klappriges Auto, ein Plymouth Baujahr 1939, verstaute die wenigen Dinge, die sie besaßen im Kofferraum und fuhr nach Memphis/Tennessee — dort hofften sie, würde das Leben besser.

Memphis/Tennessee

Memphis/Tennessee: mehr als 500 Kilometer vom Golf von Mexico entfernt, immer den Mississippi stromaufwärts, vorbei an den Verladekais und großen Ölraffinerien von Baton Rouge, der Hauptstadt Louisianas, und weiter nach Norden, vorbei an den Baumwollfeldern um Vicksburg kommt man in diese Stadt, die inmitten eines fruchtbaren Landwirtschaftsgebietes im Länder-Dreieck Arkansas, Tennessee und Mississippi liegt.

Dank dieser günstigen Lage entwickelte sich Memphis schnell zum dominierenden Handels- und Umschlagplatz für all die Waren, die vom Süden weiter nach St. Louis und bis hinauf nach Chicago und den großen Industrie-Städten transportiert werden. Auch die Produkte der umliegenden Landwirtschaftszonen werden in Memphis verarbeitet, verpackt und dann per Schiff, Bahn oder Truck ebenso nach Kalifornien wie nach Cincinnati, Cleveland oder Pittsburgh verschickt. In Memphis laufen die Überlandstrassen zusammen, die von New Orleans nach Kansas, Colorado und von Texas nach Kentucky, Ohio und den Ostküsten-Staaten führen. Seit Jahrzehnten profitiert Memphis davon, ein wichtiger Verkehrsknotenpunkt zu sein.

Die schwarze und weiße Landbevölkerung, die in Zeiten von Depressionen stets zuerst hat leiden müssen, erhoffte sich immer Arbeit und Auskommen in den großen Städten. In der ersten Hälfte der zwanziger Jahre hatte es durch ein Überangebot landwirtschaftlicher Produkte und durch großflächige Erosionsschäden eine Krise in der Landwirtschaft gegeben. Deshalb wanderten allein 770 000 Neger zwischen 1920 und 1929 aus dem Süden in die industriellen Zentren ab. Auch weiße Kleinfarmer und Landarbeiter, man schätzt ihre Zahl auf eine halbe Million, suchten ihr Glück in den Städten. Sie fanden schnell eine Anstellung, da sich im Wirtschaftsboom zwischen 1921 und 1929 die Industrieproduktion in den USA verdoppelte. Die Unternehmer hatten deshalb einen starken Bedarf an billigen, ungelernten Arbeitskräften. Durch die Erfindung des Fließbandes war eine enorme

Steigerung der Massengüterproduktion möglich geworden und hatte viele neue Arbeitsplätze geschaffen.

Die Krise der dreißiger Jahre aber traf alle Wirtschaftszweige gleichermaßen, und die Landarbeiter, die sich, wie die 10 Jahre vorher Abgewanderten, ein besseres Leben in den Städten versprachen, wurden bitter enttäuscht. Auch die Tausende, die über die in so vielen Country-Songs verdammte Route Nr. 66 durch Tulsa und Oklahoma City nach Amarillo und gen Kalifornien zogen, fanden kaum Arbeit. Den ‚Okies', wie man die unwillkommenen weissen Gäste dort nannte, ging es schlechter als vorher.

Am Donnerstag, dem 16. September 1948 kamen die Presleys in Memphis an. Von Anfang an waren die Lebensbedingungen um keinen Deut besser als in Tupelo. Im Gegenteil: hatten sie in der Kleinstadt ein zwar schäbiges und ausgesprochen kleines Holzhaus bewohnt, so stand es ihnen doch allein zur Verfügung. In Memphis hingegen waren die Wohnverhältnisse erniedrigend. Im einstmals eleganten, nun aber heruntergekommenen Nordteil der Stadt fand die Familie in einem Einfamilienhaus eine Unterkunft. Die Presleys mußten sich einen einzigen, dunklen, feuchten und verkommenen Raum teilen. Eine Küche gab es nicht und das Bad sowie die Toilette wurde von drei weiteren Familien mitbenutzt.

Vernon Presley hatte Schwierigkeiten, einen neuen Job zu finden. Als er dann endlich eine Anstellung als Hilfsarbeiter bekam, betrug sein Wochenlohn noch nicht einmal 30 Dollar, obwohl er jeden Tag Überstunden machte. Man muß sich wundern, daß unter den psychischen Spannungen, die durch die schlechtbezahlte Arbeit und die menschenunwürdigen Lebensbedingungen entstanden, das Familiengefüge bei den Presleys intakt blieb. Besonders für Elvis muß es die Hölle gewesen sein: ein Junge vom Lande, zurückhaltend und höflich erzogen, war plötzlich in einer neuen, fremden, städtischen Umgebung; im ärmsten und verkommendsten Viertel der Stadt, wo die Grenze zur Asozialität und Kriminalität fließend war.

Die L. C. Humes High School, die Elvis Presley in Memphis besuchte, besaß mit 1 600 Kindern mehr Schüler, als seine Geburtsstadt Tupelo Einwohner. Es dauerte lange, bis sich Elvis eingewöhnt hatte. Am ersten Schultag, so hat Vernon viel später einmal einem Journalisten erzählt, habe er seinen Sohn zur Schule gebracht. Doch Elvis war schon da, als er zu Hause ankam; zu groß war die Angst vor der neuen Umgebung und den neuen Klassenkameraden.

Nur langsam verbesserte sich 1949/50 die ökonomische Situation der dreiköpfigen Familie. Vernon wechselte, immer auf der Suche nach einem Job, der ihm ein paar Cents mehr einbrachte, mehrmals seinen Arbeitsplatz. Bald verdiente er zwar um die vierzig Dollar in der Woche, doch mit zehn Dollar unterstützte er monatlich seine Mutter, die in West Point, Mississippi lebte. Auch Gladys mußte wieder eine Arbeit annehmen: zuerst als Näherin in einer Gardinenfabrik, dann als Bedienung in einem Schnellimbiß.

Im Mai 1949 zogen die Presleys um. Durch die Hilfe des städtischen Wohnungsamtes erhielten sie eine Zwei-Zimmer-Wohnung in der Winchester Street Nr. 185. Die Miete betrug 35 Dollar im Monat. Auch diese Wohnung war alles andere als komfortabel oder elegant. Verglichen mit der alten Behausung, war es jedoch ein Luxus-Quartier. Hatten sie doch vorher in einem sogenannten ‚Hot bed appartment' gewohnt. Diese Ein-Zimmer-Unterkünfte, in denen ganze Familien leben mußten, waren in den Krisenzeiten der dreißiger und vierziger Jahre entstanden, und wurden so benannt, weil die Betten zumeist umschichtig benutzt wurden und deshalb nie erkalteten. Endlich nun hatten die Presleys eine Unterkunft nur für sich, die etwas mehr Raum bot, wo man nicht gezwungen war, Bad und Toilette mit drei oder vier anderen Familien zu teilen. In der neuen Nachbarschaft wohnten Schwarze und Weiße der untersten Einkommensschicht und auf der anderen Seite der Straße begannen die Wohnblocks der Neger. Abends konnte man diese in den umliegenden, kleinen Kneipen zusammensitzen sehen, wie sie den Blues hörten oder spielten.

Memphis hatte über die Jahre hinweg eine zum Teil eigenständige Musiktradition entwickelt. Schon um 1905, so berichtete der Blues-Dokumentalist, Musiker und Verleger W. C. Handy (1873—1958), der 1914 den berühmten ‚St. Louis Blues' schrieb, spielte man in Memphis eine Musik, die der in New Orleans sehr ähnlich war. Handy mußte das beurteilen können, lebte er doch selbst einige Jahre lang in Memphis und nahm aktiv am musikalischen Geschehen in der Stadt teil. 1909 schrieb er aus Anlaß einer politischen Kampagne zur Bürgermeisterwahl seinen ersten bekannten Song ‚Mr. Crump', den er später dann, 1912, mit geändertem Titel als ‚Memphis Blues' veröffentlichte.

Was Musiker wie Bunk Johnson, King Oliver, Kid Ory oder Jelly Roll Morton zusammen mit anderen Jazzmusikern zum Beginn des 20. Jahrhunderts in dem alten, franco-creolischen Vergnügungsviertel Storyville von New Orleans spielten, war eine neue, dynamische und virtuos kollektiv-aufgeführte Musik. Es war die Anfangsphase des klassischen New Orleans Jazz. In Memphis/Tennessee entwickelte sich ähnliches, allerdings bei weitem nicht in einer solch intensiven, komprimierten Form wie in der Hafenstadt im Mississippi-Delta, wo die Musiker in Kaschemmen, Bars, verkommenen Etablissements oder Freudenhäusern bessere Arbeitsmöglichkeiten fanden und leichter mit Musik ihren Lebensunterhalt bestreiten konnten. Als 1917 die USA in den Krieg gegen die Mittelmächte Deutschland und Österreich eintrat, wurde New Orleans zu einem wichtigen Verbindungs- und Nachschubhafen. Da man um die Kampfmoral, um die Moral überhaupt, um die Gesundheit und den Patriotismus der dort stationierten Marine und der einzuschiffenden Soldaten fürchtete, die bei den hübschen nach Hautfarbe sortierten jungen Freudenmädchen allzu leicht auf andere Gedanken hätten kommen können, wurden alle Vergnügungsbetriebe kurzerhand geschlossen. Die Prostitution konnte damit natürlich nicht unterbunden werden, allerdings wurden die Musiker fast alle über Nacht arbeitslos. Viele gingen deshalb nach Kalifornien, andere unternahmen ausgedehnte Tourneen, noch andere zogen nach Chicago, wo durch sie eine neue, große musikalische Bewegung ausgelöst wurde.

Auch die meisten aus Memphis stammenden Musiker zog es in die Städte im Osten. Musiker wie der Trompeter Johnny Dunn (1900 geboren in Memphis) oder der Klarinettist Buster Bailey (1902 geboren in Memphis), die beide zusammen mit W. C. Handy in dessen Band spielten, verließen ebenso wie die Jazz- und Blues-Musiker der nächsten Generation (unter ihnen Evans Bradshaw, der Pianist, Schulkamerad und enge Freund von Phineas Newborn, Jr., der Bassist George L. Joyner, der Schlagzeuger Charles Crosby und der Pianist und Gitarrist Edwin C. Newborn, die alle zwischen 1931 und 1933 in Memphis geboren wurden) die ländlich-langweilige Stadt. Auch Robert Brown wohnte, ebenso wie Memphis Minnie, die den Blues-Sänger Kansas Joe McCoy heiratete und mit ihm durch die Lande zog, oder Memphis Slim, nur kurze Zeit in Memphis.

Robert Brown, der Halbbruder von Big Bill Broonzy, spielte unter dem Namen Shufflin' Sam mit diesem eine Reihe von Platten ein und nahm unter dem Namen Washboard Sam den Blues-Klassiker ‚I've Been Treated Wrong' auf. 1947 wurde er in Chicago Polizist. Andere Musiker aus Memphis wie Fred Robinson, Louis Smith oder Erskin Tate gingen lieber auch nach Chicago oder New York. Peter Chapman, alias Memphis Slim, der, wie er von sich selbst sagt, einer der wenigen wirklich authentischen Blues-Musiker wurde, spielte hauptsächlich in Chicago und besuchte seine Heimatstadt nur noch auf Konzert-Reisen. Die Pianistin Lil Armstrong, die 1924 ihren später so berühmten Mann Louis heiratete, als dieser noch zweiter Trompeter in der Kind Oliver Band war, wurde 1903 auch in Memphis geboren. Sie hatte die Stadt schon verlassen, bevor sie 20 Jahre alt wurde. Allein der Sänger und Blues-Gitarrist Will Shade, der mit seiner Memphis Jug Band einen bedeutenden Beitrag für die lokale Musikszene leistete, hatte lange Jahre in kleinen Clubs in Memphis gespielt, wenn er nicht mit ‚medicine shows' unterwegs war. In den 50er Jahren lebte er von Gelegenheitsarbeiten und trat in Kneipen und Bars auf der Beale Street auf, die in Musikerkreisen als die Heimat des Blues bekannt geworden ist. Die Beale Street lag ungefähr einen 5-Minuten-Fußweg von der neuen Wohnung der Presleys entfernt.

Auf der Beale Street führten die Brüder Lansky einen für damalige Begriffe extravaganten Kleiderladen. Das Geschäft hatte in den frühen 50er Jahren einen ähnlichen Ruf, wie heute der Rodeo-Schneider Nudie in Los Angeles. Von Nashville und anderswo kamen die Musiker, um sich bei den Lansky-Brüdern glitzernde, bunte Anzüge anfertigen zu lassen oder Hemden und Hosen in den schrillsten Farben zu erstehen. Für Elvis Presley war dieser Laden ein Traum. Wann immer er etwas Geld für Garderobe gespart hatte, kam er hierher, um sich etwas zu kaufen.
Seine Kleidung und seine langen Haare waren das einzige, wodurch Elvis während seiner Schulzeit auffiel. Weder machte er sich durch überragende Leistungen bemerkbar, noch tat er sich im Sport hervor. Er war, wie viele seiner Klassenkameraden, ein Durchschnittsschüler, dessen Aufmerksamkeit im Unterricht nicht besonders groß war.
Der Grund dafür war, daß Elvis morgens schon unausgeschlafen und übermüdet zur Schule kam; denn um seine Eltern zu unterstützen, nahm er verschiedene Neben- und Aushilfsjobs an. Nicht aber wie andere Kinder aus seiner Nachbarschaft für nur wenige Stunden in der Woche, um sich irgendwelche persönlichen Wünsche erfüllen zu können, Elvis arbeitete schon mit 15 Jahren regelmäßig jeden Tag fünf Stunden für 12,75 Dollar pro Woche als Platzanweiser in einem Kino, um den kargen Wochenlohn seines Vaters und seiner Mutter etwas aufzubessern. Dadurch konnten sich die Presleys auch in der Woche hin und wieder ein Stück Fleisch zum Mittag- oder Abendessen leisten.
Eine Zeitlang verdiente Elvis Presley damit Geld, daß er für ein paar Cents den Rasen der Nachbarn mähte. Den Rasenmäher hatten ihm seine Eltern

gekauft. In wöchentlichen Raten mußte er ihn abbezahlen. Später fand Elvis einen Job in einer Eisenwaren-Fabrik, wo er eine Zeitlang neben der Schule täglich 8 1/2 Stunden als Aushilfsarbeiter zusätzliches Geld für die Familie verdiente. Als er allerdings durch die Belastung der Nebenarbeit in der Schule immer schlechter wurde, sorgten seine Eltern dafür, daß er seinen Job aufgab. Dafür begann Gladys, die eine längere Zeit nicht mitverdient hatte, weil es ihr gesundheitlich nicht gutging, nun wieder im St. Joseph Krankenhaus in Memphis zu arbeiten. Dort war sie vorher schon einmal wenige Wochen als Krankenschwester tätig gewesen.

Da die Presleys zusammen mehr als 3 000 Dollar Jahreseinkommen hatten, mußten sie ihre vom städtischen Wohnungsamt zur Verfügung gestellte und von der Stadt Memphis subventionierte Wohnung räumen. Sie verdienten zu viel. Am 7. Januar 1953 zog Vernon Presley mit seiner Frau und seinem Sohn in eine kleine Wohnung in der Cypress Street Nr. 398.

Obwohl Elvis unter seinen Klassenkameraden als Einzelgänger bekannt war und deshalb nur wenige Freunde besaß, wurde er doch oft zu Parties und anderen Treffen und Verabredungen der Schüler untereinander eingeladen. Denn der scheue, verschlossene und wortkarge Elvis war ein ganz guter Gitarrenspieler und Sänger. Seine Stimme hatte schon seine Lehrer bei Schulauftritten zu Tränen gerührt; und wenn bei den gefühls-schwangeren Erwachsenen die melodiösen Lieder, die der blonde adrette Junge mit den höflichen Umgangsformen in einer Mischung aus schüchterner Koketterie und charmantem Selbstbewußtsein vortrug, den Anlaß dazu gaben, so wußten seine wenig sentimentalen Mitschüler, daß jede Party in Schwung kam und die Mädchen leichter mit sich schmusen und sich befühlen ließen, wenn Elvis sang.

Im Juni 1953 verließ Elvis Presley die L. C. Humes High School mit einem mittelmäßigen Abschluß-Zeugnis. Schnell meldete er sich beim Arbeitsamt, denn er benötigte dringend einen Job, um seine Eltern weiterhin mit zu unterstützen. Da ihn sein Vater oftmals mit kleinen Geschenken überrascht hatte, ja ihm sogar einen zwar elf Jahre alten aber gut erhaltenen Wagen gekauft hatte, und seine Mutter ihn mit vielen anderen Dingen verwöhnte, fühlte Elvis mehr als andere Jungen seines Alters die Verpflichtung, auch seinen Eltern zu helfen. Den ersten Arbeitsplatz erhielt der achtzehnjährige Elvis Presley in einer Werkzeugfabrik. Bald aber fand er eine besser bezahlte und angenehmere Tätigkeit bei der Installationsfirma Crown Electric. Elvis mußte mit einem mittelgroßen Lastwagen Ersatzteile wegbringen, Waren ausliefern und Reparaturstücke abholen. Dafür verdiente er pro Woche etwas über 40 Dollar. Sein erstes richtiges Geld. Und es war eine ganze Menge, denn sein Vater brachte wöchentlich kaum mehr als 55 Dollar mit nach Hause.

In Memphis gab es eine Firma, die für Werbespots, Demo-Zwecke und für alle diejenigen, die ihre Oma, Mutter, Tante oder ihren Vater mit einer eigenen Platte überraschen wollten, für nur wenige Dollar eine solche preßte. Der Memphis Recording Service, der auch von Veteranen-Vereinen, Sanges-Brüdern und Gospel-Chören in Anspruch genommen wurde, warb mit dem Spruch: ,,Nehmen Sie Ihre eigene Platte auf — zwei Lieder für nur 4 Dollar!" Elvis fuhr fast täglich an dem kleinen Laden vorbei, und dachte daran, seine Mutter mit einer selbstbesungenen Platte zu überraschen. Darauf wollte er zwei ihrer Lieblingslieder singen und sich selbst auf der Gitarre begleiten. Die paar Dollar konnte er sich bei seinem guten Verdienst als Lkw-Fahrer leisten.

Es wurde die beste Investition seines Lebens!

Die Sonne geht auf

Durch die Depression der dreißiger Jahre hatten die kleinen Plattenfirmen aufgeben müssen. Sie wurden von großen Firmen der Musikindustrie aufgekauft und überlebten höchstens als Tochterfirmen mächtiger Mischkonzerne. Ende der dreißiger Jahre kontrollierten zwei Gesellschaften den amerikanischen Markt. Einmal RCA-Victor, eine Tochterfirma der beiden Elektro-Giganten Westinghouse Electric und General Electric. Die RCA produzierte nicht nur Schallplatten, sondern auch Plattenspieler, Verstärker, Rundfunkgeräte und andere Dinge der Phono- und Elektro-Industrie. Der andere Konzern war ARC-Brunswick-Columbia, eine Firma, die als Tochter der Consolidated Film Industrie mit so einflußreichen und starken Gesellschaften wie 20th Century Fox, Metro-Goldwyn-Mayer und United Artists verbunden war. Diese beiden Musikfirmen dominierten uneingeschränkt auf dem Musikmarkt.
Bei der Blues-Musik hatte das zur Folge, daß nur noch wenige Musiker nun fast ausschließlich für den nationalen Markt Platten einspielten. Denn die Plattenfirmen waren weder in der Lage, noch daran interessiert, so wie die vielen kleinen Firmen vor der Wirtschaftskrise, Platten in ganz geringen Stückzahlen nur für einen regionalen Markt zu produzieren. Die Plattenumsätze der sogenannten ‚race music' wurden immer geringer, denn die Schicht, für die diese Musik aufgenommen wurde, litt besonders unter der Depression. Auch die Verkaufszahlen der üblichen Middle-Of-The-Road-Pop-Platten waren nicht so, daß man in den Verkaufsetagen der Plattenfirmen in Freudentränen ausbrechen konnte; ohne die Unterstützung der Mutter-Konzerne konnte man nicht überleben. In den USA lag das Durchschnittseinkommen zwischen 1933 und 1940 fast 50 % unter dem Lebenshaltungskostenminimum. Da war es verständlich, daß die von der Krise Betroffenen eher ein Rundfunkgerät kauften als einen Plattenspieler und Schallplatten. Da die Rundfunkstationen in den USA keine öffentlich-rechtlichen Anstalten wie in der Bundesrepublik Deutschland sind, sondern nach ganz kommerziellen Gesichtspunkten betriebene Firmen, die in ihren Program-

men Werbezeit an die Industrie verkaufen, wurde das Radio in den dreißiger Jahren ein wesentlicher ökonomischer Faktor.

Das bedeutete hohe Einnahmen für die ASCAP. Diese Urheberrechtsorganisation war am 13. Februar 1914 in New York gegründet worden. Sie beherrschte bis zum Jahre 1941 den amerikanischen Musikmarkt. 1930 hatte die ASCAP (American Society of Composers, Authors and Publishers) endlich das geschafft, wonach sie jahrelang gestrebt hatte: alle Rundfunkstationen mußten für die Sendung von Musik 5 Prozent ihrer Brutto-Werbeeinnahmen an die Urhebergesellschaft abführen. Schon acht Jahre früher, 1922, hatten sich einige der mittelgroßen und etwas einflußreicheren Rundfunkgesellschaften zusammengeschlossen, um sich gegen die Forderungen der ASCAP zur Wehr zu setzen; es war ihnen nicht gelungen. Die National Association of Broadcasters (NAB) war zu schwach. Der Hauptgrund war, daß die ASCAP vollständig von den mächtigen Musik-Verlagen beherrscht wurde, die als Tochter-Gesellschaften der Film-Konzerne gegründet worden waren. Der Sitz der Verlage war deshalb auch zumeist Hollywood, Los Angeles oder New York. Ende der dreißiger Jahre teilten sich die zehn größten Musik-Verlage der Film-Industrie über 55 Prozent der ASCAP-Einnahmen. Insgesamt waren der Urheberrechtsorganisation im Jahre 1939 ungefähr 1 110 Texter und Komponisten und 137 Verlage angeschlossen. Unter den Komponisten waren solch bekannte Namen wie Irving Berlin, George Gershwin, Cole Porter oder Jerome Kern zu finden. Die ASCAP war wie ein feiner, alter englischer Club. Die Mitglieder kontrollierten praktisch alles, was in den USA an Unterhaltungsmusik geschrieben und gesendet wurde. Jeder, der in den exklusiven Club aufgenommen werden wollte, mußte sich einer schweren und harten Prüfung unterziehen, in der nicht nur sein musikalisches Wissen, seine musiktheoretischen Kenntnisse sondern auch sein musikalisches Empfinden und sein Geschmack getestet und bewertet wurde. Dadurch war sichergestellt, daß so dubiose Leute, die Hillbilly-, Folk- oder gar Blues-Stücke schrieben, gar nicht erst in den noblen Zirkel aufgenommen wurden. Hauptsächlich die Musik-Verlage der Filmfirmen gaben den Ton an. Verständlich, denn durch die völlig neue Konzeption des Tonfilmes strömten nicht nur massenweise Menschen in die Kinos, was den Film-Gesellschaften Millionen-Gewinne brachte, es stieg auch ganz gewaltig der Bedarf an Musikstücken, die wiederum im Rundfunk gespielt werden mußten, um den Film populär und damit gewinnbringend zu machen.

Für viele Rundfunk-Stationen waren diese Filmmusiken, für die sie ihre 5 Prozent der eingehenden Werbeeinnahmen zahlten, völlig uninteressant. Ihre Hörer, zumal wenn sich die Radio-Station in einer ländlichen Gegend befand, hatten ganz andere Musikwünsche. Dazu kam auch noch, daß die ASCAP die Verträge mit der NAB zum Dezember 1940 kündigte und fast eine Verdoppelung der Tantiemensätze verlangte. Das war zuviel! Nachdem die ASCAP die Kündigung schon 1937 mitgeteilt hatte, konnte sich die NAB mit Ruhe eine Strategie festlegen. 1939 zahlten sie zum letzten Mal 4,3 Millionen Dollar an die Urhebergesellschaft. Am 14. Oktober 1939 kamen alle der NAB angeschlossenen Rundfunkanstalten zu einem Treffen in Atlantic City, New Jersey zusammen, um einen Plan zu realisieren, der schon 1926, als man die ersten Verhandlungen über Prozentabgaben für Künstler und Verlage mit der ASCAP geführt hatte, besprochen worden war: man gründete eine eigene Urheberrechtsgesellschaft namens Broadcast Music Incorporated (BMI). 1926 war dies der NAB nicht gelungen, weil der Zusammenhalt unter den Radiostationen noch zu schwach, und die Geldmittel noch zu gering gewesen waren. Außerdem hatte es langwierige Prozesse gegeben, Auseinandersetzungen, die so weit gingen, daß sich manche Rundfunkstationen bewaffnete Privatpolizisten zulegten, und die Streitigkeiten waren bis vor den obersten Gerichtshof der Vereinigten Staaten gegangen. Schließlich hatte sich die ASCAP doch durchgesetzt. Diesmal wollte sich die NAB besser wehren.

Da bis zum Auslaufen des Vertrages am 31. Dezember 1940 keine Einigung zwischen den beiden Kontrahenten stattgefunden hatte, wurde ab 1. Januar 1941 keine ASCAP-Musik mehr in den Sendungen gespielt. Hatte der ASCAP-Club noch bei der Kündigung des alten Vertrages gehofft, die Einnahmen auf über neun Millionen Dollar steigern zu können, mußte er nun erkennen, daß das beharrliche Verweigern von Verhandlungen, das starre Verbleiben in den alten Positionen nur Ärger und Verlust brachte. Die ASCAP-Einnahmen fielen von 1940 bis 1941 um 94 Prozent. Die Alte-Herren-Riegen des so vornehmen Clubs benahmen sich gar nicht fein, denn sie machten in der BMI gleich den Vorreiter für das Verderben der amerikanischen Kultur aus. Ein großes Lamento begann. Die BMI ließ sich nicht erschrecken, denn die NAB hatte noch im Jahre 1939, kurz nach der Gründung der eigenen Urheberrechtsgesellschaft, ein Anti-Trust-Verfahren gegen die ASCAP angestrengt. Innerhalb von nur zehn Monaten, nur mit einem bescheidenen Startkapital von 1,5 Millionen Dollar ausgerüstet, gelang es den BMI-Leuten, Verträge mit 52 Verlagen abzuschließen und über 36 000 Titel in einen eigenen Katalog aufzunehmen. Hauptsächlich aus Country-, Folk- und anderer ländlicher Musik rekrutierte die BMI ihr Repertoire. Für die vielen Texter und Komponisten, die Blues- und Folk-Nummern schrieben, und die selbst oftmals keine Notenkenntnisse hatten, gab es nun die Chance, daß ihre Kompositionen auch gespielt und damit verbreitet und verkauft wurden. Bis zum Oktober 1941 lief in den Sendungen nur noch Musik, die entweder urheberrechtlich frei war, oder über die neugegründete BMI abgerechnet wurde. ASCAP-Musik wurde boykottiert. Da bei der BMI die Aufnahmebedingungen sehr viel liberaler waren als bei der ASCAP, brachten manche Verleger gleich ihr gesamtes Repertoire mit ein. Die beiden deutschstämmigen Brüder Aberbach, die später zusammen mit Colonel Thomas A. Parker alle Elvis-Presley-Titel kontrollieren sollten, waren zusammen mit dem einflußreichen Verleger Ralph Peer die ersten, die mit BMI zusammenarbeiteten. Verständlich, denn sie arbeiteten hauptsächlich mit Country-Musik. Es war

ein Markt, den andere Verlage noch nicht entdeckt hatten, weil sie die Möglichkeiten nicht sahen, die sich dort boten.
Als im Oktober 1941 endlich eine Einigung zwischen der ASCAP und der NAB zustande kam, hatte die BMI ihre Funktion, derentwegen sie gegründet worden war, längst erfüllt: das Monopol des ASCAP-Clubs war gebrochen. Und endlich wehte ein frischer, ländlicher Wind durch die Studiotüren. Die Musik, die man nun im Radio hörte, war kein Schmalz der Traumfabriken Hollywoods mehr. Zumindest wurden die falschen unrealistischen Talmi-Songs relativiert durch ebenso kitschige Lieder, die aber einen direkten Bezug zum täglichen Leben hatten. Das war Musik, die zum Herzen ging und die man nachvollziehen konnte. Da liebten sich nicht mehr Prinz und Prinzessin, sondern Küchenmädchen und Landarbeiter. Natürlich spielten die NAB-Rundfunkstationen trotz des neuen Vertrages mit der ASCAP, der dem Alte-Herren-Verein bei den großen Radioketten wie NBC oder CBS 2,75 Prozent und bei den kleineren Rundfunkstationen 2,25 Prozent und der BMI entsprechend 2,25Prozent und 2,75 Prozent zusprach, weiterhin mit Vorliebe Musik, die bei der praktisch hauseigenen BMI verlegt war. Lange Zeit waren dadurch BMI-Titel kommerziell erfolgreicher als ASCAP-Stücke. Inzwischen hat sich das allerdings wieder fast ausgeglichen, da heute alle Verlagsgesellschaften sowohl über BMI- als auch über ASCAP-Verträge verfügen. Zwischen 1966 und 1972 allerdings wurden noch fast 80 Prozent der erfolgreichen Titel über die BMI abgerechnet. Heute ist die BMI, die von den 610 der NAB angehörigen Rundfunkstationen häufig noch bevorzugt wird, die größte Urheberrechtsorganisation der Welt.
Nach der Krise der dreißiger Jahre kam ein kriegsbedingter Wirtschaftsaufschwung, der dazu führte, daß erneut ein Großteil der Landbevölkerung in die großen Städte der Ost- und Westküste und des nördlichen Mittelwestens zogen, weil sie dort Arbeit zu finden hofften. Viele fanden einen Job, denn die USA stellten für die Kriegsführung zwischen 1940 und 1946 über 370 Milliarden Dollar zur Verfügung, wovon 186 Milliarden Dollar zwischen

Mitte 1940 bis Juni 1945 für die Rüstungsproduktion verwendet wurden. Viele der Arbeitslosen, darunter dominierend viele aus ländlichen Gegenden, besannen sich auf ihre patriotische Pflicht und traten der Armee bei. Bis 1945 hatten sich die US-Streitkräfte von vorher 2 Millionen auf 12 Millionen Soldaten erhöht. Damit verbreitete sich die bis dahin nur in regional begrenzten, ländlichen Gebieten bekannte und beliebte Country-Musik schnell und ungehemmt. Man spielte sie plötzlich auch in den Großstädten, wo sie sich bald mit anderen Stilelementen vermischte. Auch unter den Soldaten, die von armee-eigenen Sendern an den ausländischen Fronten betreut und unterhalten wurden, gewann die neue Musik viele Anhänger. Der Blues und bluesverwandte Musikformen hatten es zwar schwerer, sich durchzusetzen, immerhin wurde auch diese Musik langsam bekannter und von mehr und mehr Leuten gehört. Vor allem viele kleine Rundfunkstationen, die auf Hörerwünsche sehr flexibel reagierten, erkannten schnell die Nachfrage nach schwarzer Volksmusik. Trotzdem mußten die großen Schallplattenfirmen, die den Markt fast vollständig allein beherrschten, ihre Country- und Blues-Produktionen drastisch einschränken. Nach dem Überfall der Japaner auf Pearl Harbor am 7. Dezember 1941 erklärten die USA am 8. 12. Japan und drei Tage später Deutschland und Italien den Krieg. Durch den Kriegseintritt wurden die Vereinigten Staaten gezwungen, die Rohstoffe zu rationieren, die für die Kriegsproduktion von besonderer Bedeutung waren. Auch in die Privatwirtschaft wurde durch straffe Planung und Lenkung eingegriffen. Betroffen von den staatlichen Rationalisierungs- und Kontrollmaßnahmen war auch der für die Plattenindustrie so wichtige Schellack-Import aus Indien. Die Transportwege durch den pazifischen Ozean waren durch den dort heftig tobenden Krieg stark bedroht. Im April 1942 verfügte der War Production Board (WPB), die nicht-militärische Verwendung von Schellack um 70 Prozent zu reduzieren. In Absprache mit den Schallplattenfirmen kam man außerdem überein, daß jeder Kunde beim Kauf einer neuen Platte eine alte zurückgeben mußte. Das Ergebnis dieser Verfügungen war,

daß die Plattenfirmen bei der Musik zuerst anfingen zu sparen, die sich am wenigsten verkaufte: Country und Blues.
Zu einer anderen Krise in der Musikindustrie kam es im August 1942. Der Präsident der amerikanischen Musiker-Gewerkschaft, der American Federation of Musicians (AFM), James C. Petrillo hatte schon seit 1940 über die hohe Arbeitslosenzahl unter seinen Mitgliedern geklagt. Er war der Meinung, daß daran in erster Linie der Rundfunk schuld sei, der immer mehr Schallplatten für die musikalische Unterhaltung in den Sendungen einsetzte und dadurch immer weniger Musiker und Bands beschäftigte. Weitere Schuldige machte Petrillo in den Musicbox-Herstellern aus, die Anfang der vierziger Jahre groß ins Geschäft gekommen waren und bis 1942 schon fast eine halbe Million ihrer Geräte verkaufen oder vermieten konnten. Als im Jahre 1942 dann unter den ungefähr 140 000 AFM-Mitgliedern über 60 Prozent arbeitslos waren, rief der Präsident am 1. August einen Musikerstreik aus. Es schien ihm die einzige Möglichkeit zu sein, die Forderungen seiner Gewerkschaft durchzusetzen. Denn die Plattenfirmen hatten sich geweigert, einen bestimmten Prozentsatz an die AFM abzuführen, wenn Platten oder andere Tonträger in Rundfunksendungen oder zu anderer kommerzieller Nutzung gespielt würden. Der Streik wurde zu einem vollen Erfolg für die AFM, die durchsetzen konnte, daß keinerlei kommerzielle Aufnahmen gemacht wurden. Einzige Ausnahme: Sänger durften weiterhin produzieren, Vokal-Aufnahmen fielen nicht unter den AFM-Bannstrahl, da Sänger nicht Mitglieder in der Musiker-Gewerkschaft werden konnten. Das führte dazu, daß die Plattenfirmen nun in der Phase des Streiks vermehrt Platten mit Vokalisten produzierten. Die Sänger wurden dadurch zu gefeierten Stars, die Zeit der Big-Band-Musik ging zu Ende. Als die großen Plattenunternehmen keine ‚Konserven' mehr in ihren Archiven hatten, die sie veröffentlichen konnten, kam eine Einigung zwischen ihnen und der Gewerkschaft zustande. Bis Ende 1944 hatten alle großen Plattenfirmen einen neuen Vertrag mit der AFM ausgehandelt und unterzeichnet. Darin wurde vereinbart,

daß die Gewerkschaft einen bestimmten Tantiemen-Prozentsatz von allen Schallplattenveröffentlichungen erhielt.
Durch den Streik der AFM waren kleine Plattenfirmen, die sich schnell mit der Gewerkschaft arrangierten und frühzeitig bereit waren, Tantiemenzahlungen zu leisten, begünstigt worden. Ab Mitte der vierziger Jahre änderte sich die Struktur des amerikanischen Musikmarktes: zahllose, kleine und unabhängige Plattenfirmen entstanden. Diese Mini-Firmen nannte man ‚Independents' oder kurz und prägnant ‚Indies'. Meist waren es Ein-Mann-Unternehmen, die ihre Büros und Fabrikationsstätten in alten Hinterhof-Garagen betrieben, mit klapprigen Autos die Platten zu den Läden brachten und dort den Händlern ihre Produktionen verkaufen mußten. Das alles ging nur dann gut, wenn der Plattenfirmen-Inhaber ein Mann war, der einen Riecher dafür hatte, was die Leute hören und somit kaufen wollten, und wenn er außerdem wußte, wo er die richtigen Musiker und Sänger auftreiben konnte, mit denen er die richtigen Platten produzieren konnte. Trotz vieler Schwierigkeiten hatten die Inhaber dieser Indies viele Vorteile gegenüber den großen Plattenfirmen. Da die Großen fast ausschließlich die gerade gängige Mainstream- oder Middle-Of-The-Road-Musik produzierten, blieben die vielen Nebenmärkte unberücksichtigt. Besonders die Musik der schwarzen Minderheit, spezielle ländliche Musik und die vielen nur regional bekannten und gefragten Musikstile wurden von den Großen nicht beachtet, denn die hohen Büro- und Betriebskosten erlaubten nur kommerziell erfolgversprechenden Produktionen. Die Indies stießen in eine Marktlücke. Sie konnten schon bei nur 500 bis 900 verkauften Platten einen guten Gewinn machen. Die Independents wurden das Salz in der faden Suppe der amerikanischen Musikindustrie. Sie waren die Vorreiter für Country, Hillbilly, Rhythm & Blues und Rock 'n' Roll!
Bis zur Mitte der fünfziger Jahre gab es Hunderte dieser kleinen Plattenfirmen. Viele gingen nach nur wenigen Produktionen wieder ein, waren finanziell viel zu schwach, um auch nur einen Katalog mit ihren Künstlern, die

sie häufig in den Blues-Kneipen der Vorstädte oder auf abgelegenen Farmen fanden, drucken zu lassen. Manchen dieser Ein-Mann-Betriebe gelang allerdings der Anschluß an eine der großen Plattengesellschaften, die die ehemaligen Geschäftsgründer unter dem alten Label mit den größtmöglichen Freiheiten weiterarbeiten ließen, und so auch auf den ‚race'- und ‚country'-Märkten verdienten. Wenigen anderen Indies gelang der Aufstieg zur grossen, unabhängigen Plattenfirma. Die beiden Brüder Nesuhi und Ahmet Ertegun, die 1948 in New York das Label Atlantic gründeten, sind dafür ein gutes Beispiel. Mit erstklassigen Blues-, Rhythm & Blues- und Jazz-Produktionen konnte sich die Firma schnell profilieren und damit in lukrative Gewinnzonen manövrieren. Bis 1945 wurde der Plattenvertrieb von den drei großen Schallplattengesellschaften in den USA kontrolliert und gesteuert. Die Groß- und Plattenhändler waren vertraglich an Decca, Columbia oder Victor gebunden. Doch als die ersten Musikautomaten-Lieferanten eigene Vertriebsorganisationen gründeten, konnten auch die Indies mehr Platten absetzen. Denn deren Produktionen berücksichtigten die regional verschiedenen Wünsche des Publikums weit mehr, als es die Großen hätten tun können. Deshalb hatten die Juke Box-Händler immer einen relativ großen Teil der Indies-Produktionen in ihren Automaten. Und auch die Radiostationen, die oftmals in nur sehr kleinen Gebieten zu hören waren, wollten und mußten auf ihre Hörer Rücksicht nehmen, so daß sie oft Indies-Produktionen einsetzten.

Im Jahre 1951 hatte der aus Alabama stammende Sam C. Phillips in Memphis seine eigene Plattenfirma gegründet. Er nannte sie voller Stolz ‚Sun Records' und das knallgelbe Label war als aufgehende Sonne hinter den großen Sun-Buchstaben gestaltet. Aufgewachsen war Sam Phillips auf der Plantage seines Vaters, eines Großgrundbesitzers. Dort hatte er schon als Kind von den Negern den Blues gehört und, so wird berichtet, ein alter, weißhaariger Neger namens Silas Payne soll ihm die ersten Gospel- und Blues-Songs beigebracht haben. In der Schule entwickelte sich Klein-Sam zu einem guten Schüler, zumindest was Musik anbelangte. Er lernte Klavier spielen, wechselte dann zum Schlagzeug und beherrschte bald auch mehrere Horninstrumente, darunter das von dem amerikanischen Militärkapellmeister John Philip Sousa (1854—1932) entwickelte Sousaphon, einer dem Helikon ähnlichen Baßtuba. Nach seinem College-Abschluß ging er zum Rundfunk und kam in den vierziger Jahren nach Memphis, wo er beim lokalen Radiosender arbeitete. Es dauerte nicht lange, da ödete es ihn an, immer die gleiche langweilige Musikmischung aus Country-Sound, Werbespots und Informationsstreuseln zu präsentieren. Er wechselte den Beruf, nicht das Metier, und begann, ausgerüstet mit den primitivsten Maschinen, als Produzent zu arbeiten. In und um Memphis nahm er nun hauptsächlich Blues-Musiker auf. In sein kleines Studio, wie Elvis Presleys zweites Zuhause in dieser Stadt, ebenfalls ganz in der Nähe der Beale Street gelegen, verlief sich nur selten ein Country-Musiker. In Memphis hatte der Blues Tradition, und mit dem Sound aus Nashville — die Carter Family, Roy Acuff oder Eddie Arnold waren da besonders erfolgreich — konnte Sam Phillips nicht viel anfangen. Ihm klang das zu fade und zu langweilig. Für ihn war das kommerziell perfekte, aber völlig flache Musik, die keinerlei Geheimnisse barg oder an Empfindungen rührte. Folgerichtig produzierte Sam Phillips zwischen 1951 und 1953 die besten Blues-Musiker, die er in Memphis finden konnte: B. B. King, Chester Burnett, Jackie Brenston und Big Walter Horton. Die Bänder verkaufte er an kleine und mittelgroße Plattenfirmen wie Chess oder Checker in Chicago und Modern oder RPM in Los Angeles. „Es scheint", so stellte Sam Phillips damals fest, „die Schwarzen sind noch die einzigen, die Vitalität und Frische in ihrer Musik haben!" Aber in Wirklichkeit war er immer auf der Suche nach etwas anderem. Die Schwarzen, das wußte er und hatte es von klein auf selbst gehört, hatten immer ihren direkten, realistischen und ehrlichen Blues gespielt. Für die weiße Majorität aber war die lahme, eintönige, fast antiseptische Country-Musik die einzige Unterhaltung, deren fade und farblose Tingeltangel-Sänger die Propheten eines angeblich immer noch heilen Amerikas. Sam Phillips war Realist. Er suchte einen Sänger, der der jungen Nachkriegsgeneration, die völlig neue Vorstellungen und Bedürfnisse entwickelte und der die tradierten Werte der Eltern nichts mehr bedeuteten, ihr gerade aufkeimendes Lebensgefühl direkt und sicher artikulierte und dokumentierte.

„Was ich brauche", so hatte Sam Phillips immer zu seiner Sekretärin und Mitarbeiterin Marion Keisker gesagt, „ist ein Weißer, der das Gefühl und die Stimme eines Schwarzen hat. Wenn ich den fände, könnte ich ein paar Millionen Dollar mit ihm verdienen!" Aber im Jahre 1953 hatte er immer noch nicht den richtigen Mann gefunden. Nachdem er mit dem Rhythm & Blues-Sänger Little Junior Parker den Song ‚Love My Baby' aufgenommen und auf seinem Sun-Label veröffentlicht hatte, war die Platte ein regionaler Hit geworden. Aber der Sänger war ein Schwarzer, die Plattenkäufer waren fast ausschließlich ebenfalls Farbige. Auch mit der nächsten Produktion erreichte Sam C. Phillips kein größeres und vor allem kein weißes Publikum. Er brachte eine Platte mit den Prisonaires, einer ehemals im Staatsgefängnis von Tennessee gegründeten Gesangsformation, auf den Markt. Sie hieß ‚Just Walking In The Rain' und wurde später ein internationaler Hit für den halbtauben Sänger Johnny Ray. Doch dann sah Sam Phillips seine Chance. Er traf in Memphis auf Frank Floyd. Der sang wie ein Schwarzer und hatte doch eine weiße Hautfarbe.

Floyd kam 1908 in Toccopola, Mississippi zur Welt, verließ mit achtzehn Jahren sein Heimatdorf und trampte durch die Gegend. Seinen Lebensunterhalt verdiente er sich mit Gelegenheitsjobs und indem er in den kleinen und schmutzigen Kneipen, die es in jeder Stadt gibt, eine Mischung aus Blues, Hillbilly und all den anderen Stilelementen sang, die er irgendwo unterwegs mal aufgeschnappt hatte. Manchmal reiste er als Anreißer mit den beliebten medicine shows mit, um die Leute aufmerksam zu machen, daß wieder einmal ein großer Wunderdoktor oder Heilmittelverkäufer in der Stadt sei. Frank Floyd, der unter dem Namen Harmonica Frank auftrat, und sein Pu-

blikum mit Liedern jedweder Couleur, mit Gitarren- und Harmonika-Spiel unterhielt, war ein echter Straßenmusikant. Sam Phillips hatte schon 1951 einige Aufnahmen mit ihm produziert und die Bänder an das Blues-Label Chess in Chicago verkauft. Zwei Songs waren noch in seinem Besitz. Der eine hieß ‚The Great Medical Menagerist' und der andere ‚Rockin' Chair Daddy'. Diese beiden Titel veröffentlichte Sam Phillips im Sommer 1954 in der Hoffnung, daß dies der Sound sei, den die Leute erwarteten. Die Platte verkaufte sich nicht; sie wurde ein Flopp.
Der Memphis Recording Service war der Vorläufer und später ein Nebenbetrieb der Sun-Plattenfirma. Als Elvis Presley irgendwann im Juni 1953 das kleine, unscheinbare Gebäude betrat, um seiner geliebten Mutter nachträglich zu ihrem einundvierzigsten Geburtstag eine Platte aufzunehmen, war Sam C. Phillips nicht im Geschäft. Im Laden stand seine Mitarbeiterin Marion Keisker, die die Kunden bediente. Elvis wartete bis er an die Reihe kam und saß solange in einer Ecke, wo er auf seiner mitgebrachten Gitarre klimperte. Auf die Frage von Marion Keisker, was für eine Art von Musik er denn sänge, wußte Elvis Presley keine Antwort. Schließlich meinte er, es sei wohl Hillbilly-Musik, aber er sänge wie niemand sonst. Zu diesem Schluß kam auch die Sam-Phillips-Angestellte, als Elvis seine beiden Lieder für die Platte sang. Der eine Song war eine Nummer der Ink Spots und hieß, ‚My Happiness'. Die Ink Spots waren eine schwarze Vokal-Formation, die vom Gospel-Gesang zu langsamen Schmalznummern übergewechselt war, weil ihre Plattenfirma Decca sie so besser einem weißen Publikum verkaufen konnte. Anfang der fünfziger Jahre hatten sie eine ganze Reihe von Hits, und ihr Musikstil beeinflußte unter anderem die Platters, die dann mit ‚The Great Pretender' und der Super-Schnulze ‚Only You' viel Geld verdienten. Elvis Presley war von den Ink Spots sehr angetan, und was noch wichtiger war, auch seine Mutter mochte die Lieder der Gruppe. Für die andere Seite seiner Platte, die er zum Geburtstag seiner Mutter am 25. April 1953 als Schüler noch nicht hatte zahlen können, wählte Elvis die langsame Nummer ‚That's

When Your Heartaches Begin'. Diesen Song nahm Elvis Presley später, am 13. Januar 1957, im Radio Recorders Studio in Hollywood für seine zweite Plattenfirma RCA Victor auf. Marion Keisker war von der Stimme des jungen Sängers so beeindruckt, daß sie schnell, während Elvis schon das erste Lied sang, ein Band einlegte, um das ganze auf Tonband zu nehmen. Das war nicht üblich, denn die 4-Dollar-Produktionen, die der Memphis Recording Service für seine Laufkundschaft machte, wurden direkt auf Platte geritzt. Der Kunde bekam dann das einzige Exemplar. So war es auch bei Elvis Presley. Der trug die erste Platte, die er besungen hatte, gut verpackt nach Hause und ahnte nicht, daß er damit den ersten Schritt zu einer Karriere gemacht hatte, die ihn an die Spitze des Show-Business tragen sollte. Zwar wußte Elvis, daß er eine recht ordentliche Stimme besaß, seine Freunde hatten ihm das oft genug bestätigt und auch seine halböffentlichen Auftritte als Sänger bei Festen und Feiern wurden immer gelobt, aber trotzdem machte er sich keine Hoffnungen, als Sänger groß herauszukommen. Er nahm lieber abends, wenn er seinen Lkw auf dem Hof der Elektro-Firma, für die er arbeitete, abgestellt hatte, Unterricht. Elvis wollte gern Elektriker werden. Er sah, was diese Facharbeiter verdienten, und das war erheblich mehr, als das, was er als Lastwagenfahrer mit nach Hause brachte.

Sam C. Phillips hörte das Band, das Marion Keisker von Elvis Presley aufgenommen hatte, und fand, der Junge habe eine ganz schöne Stimme; mehr aber auch nicht! Die Adresse, die Fräulein Keisker von Elvis notiert hatte, legte er achtlos beiseite. Elvis unterdessen überreichte die Platte seiner Mutter, die tief bewegt und gerührt über das so persönliche Geschenk ihres Sohnes war. Den Sommer über verbrachte Elvis meist seine Zeit damit, mit Freunden ins Kino zu gehen, mit mäßigem Fleiß seine Elektro-Studien zu betreiben und hin und wieder mit verschiedenen lokalen Gesangs-Formationen zusammen aufzutreten. Beinahe wäre er sogar Mitglied in einem Vokal-Quartett geworden, aber dann klappte es doch nicht! Die Blackwood

Brothers, so hieß die lokal bekannte Gospel-Gruppe, wechselten eines ihrer Mitglieder doch nicht gegen Elvis Presley aus, der hin und wieder mit ihnen gesungen hatte. Am 4. Januar 1954 ging Elvis wieder in den Laden des Memphis Recording Service, um erneut eine 4-Dollar-Platte aufzunehmen. Diesmal traf er auf den Besitzer des Kleinunternehmens Sam C. Phillips. Der erinnerte sich nur dunkel an das Band, daß ihm seine Mitarbeiterin Monate zuvor vorgespielt hatte, und sah den Jungen mit den langen Haaren und der auffallend bunten Kleidung zum ersten Mal. Elvis sang wiederum zwei Lieder auf Platte, das eine hieß ,Causual Love', das andere ,I'll Never Stand In Your Way'. Wenn Elvis bei seinem zweiten Besuch und bei seinem ersten Zusammentreffen die Hoffnung gehabt hat, er würde nun von Sam Phillips als Sänger entdeckt, so wurde er enttäuscht, denn der Firmeninhaber war zu der Zeit mit anderen Dingen beschäftigt, mit denen er hoffte, Geld zu verdienen. Doch notierte auch er die Adresse von Elvis, mit dem Hinweis, er würde sich melden, falls er etwas mit ihm machen könnte. Dies war allenfalls als freundliche Geste dem schüchternen Elvis gegenüber zu verstehen, den Jungen als Sänger aufzubauen, daran dachte Sam Phillips keinen Moment.

Elvis Presley indes, so hat er später einmal zugegeben, hoffte auf einen Telefonanruf vom Inhaber des Sun-Labels, denn seine stimmlichen Qualitäten hatte er inzwischen genügend als Chor-Sänger aber auch als Solist auf Veranstaltungen aller Art in und um Memphis beweisen können. Und dann kam die lang erwartete Gelegenheit: im April 1954 bekam Sam Phillips von einer anderen kleinen Plattenfirma aus Nashville ein Demo zugeschickt, auf dem ein ihm unbekannter Sänger zu sehr sparsamer Begleitung die gute, langsame Nummer ,Without You' sang. Sam war von dem Demo überzeugt, ja er fand es so gut, daß er — sicherlich werden auch Sparsamkeitsgründe eine Rolle gespielt haben, denn viel Geld hatte der gerade selbständig gewordene Phillips noch nicht zur Verfügung — das Demo, ohne eine Neuproduktion zu machen, auf seinem Sun-Label veröffentlichen wollte. Sein Pech aber war, daß er trotz gründlicher Recherchen und Nachfragen nicht herausfand, wer das Demo gesungen hatte. Nur eines wußte Sam, es war ein Schwarzer, denn das konnte man hören. Diese Vermutung wurde ihm bei einem Telefongespräch nach Nashville bestätigt. Also wollte er auch einen Neger-Sänger in sein Studio holen, um das Lied neu aufzunehmen. Noch während er sich laut Gedanken darüber machte, wer von den in Memphis oder Umgebung ansässigen schwarzen Sängern wohl am besten für die Produktion geeignet sei, erinnerte ihn seine Sekretärin an den Jungen mit der bunten Kleidung und den langen Haaren. Sam Phillips wußte zuerst nicht, um wen es sich handelt. Dann fiel es ihm wieder ein, zumal seine ordentliche Mitarbeiterin schnell die damals notierte Adresse wiederfand. Elvis hatte die Telefonnummer eines Freundes angegeben, weil seine Eltern — sie hatten einfach das Geld nicht dafür — keinen Telefonanschluß besaßen. Marion Keisker rief an und bat, man solle Elvis ausrichten, es riefe jemand von Sun Records an, der ihn sprechen wolle. Wie Marion die Geschichte erzählt, habe sie noch mit dem Telefonhörer in der Hand gewartet, als Elvis zur Tür hereingeschossen kam. Drei Stunden Studio-Zeit wollte Sam Phillips opfern, um zu sehen, ob Elvis in der Lage war, die beiden Nummern des Demo-Bandes zu singen. Elvis versuchte es wieder und wieder. Weder bei ‚Without You' noch bei dem anderen Titel ‚Rag Mop' klappte es zur Zufriedenheit des Produzenten. Im Gegenteil: es war schlimm. Sam Phillips wurde immer ungeduldiger, Elvis immer nervöser. Sam riet ihm, etwas anderes zu singen, irgend etwas was er besser könne. Elvis versuchte es mit allen möglichen Liedern, die ihm so einfielen. Als Sam seine Geduld und Elvis seine Ruhe verloren hatte, brach man die chaotische Session ab. Nach diesem Versuch hatte Sam Phillips genug von Elvis gehört, um ihn zu vergessen. Aber weil der junge Mann mit den langen Koteletten, dessen auffallendes Äußeres so wenig zu seinem höflichen, stillen Wesen paßte, ihm erzählt hatte, daß er eventuell mit einer Band zusammen besser singen könne, rief er einen Musiker an, der Gitarrist einer Country-Formation war.

Die Band nannte sich die Starlight Wranglers und hatte unter der Leitung und Kontrolle von Sam Phillips eine Single aufgenommen, die sich einzig durch besonders niedrige Verkaufszahlen auszeichnete. Etwas mehr als 50 Exemplare waren an den Mann gebracht worden. Trotzdem hatte sich der Gitarrist der Gruppe, Scotty Moore, nicht entmutigen lassen, und alle Mann spielten meist an den Wochenenden in verschiedenen Kneipen und Sälen auf den Dörfern um Memphis zum Tanz auf. Sam Phillips informierte den damals gerade einundzwanzigjährigen Country-Musiker Moore über seine neueste Entdeckung Elvis Presley und die erfolglosen Studio-Versuche mit ihm. Dann war das Thema für ihn erledigt. Erst fast drei Wochen später beauftragte er seine Sekretärin, Elvis auszurichten, daß er sich, falls er Lust dazu hätte, mit Scotty Moore in Verbindung setzen solle. Er tat dies nicht etwa, weil er glaubte, daß Elvis irgendeine Zukunft als Sänger besäße, sondern weil Scotty ihn einige Male nach dem jungen Lastwagenfahrer gefragt hatte.

Nach einem ersten Telefongespräch verabredeten sich die beiden in Scotty Moores Wohnung, um dann fast zwei Stunden miteinander zu spielen und zu singen. Alles was sie so kannten, vom Blues, über Gospel und Spiritual bis hin zu den bekannten Country-Songs sangen sich die beiden vor. Scotty Moore fand Elvis zwar etwas merkwürdig, aber so als Sänger ganz akzeptabel, obwohl der Baßist der Starlight Wranglers, ein dunkelhaariger Junge mit abstehenden Ohren namens Bill Black, nicht seiner Meinung war. Black war zu der Elvis-Scotty-Session hinzugekommen, hatte zugehört und war dann wieder gegangen, weil ihn das, was die beiden da zusammen machten, nicht vom Hocker gehauen hatte. Trotzdem ließ er sich dann doch von Scotty Moore dazu überreden, mit Elvis zu üben, damit man etwas zusammen zustande brächte, was den kritischen Ohren Sam Phillips hör- und eventuell produzierbar erschiene. In den nächsten Monaten trafen sich die drei entweder bei Scotty, bei Elvis oder — so die Gelegenheit dazu war — in Sams Sun Studio, um zu üben. Manchmal konnte Elvis auch an den Wochenenden bei den Starlight Wranglers als Sänger einsteigen. Nachmittags, wenn Sam Phillips etwas Zeit hatte, und die drei im Studio waren, gab Sam seine Kommentare, riet, kritisierte und gab Tips. Mit der Zeit formte sich zwar kein neuer Stil, aber durch das ständige Üben und die Zusammenarbeit lernten sich die drei Musiker besser kennen und verbesserten ihren Sound. Irgendwann Anfang Juli 1954, spät am Abend des fünften oder sechsten des Monats, sprach Sam Phillips die danach oft zitierten Worte: ,,Okay, this is the session!" Was dann geschah, ist in die Annalen des Rock 'n' Roll eingegangen. Sam stellte seine Einspur-Mono-Bandmaschine an, legte ein Scotch-Band ein, Bill Black stellte sich hinter seinen Kontrabaß, Scotty Moore schloß seine elektrische Gitarre an und Elvis Presley zog eine Konzert-Gitarre näher unter sein Kinn, da er nur ein Mikrofon zur Verfügung hatte, worüber sowohl seine Stimme als auch der Klang seiner Gitarre aufgenommen werden mußte. Dieser Umstand führte zu einigen Schwierigkeiten: die Session wurde mehrmals unterbrochen, weil Sam Phillips Elvis Hinweise geben mußte, den Mikrofonabstand zu korrigieren. Das erste Lied, was man aufnahm, hieß ,I Love You Because' von Leon Payne. Der Song erschien nie auf einer Sun-Platte, wurde aber im September 1956 von RCA Victor unter der Nummer 6 639 als B-Seite der Single-Nummer ,Tryin' To Get To You' veröffentlicht. Auch auf der ersten Elvis-Presley-LP, die im April 1956 von der RCA auf den Markt gebracht wurde, ist ,I Love You Because' zu hören. Die erste Studio-Session, die Sam Phillips mit den beiden Musikern und Elvis als Sänger und Gitarrist machte, dauerte drei oder vier Nächte. Am ersten Abend hatte man außer der Leon-Payne-Komposition noch einige andere Country-Songs aufgenommen, als Sam eine Pause vorschlug. Die drei Musiker saßen zusammen, rauchten, tranken Coca Cola und alberten rum. Elvis war guter Laune, griff plötzlich zur Gitarre und begann wie verrückt darauf zu spielen. Das erstbeste Lied, das ihm einfiel, war eine Nummer des schwarzen Blues-Musikers Arthur ,Big Boy' Crudup, dessen Country-Blues-Stil Elvis schon als Kind beeinflußt hatte. Crudup, um 1905 in dem kleinen Nest Forest in Mississippi geboren, war Farm- und Erntearbeiter, bevor er sich seinen Lebensunterhalt dadurch verdiente, daß er zur sparsamen Gitarrenbegleitung eigene Blues-Melodien intonierte. Die Anregungen erhielt er aus der an Geschichten und Erzählungen reichen Folklore der Landarbeiter. Am 11. September 1941 nahm er seine ersten Platten für die Klein-Plattenfirma Bluebird auf, die sich mit ihren Produktionen auf den schwarzen Markt ausgerichtet hatte. Die Firma war keine der unabhängigen Platten-Label, sondern gehörte zum großen RCA-Konzern. Später schloß Crudup seine Gitarre an einen Verstärker an, was zwar zu einem aktuellen Sound führte, sein Spiel aber wurde nicht besser dadurch. Elvis Presley sang in der Session-Pause ‚That's Allright, Mama', eine damals recht bekannte Nummer des schwarzen Blues-Sängers. Entscheidend aber war die Art wie Elvis den Song interpretierte. Er änderte den Rhythmus, betonte die Verszeilen anders, wechselte Wörter aus, die ihm nicht gefielen und fügte noch einige neue Harmonien hinzu. Alles in allem machte er das Lied passend für sich. Scotty und Bill sahen sich an, griffen nach ihren Instrumenten und machten mit; sie waren für jeden Blödsinn zu haben. Sam Phillips, der gerade im Kontrollraum hantierte, hörte plötzlich das, worauf er die ganzen Jahre gewartet hatte: was die drei Jungen da machten, war etwas völlig Neues. Kein Blues, kein Country-Sound, nein, Elvis klang jung, überzeugt und war anders, als alles, was Sam Phillips bisher gehört hatte. Er unterbrach die Musiker, legte ein neues Band ein und sagte, sie sollten das Ganze noch einmal von vorne singen und spielen. Wieder schlug Elvis auf seine Gitarre, gab das Zeichen und nach einer Minute und 55 Sekunden war das Lied gestorben, wie man das in der Studiosprache nennt. ‚That's Allright, Mama' sollte die A-Seite der ersten Elvis-Presley-Platte werden.

In der nächsten und übernächsten Nacht wurden noch eine ganze Reihe von Songs in dem kleinen Studio aufgenommen. Darunter waren ‚Blue Moon', eine langsame Nummer, die Elvis mit übermäßig viel Hall — eine Spezialität seiner Sun-Aufnahmen — ins Mikrofon hauchte, und der Hit des Blue

Grass-Sängers Bill Monroe ‚Blue Moon Of Kentucky'. Andere Lieder, die Elvis unter der Ägide von Sam C. Phillips bei dieser ersten Session aufnahm, sind bis heute nicht bekannt geworden. Aber sicher waren es mehr als vier Lieder, die Elvis, Scotty und Bill in diesen drei oder vier Nächten im Juli 1954 eingespielt haben. Insgesamt war Elvis Presley sechsmal im Sun-Studio, um Titel aufzunehmen, die später auch veröffentlicht wurden. Die anderen Sessions, in denen bisher unveröffentlichtes Material aufgenommen wurde, sind unbekannt, weil Sam Phillips erst 1958 damit begann, ein Buch über Datum, Uhrzeit, Dauer und Material seiner Produktionen zu führen. Es wird aber geschätzt, daß Elvis Presley zwischen Juli 1954 und Oktober 1955 über dreißig Titel für das Sun-Label aufgenommen hat. Nur 16 Songs sind davon bisher auf Platte erschienen.

Sam Phillips entschied nach der ersten Session, ‚Blue Moon Of Kentucky' als B-Seiten-Titel zu verwenden, und preßte einige Kopien von ‚That's Allright, Mama'. Genaue Vorstellungen, wie er die Platte veröffentlichen und wie er dafür werben sollte, hatte er nicht. Er hatte nur eine kluge Entscheidung getroffen: die A-Seite, ein eindeutiger Blues-Titel, der sich anhörte, als sei er von einem Schwarzen gesungen, war mit einer Aufnahme im Country-Stil gekoppelt. Damit hoffte Sam, ein größeres Publikum zu erreichen. Neu war die Methode nicht, viele der Indies hatten auf diese Art schon in den vierziger Jahren versucht, ihren Absatz zu vergrößern. Um die Reaktion auf die erste Elvis-Presley-Aufnahme festzustellen, falls es überhaupt eine geben sollte, versuchte es Sam mit einem Radio-Test. Der schlug ein wie eine Bombe, sprengte alle Barrikaden, die den Rock 'n' Roll noch zurückgehalten hatten.

Hillbilly, Country und Gospel

1916 schrieb ein kleiner, unwichtiger Angestellter namens David Sarnoff in einem Bericht an seinen Arbeitgeber, die American Marconi Company (die Aktien des Ablegers Canadian Marconi seien eine ganz besonders lukrative Geldanlage, verriet mir im Juni 1976 ein New Yorker Freund, dessen Büro in der Wall Street gerade versuchte, für Elvis Presley ein paar gute Tips zusammenzustellen), eine zukunftweisende Idee nieder. Er hatte ein Konzept entwickelt, demzufolge das noch neue Rundfunkgerät zu einem erschwinglichen, brauchbaren Haushaltsgegenstand werden sollte. Das Gerät sollte in einem Kasten eingebaut sein, den mal überall hinstellen könne, und die Musik sollte drahtlos durch Wellen übermittelt werden. Dieser Mann wurde später Top-Manager der Radio Corporation of America (RCA), die 1956 mit Elvis Presley einen Schallplattenvertrag abschloß. Sarnoffs Idee war zu diesem Zeitpunkt schon lange realisiert, noch mehr: die Entwicklung war so rasch und so revolutionierend vor sich gegangen, wie er es sich auch in seinen kühnsten Träumen nicht hatte vorstellen können. Im November 1920 sendete der Rundfunksender KDKA in Pittsburgh, Pennsylvania das erste umfassende Radioprogramm. Bis 1923 gab es über 600 Rundfunkstationen in den USA. Zwar war die Zahl durch die Depression Anfang der dreißiger Jahre auf 300 geschrumpft, dafür aber war die Zahl der Radiobesitzer um 1 400 Prozent gestiegen. In Deutschland wurde die erste Rundfunksendung am 29. Oktober 1923 ausgestrahlt. Sie kam aus Berlin. Dort hatte schon drei Jahre früher, in einer Sitzung am 28. Januar 1919, eine Reichsfunkkommission die Reichsfunk-Betriebsverwaltung gegründet. Der Ministerialdirektor Hans Bredow, vorher Direktor der Telefunken-Gesellschaft, der sich um die Entwicklung des Rundfunks besonders verdient gemacht hatte, war im Reichspostministerium tätig, wo er 1926 zum Reichsrundfunkkommissar avancierte. Bredow übernahm 1919 die Leitung der Reichsfunk-Betriebsverwaltung, und damit war die Bildung eines staatsunabhängigen Rundfunksystems nicht mehr möglich. Die Rundfunkhoheit lag in Deutschland — im Gegensatz zu den USA — beim Staat. 1926 gab es etwas über 2 Millionen

Rundfunkgeräte in deutschen Haushalten. 1930 gab es in den USA mehr als 12 Millionen Radios, 1953 waren es weit über 40 Millionen. Der Rundfunk in den Vereinigten Staaten war nach privatwirtschaftlichen Gesichtspunkten organisiert. Und schon 1922 wurden die ersten Sendungen von der Industrie finanziert. Firmen, die für ihre Produkte werben wollten, kauften Sendezeiten und ganze Programme, die von den Moderatoren speziell auf die zu werbenden Waren getrimmt wurden.

Außerdem hatten sich die Radiostationen auf selektierte musikalische Bereiche festgelegt, um eine bestimmte Hörerschicht anzusprechen. Die Sender, die zumeist nur regional in sehr kleinen Gebieten zu empfangen waren, spezialisierten sich auf Country, Blues oder Tin-Pan-Alley-Musik. Letztere war bis in die vierziger Jahre hinein die dominierende Musik, die in den Rundfunksendungen gespielt wurde. Schon um die Jahrhundertwende nannte man die Gebäude und Büros, die entlang der 7th Avenue zwischen der 48th und der 52th Street im Herzen New Yorks in der Nähe des Time Square lagen, Tin Pan Alley, weil dort die meisten Musikverlage ihren Sitz hatten und dort viele Komponisten, Arrangeure und Agenten residierten. Hier war der Hauptumschlagplatz der Unterhaltungsmusikbranche. Der Name Tin Pan leitet sich vom ständigen Klimpern der Klaviere in den Büros ab, wo die Komponisten und Arrangeure für die Verleger neue Melodien kreierten oder vorführten. Die Rundfunkanstalten in den ländlichen Gegenden fanden schnell heraus, daß ihre Hörer diese in New York und Hollywood gefertigte Musik nicht hören wollten. Für sie zählte die Musik, die an die musikalischen Traditionen ihrer Region anknüpfte. Deshalb sendeten diese Radiostationen zunehmend ländliche Musik, wodurch sie den Sponsor-Firmen in deren Programmen eine hohe Hörer-Einschaltquote verschafften. Trotzdem war diese folkloristische Musik nicht amerikanische Volksmusik, realistisch und echt wie die Lieder der Cowboys bei den Nachtwachen im Westen, witzig und unanständig wie die Shanties der Seeleute oder direkt

und sarkastisch wie die Songs der Arbeiter. Es war vielmehr Country-Unterhaltungsmusik, aufbereitet und angepaßt, entschärft und in der Aussage verwässert durch die kommerziellen Regeln der Musikindustrie. Eine der ersten Gruppen, die davon profitierten, war die Carter Family. Alvin Pleasan Carter, seine Frau Sarah und seine Schwägerin Maybelle, die später in einer zweiten Carter Family, eine verjüngte Ausgabe der ersten und ursprünglichen, unter Johnny Cash nochmals zu viel Erfolg und Geld kommen sollte. Zwischen 1927 und 1941 waren die Mitglieder der Carter Family die einzigen Country-Musiker, mit denen alljährlich Schallplatten produziert wurden. Der Verleger Ralph Peer, der von 1927 bis zum Beginn der vierziger Jahre fast 80 Prozent der Country-Musik-Aufnahmen der RCA kontrollierte, hatte die Carter Family unter Vertrag genommen. Das garantierte dem Familien-Trio auch äußerst günstige Sendezeiten bei den Rundfunkanstalten. Dadurch und durch den Verkauf ihrer Platten, die zwar sehr viele Elemente der verschiedenen volksmusikalischen Formen enthielten, trotzdem aber durch glatte Arrangements sehr vereinfacht und standardisiert wurden, besaß die Carter Family vor allem im Süden und im Mittelwesten der Vereinigten Staaten eine große Popularität. In diesem Sinne war Alvin Carter ein Volksmusiker. Seinen Geschäftssinn bewies Carter dadurch, daß er traditionelle Lieder und bekannte Melodien, die noch nicht urheberrechtlich geschützt waren, mit kritikentschärfenden Texten versah, die eine angepaßte Bürgermoral nicht verletzen konnten, und diese dann eigenen Kompositionen im Peer-Musikverlag veröffentlichen und somit schützen ließ. Bei der Carter Family zeigte zum ersten Mal eine Methode Erfolg, die später bei Elvis Presley in anderen, ausgefeilteren Varianten zu seiner Popularität beitrug.
Noch mehr als den Werdegang der Carter Family scheint später Colonel Tom Parker, der ab 1956 die Karriere Elvis Presleys bestimmte, den Country-Sänger James Charles Rodgers studiert zu haben. Jimmie Rodgers, wie er auf den Plattencovern und von seinen Fans genannt wurde, kann man als einen Vorläufer Elvis Presleys bezeichnen; denn seine Musik, seine Folk-

und Blues-Adaptionen in seinen Liedern und seine Interpretation waren wegweisend für den jungen Elvis. Wie Elvis wurde Jimmie Rodgers im US-Bundesstaat Mississippi geboren. Sein Heimatort Meridian lag nur etwa 120 Meilen von Elvis' Geburtsort Tupelo entfernt, und wie dieser kam er als Sohn eines Eisenbahnarbeiters aus der unteren sozialen, benachteiligten Schicht. Am 8. September 1897 geboren, verlor Jimmie im Alter von vier Jahren seine Mutter. Daraufhin nahm ihn sein Vater, Vorarbeiter bei der Mobile & Ohio Railroad Company auf seinen häufigen Reisen über Land mit. Noch vor seinem vierzehnten Lebensjahr arbeitete Jimmie Rodgers bei der Eisenbahn, lebte in Camps und Bauhütten und fuhr mit den Reparaturzügen quer durch den Süden der Vereinigten Staaten. Bald kannte er alle Bahnhöfe und alle Wasser-Depots, alle Güter-Umschlagplätze und verkehrswichtigen Knotenpunkte, die Kneipen entlang den Schienensträngen und die Bordells in den abseits gelegenen Minenstädten. Eine richtige Schulausbildung hatte er nie genießen können, viel zu früh war er schon unterwegs auf Güterwagen und Bauarbeiter-Zügen. Aber er lernte mehr und sah mehr, als die Zöglinge der wohlhabenden Bürger in den feinen Schulen des Ostens. Mit 28 bekam Jimmie Rodgers Tuberkulose, er mußte den harten Job bei der Eisenbahn aufgeben, nahm seine Gitarre, auf der er schon als Kind gespielt hatte, und wurde Sänger in einer kleinen Band. In der Gegend um seinen Heimatort spielte er so oft er die Möglichkeit dazu bekam. Aber die Angebote waren selten.

Als seine Krankheit sich verschlimmerte, zog er mit seiner Frau nach Ashville, im US-Bundesstaat North Carolina, wo das Klima zur leichten Verbesserung seines Gesundheitszustandes beitrug. Als Musiker hatte er weiterhin nur wenig Erfolg. Nachdem er zuletzt auch den Job bei der lokalen Rundfunkstation, wo er kurze Zeit in Werbesendungen hatte spielen und die Produkte anpreisen dürfen, verloren hatte, versuchte er sich als Polizist durchzuschlagen. Wirtschaftlich ging es Jimmie Rodgers miserabel, bis er

eines Tages in einer Zeitung ein Inserat sah: man suchte Country-Musiker für Schallplattenaufnahmen!
Ralph Peer hatte im Spätsommer 1927 eine Idee gehabt, die sich schon kurze Zeit später als besonders gut und lukrativ herausstellen sollte. Um sie zu realisieren, packte er im Herbst des gleichen Jahres seine Aufnahmegeräte in seinen Wagen und fuhr nach Bristol, Tennessee. Dort wollte er Hillbilly- und Country-Musiker aufnehmen. Peer hatte bis dahin für die Plattenfirma Okey gearbeitet. Okey war eine der ersten unabhängigen kleinen Firmen, die vorwiegend mit schwarzen Rhythm & Blues-Sängern Platten produzierte, die bis in die fünfziger Jahre hinein als ‚race records' verachtet waren. Zumindest vom weißen Publikum. In den Ghettos und auf dem schwarzen Markt machte die Firma gute Geschäfte. Ralph Peer hatte das gesehen und sagte sich, daß dies auch mit Country-Musik möglich sei, zumal diese von der ländlichen Bevölkerung entwickelte und verbreitete Musik, eine zahlenmäßig noch viel größere Interessen- und Käuferschicht treffen müsse. Daraufhin hatte er sich selbständig gemacht, um als unabhängiger Produzent und Verleger zu arbeiten. In Bristol setzte er Annoncen in die Lokalzeitungen, und eine der ersten Gruppen, die sich bei ihm meldete, war die Carter Family. Nur wenige Tage später klopfte ein dreißigjähriger, kranker Musiker an Peers Hotelzimmertür. James Charles Rodgers, stellte er sich vor, und zum ersten Mal hörte Ralph Peer von der Welt der Eisenbahner, den weiten Reisen und von der Musik, die Jimmie Rodgers gehört und weiterentwickelt hatte. Es war der Blues der Neger, die an den Schienensträngen bauten, die Gassenhauer der weißen Lagerarbeiter in den Großstädten, die Songs der Tramps, die mit den Güterzügen durch das Land fuhren, und die Lieder der Cowboys und Wanderarbeiter. Am 4. Oktober 1927 produzierte Ralph Peer in einem alten Lagerhaus die ersten Stücke mit Jimmie Rodgers. Es dauerte noch eine Weile, bis der große Durchbruch und der Erfolg kam. Die erste Abrechnung, die Rodgers für seine Plattenverkäufe erhielt, lautete über 27 Dollar. Doch schon nach der zweiten Session für Peer und die von diesem

belieferte RCA in Camden, New Jersey (nach dieser Stadt nannte die RCA später eines seiner Billigpreis-Label, auf dem dann auch Elvis-Presley-Platten wie ‚Flaming Star' oder ‚Let's Be Friends' erschienen), ging es steil bergauf. Die romantische Verklärtheit seiner Lieder fand beim Publikum großen Anklang. Der Hauptgrund war wohl, daß Rodgers, ähnlich wie Alvin Carter, die Lieder bestimmter Gegenden aufnahm, sie musikalisch leicht veränderte, Texte, falls diese zu lokalgebunden, zu sozialkritisch oder gar unanständig und direkt waren, durch allgemeinere Textzeilen ersetzte und diese Songs dann, urheberrechtlich über den Peer-Musikverlag geschützt, als seine eigenen Kompositionen vortrug. Sein Gesangsstil war eindeutig von den schwarzen Blues-Sängern beeinflußt, von denen er auch die 12-Takt-Form in viele seiner Stücke übernahm. Allerdings war sein Gitarrenstil — er beherrschte das Instrument nicht sonderlich gut und ähnelte auch da Elvis Presley, der nie ein besonders guter Instrumentalist wurde — reduziert auf eine typisch weiße, gleichmäßige rhythmische Begleitung.

Bald galt Rodgers als der einflußreichste Country-Sänger und seine Lieder wurden gesungen wie Volkslieder. Entschieden zu seiner Popularität trug sein Jodelgesang bei. Dieses ‚blue yodeling', das sich anhörte, als habe er es bei schweizer Blues Sängern gelernt, wurde zu seinem Markenzeichen. Entscheidend zu Rodgers Erfolg trug die enge Zusammenarbeit zwischen dem Peer-Musikverlag und der RCA Victor bei. Ralph Peer wollte nur Lieder produzieren, die er auch in seinen Musikverlag übernehmen konnte. Anstatt nun von Komponisten und Textern neue Stücke schreiben zu lassen, wie das die Tin-Pan-Alley-Verlagshäuser machten, suchte er in dem riesigen Repertoire der ländlichen Volksmusik Stücke, die er leicht abgeändert schützen ließ. So erklärt sich denn auch der Erfolg der Carter Family oder der von Jimmie Rodgers. Sie verarbeiteten traditionelle Volksmusik, wandelten sie ab oder setzten bloß ihre Namen unter einen schon lange bekannten Song. 1927 hatte Peer mit der Schallplattenfirma Victor, die im gleichen Jahr von der Radio Corporation of America (RCA) aufgekauft worden war, einen

Vertrag geschlossen. Danach wählte Peer speziell aus dem Country-Musik-Bereich die Lieder und die Interpreten aus, die er selbst produzierte. Die Titel wurden in seinem Musikverlag geschützt, die fertigen Produktionen der RCA Victor zur Veröffentlichung überlassen. Der Grund für das Engagement im Bereich der Volksmusik war, daß der Gesamtumsatz der Firma Victor von 51 Millionen Dollar im Jahre 1921 auf 20 Millionen Dollar im Jahre 1925 gefallen war. Dieser konjunkturbedingte Umsatzrückgang traf alle Firmen der Plattenindustrie. Überraschend stellte man jedoch fest, daß trotz der Krise die Umsätze auf dem ‚race music' und ‚country music' Markt gestiegen waren. Deshalb kauften große Konzerne der Musikindustrie in der zweiten Hälfte der zwanziger Jahre viele kleine und mittlere Plattenfirmen auf. 1926 hatte Columbia Okey übernommen, ein Jahr später war Victor unter die RCA-Kontrolle gekommen. Ralph Peer lieferte der RCA-Victor so viele Künstler und ein so umfangreiches Country-Material, daß die Plattenfirma noch heute führend in diesem Musikbereich ist. Der Chef dieses Zweiges ist heute der ehemalige Musiker und Elvis-Presley-Produzent Chester B. Atkins, Divison Vice President C & W in Nashville, Tennessee.

Jimmie Rodgers sentimentale Lieder wurden bald vorwiegend über die Radiostationen gespielt, die der RCA gehörten. Seine Plattenumsätze stiegen, seine öffentlichen Auftritte wurden zu großen Erfolgen. Jimmie Rodgers wurde der erste Star der Country-Musik. Er wurde so zum Beispiel für die vielen, die dann aus den Wäldern, von den Farmen und von den Feldern in die Studios nach Nashville strömten, eine Gitarre unter dem Arm und bereit, die Lieder zu singen, die das Volk schon lange hören wollte. Bis zu seinem Tode im Jahre 1933 nahm Jimmie Rodgers 113 Lieder auf, deren größter Teil dann von anderen Country & Western Sängern wieder aufgegriffen und erneut für Platten eingespielt wurde. Beeindruckender als die wenigen Jahre seiner Karriere, war sein Tod. Am 24. Mai 1933 ließ sich der schwer tuberkulosekranke Sänger zu einer letzten Aufnahme-Session auf einer Bahre in

das New Yorker Studio tragen, um noch einmal zu singen. Zwei Tage später starb er in einem Zimmer des Taft-Hotels in Manhattan. Die Tragik seines Lebens, seine Krankheit, und die Tragödie seines Todes, verbunden mit der schaurig-schönen Geschichte seiner letzten Platten-Session, machten die Figur Jimmie Rodgers zum Ahnvater aller Country-Sänger. Als der ehemalige Eisenbahnarbeiter, den man auch den ‚singing brakeman', den singenden Bremser nannte, wenige Tage nach seinem Tod per Eisenbahn in seine Heimatstadt Meridian transportiert wurde, ließ der Lokomotiv-Führer spät in der Nacht bei der Einfahrt des Zuges in den Bahnhof, die Dampfpfeife mehrmals tönen. Und dies ist das Bild, das heute alle Country-Freunde von Jimmie Rodgers in den Herzen tragen. Für Sänger wie Hank Snow, Ernest Tubb oder Hank Williams wurde er zum großen Vorbild. Aber auch Elvis Presley bewunderte ihn, und Colonel Thomas Andrew Parker sah am Beispiel Jimmie Rodgers, wie kommerziell erfolgreich eine Karriere verlaufen kann, wenn sie mit Hilfe der verschiedenen Musikindustriebereiche schnell in die richtigen, sprich gewinnbringenden Bahnen gelenkt wird. Die Zusammenarbeit zwischen Musikverlag, Schallplattenfirma, Rundfunk und Management nach neuartigen Werbe- und Marketing-Methoden, die bei Jimmie Rodgers zum ersten Mal in umfangreichem Maße Anwendung fanden, zeigten Parker den Zusammenhang und das Verfahren, einen Künstler dem Publikum unentbehrlich zu machen. Elvis Presley wurde der erste Star, bei dem alle diese Erkenntnisse konsequent angewendet wurden.
Bis aber Colonel Parker die Kontrolle über Elvis Presley erlangte und dessen Werdegang steuerte, wurde der Hillbilly-Sänger von zwei anderen Personen betreut, die zwar aus dem Musikgeschäft kamen, beide aber nicht den Geschäftssinn und das feine und ausgeprägte Gespür für die Wünsche der Masse besaßen, wie Tom Parker. Der erste, der frühzeitig Elvis Presleys Talent erkannte, und dies richtig einzusetzen verstand, war der Inhaber des Sun-Studios Sam Phillips. Kaum hatte er am 7. oder 8. Juli 1954 die ersten Bänder mit Elvis Presley, Scotty Moore und Bill Black aufgenommen,

machte er davon die ersten Anpressungen auf Schellack. Abmischen oder andere heute übliche Methoden der Sound-Verfeinerung waren zu der Zeit noch unbekannt. Sam Phillips hatte die Elvis-Session auf einer Ein-Spur-Mono-Bandmaschine mitgeschnitten. Mehrspur-Stereo-Maschinen, Phase-Shifting und alle anderen technischen Tricks waren noch völlig unbekannt, weil noch nicht erfunden und entwickelt. Das einzige Hilfsmittel, das Sam Phillips anwenden konnte und bei Elvis-Presley-Aufnahmen reichlich benutzte, war der Keller-Sound durch ein Echo-Hall-Gerät. Mit der ersten ‚That's All Right, Mama'-Platte ging Sam C. Phillips noch im Juli zu einem der wichtigen Rundfunksender in Memphis. Bei der WHBQ-Station moderierte der Discjockey Dewey Phillips, mit Sam nicht verwandt oder verschwägert, mehrere Sendungen, darunter ein Nachtprogramm. Sam spielte Dewey die erste Elvis-Platte vor. Der war beeindruckt von der schwarzen Stimme und nur schwer davon zu überzeugen, daß Elvis Presley ein Weißer sei. Sam Phillips hatte mit Bedacht Dewey als Gesprächspartner ausgesucht, denn dieser war zwar ein Weißer, er war aber mit einer Rhythm & Blues-Sendung namens ‚Red Hot And Blue' der einzige Discjockey in Memphis, der eine so aus dem üblichen musikalischen Rahmen fallende Platte wie ‚That's All Right, Mama' auf den Plattenteller legen und spielen konnte. In anderen Sendungen, die vorwiegend Country & Western oder Tin-Pan-Alley-Musik ausstrahlten, hätte Elvis Presley mit seiner Blues-Stimme nie eine Chance gehabt. Dewey Phillips sagte dem Sun-Label-Besitzer zu, die neueste Sun-Produktion in der nächsten Nachtsendung vorzustellen. Sam Phillips war darüber erfreut, weil er dies als einen ersten Test ansah und hoffte, seinen eigenen Eindruck bestätigt zu bekommen. Denn er glaubte fest daran, mit dieser Elvis-Platte etwas Neues auf den Markt zu bringen. Als Sam Elvis Presley von der bevorstehenden Premiere seines ersten Songs im Radio informierte, war Elvis voll stolzer Freude. Er erzählte es seinen Eltern, stellte zu Hause das Radio auf den Sender ein, ging abends ins Kino, weil er zu nervös und schüchtern war, seine eigene Platte im Rundfunk zu hören.

Kaum aber hatte Dewey Phillips ,That's All Right, Mama' in seinem Nachtprogramm vorgestellt, da liefen bei der WHBQ-Station die Telefonapparate heiß. Zuhörer wollten die Platte wieder und wieder hören und mehr über den Sänger wissen. Dewey beschloß, Elvis ins Studio zu rufen. Da aber die Presleys keinen Telefonanschluß besaßen, benachrichtigte er einen Freund von Elvis. Der lief rüber zu den Presleys, um Elvis die Nachricht Deweys zu überbringen. Doch Elvis war im Kino. Gladys und Vernon machten sich auf den Weg, um Elvis zu holen. Jahre später hat Dewey Phillips dann erzählt, was in dieser Sommernacht im Juli 1954 geschah: Elvis kam außer Atem ins Studio gestürzt. Dewey forderte ihn auf, sich hinzusetzen, denn er wollte ein Interview mit ihm machen. Für Elvis war dies etwas völlig Neues, denn ein Interview hatte bisher noch nie jemand von ihm gewollt. Als Dewey dies bemerkte, meinte er, Elvis solle sich keine weiteren Gedanken machen, alle Fragen nur möglichst genau beantworten und keinesfalls zweideutige Sachen erzählen. Dewey wußte nicht als er dies sagte, daß Elvis, streng und religiös erzogen, ohnehin nie unanständige Dinge gesagt hätte. Dewey und Elvis unterhielten sich über Musik, über die erste Platte, die der junge Sänger gerade aufgenommen hatte, Elvis erzählte von seiner Schulzeit, seinen Freunden und seinen Eltern. Dewey Phillips spielte zwischendurch seine Nachtprogramm-Musik und stellte Fragen. Für ihn war besonders wichtig, daß die Hörer erführen, daß Elvis Presley kein Schwarzer sondern ein Weißer sei; denn der Aufnahme von ,That's All Right, Mama' nach, mußte jeder denken, es wäre ein schwarzer Blues-Sänger, der diese neue Version des Crudup-Songs aufgenommen habe. Zum Schluß sagte Dewey Phillips zu Elvis: ,,Okay, Elvis, das war's! Vielen Dank!"

,,Wollten Sie mich nicht interviewen?", fragte Elvis ganz erstaunt. ,,Das haben wir doch die ganze Zeit getan, alles was wir miteinander gesprochen haben, ist über den Sender gegangen", antwortete der Discjockey dem zu Tode erschrockenen Elvis. Die Reaktion auf dieses nächtliche Interview mit Elvis Presley und das so häufige Spielen seiner ersten Single über WHBQ blieb nicht ohne Wirkung. Schon am folgenden Tag häuften sich bei Sun-Records die Bestellungen. Innerhalb von einer Woche gingen über 5 000 Bestellungen für ‚That's All Right, Mama' ein. Sam C. Phillips wurde von den Ereignissen total überrascht. Er war noch nicht einmal in der Lage gewesen, eine Master-Platte für die Pressung anzufertigen, als er das erste Probe-Exemplar an den WHBQ-Discjockey gegeben hatte. Nun sollte er Tausende von Bestellungen befriedigen und hatte noch keine einzige Single gepreßt. In den nächsten Wochen stellte Sam Phillips alles andere zurück. Für ihn zählte nur noch Elvis Presley. Nachdem man nächtelang durchgearbeitet hatte, wurde am 6. August 1954 die erste Elvis-Presley-Single veröffentlicht. Titel der A-Seite wurde der durch Dewey-Phillips-Radiosendung getestete Song. Die B-Seite der Sun-Single Nr. 209 war eine 2 Minuten und 2 Sekunden Kurzversion des alten Titels ‚Blue Moon Of Kentucky', der dem Appalachen-Musiker Bill Monroe mit seinen Bluegrass Boys in dem typisch näselnden hohen Gesangsstil des ‚sharp-note singing', der im 19. Jahrhundert von religiösen Gesangslehrern in Kirchen gelehrt und in den Tälern Kentuckys verbreitet worden war, zum überregionalen Erfolg verholfen hatte. Heute berichten amerikanische Elvis-Fan-Clubs gern, daß sich die erste Sun-Platte ihres Idols über 20 000mal verkaufte. Diese Zahl dürfte der Fan-Versuchung entspringen, alles was mit ihrem Star zu tun hat, im positiven Sinne zu übertreiben. Realistisch ist, wenn man annimmt, daß sich ‚That's All Right, Mama' (auf Nachpressungen der RCA wird der Titel später mit ‚That's Alright, Mama' angegeben) zwischen 7 000 und 10 000mal verkaufen ließ. Auch das war für Sam Phillips eine beachtliche Zahl und ein guter Gewinn. Schon kurz nach der Veröffentlichung wurde die erste Elvis-Single in den Rhythm & Blues Hitparaden in Memphis notiert. Zur gleichen Zeit hatten dort neue Aufnahmen von Muddy Waters (richtiger Name: Mc Kinley Morganfield), dessen Titel ‚Rollin' Stone' den Rolling Stones 1962 ihren Namen geben sollte, und Johnny Ace (richtiger Name: John M. Alexander, Jr.), der sich am 25. Dezember 1954 nach einem Weihnachtskonzert beim russischen Roulett erschießen würde, gute Placierungen erhalten. Die Musikfachzeitschrift ‚Cashbox' besprach die Elvis-Presley-Single, als erste Platte eines Weißen, unter der Rubrik Blues. ‚Billboard', das Magazin der Musikindustrie, prophezeite dem jungen Sänger aus dem Süden, er hätte in mehreren Musikbereichen Chancen. ‚Billboard' sollte recht behalten. Trotzdem, so hat Sam C. Phillips einige Jahre später zugegeben, gab es Schwierigkeiten mit der Promotion-Arbeit. Viele der Rundfunk-Discjockeys weigerten sich, diese neue Platte zu spielen. In welchen Programmen auch? Sicher nicht in den Nachmittags- oder Abendsendungen die mit Country & Western ihre Zuhörer erfreuten.

Elvis Presley bleibt trotz des ersten bescheidenen Erfolges skeptisch. Sicher träumt er von den unendlichen Möglichkeiten, die sich dem jungen, erfolgreichen Sänger eröffnen. Jahrelang hatte der introvertierte Junge immer in der zweiten Reihe gestanden. Weder in der Schule, noch unter seinen Freunden war er sehr aus sich herausgegangen. Der einzige zaghafte Protest und die Dokumentation eines schüchternen Eigenwillens waren seine langen Koteletten und die bunte, auffällige Kleidung, die er trug. Aber was konnte ein armer Junge wie er, der zwar von seinen Eltern über alles geliebt und so gut es eben ging versorgt wurde, den aber niemand forderte oder förderte, tun, um sich aus dieser sozialen Schicht zu lösen, die ihm keine Zukunftsaussichten bot? Sänger zu sein, Erfolg zu haben, Geld zu verdienen und anerkannt zu werden, daß war eine Alternative. Doch auch diese konnte Elvis Presley nicht aus eigener Kraft realisieren. Deshalb wartete er und hoffte, daß durch die erste Single etwas ins Rollen käme, um seinen Traum zu erfüllen. Am Tage nach dem Interview mit Dewey Phillips ging er wie üblich zur Arbeit, auch als die ersten positiven Reaktionen und die guten Verkaufszahlen kamen, kündigte Elvis seinen Job als Lastwagenfahrer nicht. Immerhin verdiente er über 40 Dollar in der Woche. Das war erheblich mehr, als das, was er eventuell hätte als Sänger zu diesem Zeitpunkt verdienen können. Die Wochenendauftritte, die man Elvis, Scotty und Bill im August und September anbot, wurden mit nicht mehr als 15 oder 20 Dollar honoriert.

Sam C. Phillips versuchte unterdessen, seinen Künstler zur Grand Ole Opry zu bringen. Da dies die populärste Rundfunksendung im Süden der Vereinigten Staaten war, hatten die Organisatoren des Programms eine unvergleichlich große Auswahl an Sängern und Musikern; denn jeder Künstler, der dort auftreten konnte und ein Re-Engagement erhielt, hatte den Durchbruch geschafft. Der Andrang war entsprechend! Sam kannte glücklicherweise einige einflußreiche Personen des WSM-Senders, der das Programm wöchentlich ausstrahlte. Elvis Presley bekam eine Zusage für einen Auftritt. Diese Tatsache dokumentiert allerdings keineswegs, daß die erste Elvis-Single einen nachhaltigen Eindruck hinterlassen hatte, sondern, daß Sam Phillips einen so guten Namen in Nashville besaß, daß man auf sein Bitten hin, einen Künstler seines Sun-Labels zuließ. Als Elvis Presley Ende August mit Scotty Moore und Bill Black erschien, war man überrascht von der kleinen Formation. Dem Sound von ‚That's All Right, Mama' folgend, hatte man vermutet, es müsse eine viel größere Band sein, die Elvis begleitet habe. Später haben sich noch viele andere in der Branche gewundert, wie Sam Phillips in seinem armseligen Studio in Memphis diesen vollen Sound zustande gebracht hat. Vor allem bei RCA Sessions Ende der sechziger Jahre hätte man Sam Phillips gut gebrauchen können. Zu der Zeit wurden Elvis' Lieder nicht nur vom Material her immer schwächer, auch die Produktionen wurden schlecht.

Mit einem Gefühl aus Freude, Aufregung und Spannung absolvierte Elvis Presley seinen Auftritt im Radioprogramm der Grand Ole Opry. Der grosse Country-Sänger Hank Snow war es, der Elvis ankündigte. Elvis sang die beiden Titel seiner Single und hinterließ beim Publikum keinen sehr guten Eindruck. Der Direktor des Buchungsbüros, Jim Denny, empfahl Elvis nach dem Auftritt, er solle nach Memphis zurückkehren und weiter Lastwagen fahren. Für Elvis brach eine Welt zusammen, weinend verließ er Nashville. Als er viele Monate später den Durchbruch geschafft hatte, erinnerte er sich immer noch an diese Nacht und den Auftritt in der Grand Ole Opry. Er hat Jim Denny die Bemerkung nie verziehen, zumal dieser sich später rühmte, schon frühzeitig Elvis Presleys Talent erkannt zu haben.

Mit Scotty Moore und Bill Black absolvierte Elvis Presley kleinere Auftritte rund um Memphis. Die geringen Gagensummen wurden gerecht untereinander aufgeteilt. Dazu hatte Elvis zusammen mit seinen Eltern einen Vertrag mit Scotty Moore am 12. Juli 1954 abgeschlossen. Scotty erhielt für alle Buchungen, die er machte, 10 Prozent. Die Gage ging zu 50 Prozent an Elvis und zu je 25 Prozent an Bill und Scotty. Das war zum damaligen Zeitpunkt eine korrekte und faire Lösung. Später allerdings sollten sich Scotty Moore und Bill Black von Elvis trennen, weil dieser, trotz seiner hohen Einkünfte aus Konzertauftritten, nicht gewillt war, den beiden pro Mann mehr als 100 Dollar in der Woche zu zahlen. Elvis hatte zu diesem Zeitpunkt wöchentlich ein Einkommen von mindestens 2 000 bis 2 500 Dollar.

Irgendwann im September, genau läßt sich das Datum nicht mehr feststellen, rief Sam Phillips die drei Musiker wieder in sein Studio in der Union Street Nr. 706. In der zweiten Sun-Session wurden mindestens zwei Songs, wahrscheinlich aber mehr aufgenommen. Der eine Titel war eine alte Blues-Nummer, die durch Wynonie Harris schon 1949 ein Rhythm & Blues Hit geworden war, und hieß ‚Good Rockin' Tonight', das andere Stück, das man aufnahm, war eine Mack-David-Komposition mit dem Titel ‚I Don't Care If The Sun Don't Shine'. Möglicherweise wurde in diese zweite Session auch die Nummer ‚Just Because' eingespielt, ein Titel, der nie auf einer Sun-Platte veröffentlicht wurde, im September 1956 aber von der RCA als B-Seite der Single ‚Blue Moon' (RCA 6640) ausgewählt wurde. Am 2. September bekam Elvis Presley die zweite Chance eines Rundfunkauftrittes. In Shreveport, Louisiana hatte der Sender KWKH eine bliebte Country-Sendung namens ‚Louisiana Hayride' ins Programm aufgenommen. Die Sendung wurde jeden Samstag ausgestrahlt und erfreute sich schnell einer zunehmenden Beliebtheit. Elvis' Auftritt, der wiederum von Sam arrangiert worden war, kam nicht nur gut bei dem etwas überraschten Publikum an, Elvis überzeugte auch die für die Show Verantwortlichen. Er wurde für den kommenden Samstag wieder eingeladen, ebenfalls für den darauf folgenden. Dann engagierte man diesen Sänger, der sich so total von allen bisherigen Country-Musikern unterschied, für ein ganzes Jahr. Elvis Presley sagte auf Anraten seines Produzenten zu, was ihn in den folgenden Monaten in manchmal erhebliche Schwierigkeiten bringen sollte. Denn als Elvis mit zunehmender Popularität immer mehr Konzerte in verschiedenen Staaten des Südens absolvierte, mußte er oftmals Hunderte von Meilen zu seinem Samstag-Auftritt der ‚Louisiana Hayride' fahren. Das war mühselig und brachte kaum Geld ein. Dafür wurde die Resonanz auf seine Auftritte in Shreveport aber immer besser. Bald füllte Elvis mühelos die 3 500 Plätze der großen Halle, aus der das Radioprogramm übertragen wurde.

Eine Woche nach seinem ersten Hayride-Auftritt kam für Elvis zum ersten Mal die Gelegenheit, in seiner Heimatstadt Memphis vor einem großen Publikum aufzutreten. Am 10. Oktober fand im Overton Park Shell eine Country-Musik-Veranstaltung statt, zu der man auch Elvis Presley eingeladen hatte. Allerdings kam es dann schnell zu ersten Komplikationen, als sich herausstellte, daß Elvis kein Mitglied der Musiker-Gewerkschaft AFM war. Nachdem man diese Hürde genommen hatte, stand Elvis Presley im Nachmittagsprogramm auf der großen Bühne, begleitet von Scotty und Bill und einem neuen Mann, den er in Shreveport kennengelernt und engagiert hatte, dem Schlagzeuger D. J. Fontana, und sang brave Country-Balladen. Die Reaktion des Publikums war äußerst gering, und nur spärlicher Beifall flakkerte auf, wenn Elvis ein Lied beendet hatte. Elvis war enttäuscht, deprimiert und ratlos. Nach dem Auftritt ging er zu seinen Eltern, die zusammen mit Sam Phillips, dessen Sekretärin Marion Keisker und dem WHBQ-Moderator Dewey Phillips gekommen waren. Dewey mit seinem in zahllosen Radioprogrammen geschulten Gefühl für Musik, die ankommt und Resonanz erzeugt, riet Elvis, er solle mal die gefühlvollen Schnulzen weglassen und seine schnelleren, rhythmischen Songs singen. Elvis sang eine Nummer des einflußreichsten Blues-Gitarristen und Sängers der dreißiger Jahre, Roy Brown, den Song, den er kurz zuvor im Sun-Studio aufgenommen hatte und der im gleichen Monat mit ‚I Don't Care If The Sun Don't Shine' als B-Seite unter der Nummer 210 auf dem Sun Label erscheinen sollte: ‚Good Rockin' Tonight'. Dabei bewegte er rhythmisch seine Hüften, nicht, wie es manche andere Country-Sänger taten, von rechts nach links, sondern so, wie er es den Blues-Musikern in der Beale Street abgeschaut hatte, eindeutig von hinten nach vorn. Er stöhnte, wackelte mit den Beinen und griff nach dem Mikrophonstativ, als ob er es verbiegen wolle. — Die Zuschauer stutzten, starrten auf die Bühne und hörten den Sound, der darüber kam. Dewey Phillips kommentierte später diesen Elvis-Auftritt trocken und treffend: „The place came apart. — Die Leute flippten aus!"

Viele, die mit Elvis in dieser Zeit schon zu tun hatten oder ihn kannten, meinten, als man sie um ihre Meinung bat, an diesem Tag in Memphis habe Elvis Presley seinen Stil gefunden. Das ist so natürlich nicht richtig. Sein Bühnenauftritt, seine Gewegungen und sein Gesangsstil entwickelten sich über eine lange Zeit. Das begann in den Gottesdiensten der ‚First Assambly Of God' Gemeinde, beim Begleiten und Mitsingen der Bluesmusiker in den Radioprogrammen, denen Elvis mit der Gitarre in der Hand als Junge lauschte, setzte sich fort über erste Auftritte und Gesangseinlagen auf Parties mit seinen Klassenkameraden, wurde inspiriert durch Konzertbesuche und die Beobachtung anderer Musiker und entfaltete sich durch die ersten Erfahrungen eigener Auftritte.

Elvis Presley war immer ein scharfer Beobachter seiner Umwelt, er nahm Anregungen in sich auf und antwortete auf Reaktionen seines Publikums. Dadurch konnte er schon als junger Sänger und Neuling im Musikgeschäft seine Bühnenshow so perfektionieren, daß er Emotionen freisetzte, die bis dahin kein weißer Sänger zu wecken gewagt hatte. Dazu gehörte neben einem ausgeprägten Gefühl für die verborgenen Wünsche seiner Zuschauer auch eine große Portion jugendlich-unbekümmerter Frechheit und extrovertierter erotischer Aggressivität. Dies alles zeigte Elvis immer nur auf der Bühne, in zunehmendem Maße und offen erst dann, als er festgestellt hatte, daß er damit Erfolg bei seinem Publikum hatte. Kaum hatte er seinen Auftritt beendet, verwandelte sich Elvis wieder in den scheuen, zurückhaltenden höflichen jungen Mann; wohlerzogen, wie es seinen Eltern gefiel.

Erst später, nachdem er den von seinem Manager Colonel Parker gesetzten Lebensspielraum als kleinen, engen, goldenen Käfig erkannt hatte, entwickelte er sich auf der Suche nach einem gewissen Maß an persönlicher Freiheit zum Exzentriker.

Colonel Thomas Andrew Parker

Um Elvis Presleys phänomenalen Erfolg als Sänger und Schauspieler zu verstehen, um nachzuvollziehen, weshalb er über nun bald 22 Jahre hinweg Sinnbild und Gott der Pop-Kultur wurde, muß man nicht nur seine Karriere von Anbeginn verfolgen. Man muß die Zeit der fünfziger Jahre betrachten, die Menschen: die Alten, die vom Kriege verschreckt und geängstigt an den tradierten Werten festzuhalten versuchten, und die Jungen, die, nachdem die Wertvorstellungen durch die Ereignisse in Frage gestellt oder ad absurdum geführt worden waren, nach neuen Fixpunkten suchten. Der Mann, der dies sofort erkannte, und der bereit war, der Jugend mit Elvis Presley ein neues Leitbild zu geben, war Thomas Andrew Parker, kurz und prägnant nur ‚der Colonel' genannt. Daß er in der Lage war, seinen Vorsatz zu realisieren, wird verständlich, wenn man die Lebensumstände beleuchtet, unter denen er aufwuchs. Denn Parker ist ein Zirkusmann!

Der Titel-Song des 16. Elvis-Presley-Filmes, gedreht im Jahre 1964, hieß ‚Roustabout'. Und Roustabout heißt Gelegenheitsarbeiter, im amerikanischen Sprachgebrauch Wanderarbeiter, einer der heute bei der Baumwollernte hilft, morgen an einer Tankstelle Wagen wäscht und ein paar Tage später irgendwo auf einem Rummelplatz beim Aufbau der Buden zupackt. Das Lied, das Elvis in diesem besonders armseligen Streifen sang, ist bezeichnend für Tom Parker, über dessen Herkunft es zwei Versionen gibt. Einmal die, die das US-Magazin ‚Time' im Mai 1960 veröffentlichte:

Der Colonel wurde als Thomas Andrew Parker am 26. Juni 1910 in einem Circus-Wagen in West-Virginia als Sohn eines Schausteller-Ehepaares geboren. Mit fünf Jahren kam er, als seine Eltern starben, zu einem Onkel, der auf Jahrmärkten im mittleren Westen und im Süden der Vereinigten Staaten einen Pony-Circus betrieb. Mit sieben Jahren schon mußte sich Tom sein erstes Geld verdienen, denn das Leben auf den Rummelplätzen war nicht so wunderschön und glänzend wie die Schilder und Reklametafeln, auf denen die aufregendsten Attraktionen angepriesen wurden. Doch Tom lernte schnell und wußte sich zu helfen. Einmal verkaufte er Würstchen an einem

Stand, den er mit dem Plakat ‚Hier besonders große Bratwürste' dekoriert hatte. Was er aber in Wirklichkeit an die Kunden reichte, waren nur besonders lange Brötchen, an deren Enden je ein kleines Stück Wurst herausragte. Wenn jemand reklamierte, so zeigte er auf den Boden vor der Bude, wo er am Morgen einige Wurststücke hingeworfen hatte, und sagte: „Da, sehen Sie doch selbst, Sie haben die Hälfte Ihrer schönen Wurst doch schon hinfallen lassen!" Ein anderes Mal versuchte er sich als Fruchtsaft-Verkäufer. Er nahm einen alten Blecheimer, schüttete Zitronensäure und viel billigen Zucker hinein, füllte das Ganze mit Wasser auf, rührte kräftig um und schnitt eine Zitrone klein, deren Scheiben er als ‚dernière garniture' darin schwimmen ließ. Diese Brühe verkaufte er becherweise als frische Zitronenlimonade. Mit solchen Tricks schlug er sich durch. Da ist es auch nicht verwunderlich, wenn man hört, daß Tom Parker auch schon Spatzen fing, diese gelb anstrich, um sie dann als Kanarienvögel den Rummelplatz-Besuchern anzudrehen.
Mit siebzehn Jahren besaß Parker bereits seinen eigenen Pony- und Affen-Circus, mit dem er durch den Süden tingelte. Für drei Dollar pro Tag, die ihm eine Abfüll-Firma zahlte, akzeptierte er Kronkorken bestimmter Fruchtsaftflaschen als Eintrittskarten für seine Show. Die drei Dollar waren nicht gerade viel Geld, aber es war zumindest eine sichere tägliche Einnahme, die dem Schausteller Parker in der Zeit der Depression über die größten Schwierigkeiten hinweghalf; denn das Leben der Circus-Leute war alles andere als gesichert. Manchmal war der Circus so arm, daß die Geräte, Budenteile, Planen und Zelte zwar auf den Wagen und Anhängern verstaut werden konnten, daß für die Wagen aber nicht genügend Reifen vorhanden waren. Dann fuhr man mit zwei Lastern zum nächsten Auftrittsort, von wo der eine Lkw mit den Reifen des anderen wieder zurückkehrte, damit ein dritter Wagen auch den Weg zurücklegen konnte. Oft genug waren auch die Rummelplatz-Attraktionen nicht aufregend genug, um genügend Besucher zum Eintritt zu bewegen. Dazu kam, daß die armen Klein-Farmer,

Landarbeiter und Baumwollpflücker des Südens jeden Cent sparten, da sie ohnehin kaum das Nötigste besaßen. Um aber auf die eingezäunten Vergnügungsplätze zu gelangen, mußte das Publikum an einer Hauptkasse Eintrittskarten lösen. Als Elvis Presley am 25. September 1956 in seiner Geburtsstadt Tupelo in Mississippi zur alljährlich stattfindenden Mississippi-Alabama Fair And Dairy Show von Gouverneur J. P. Coleman als Ehrengast begrüßt wurde, sagte er: ,,Ich bin schon so viele Male zu dieser Kirmes gekommen, aber jetzt zum ersten Mal durch den Haupteingang und nicht über den Zaun. Das finde ich großartig. Und außerdem bekomme ich diesmal Geld dafür!" Wie Elvis es in seiner Kindheit und Jugend gemacht hatte, so taten es viele andere Kinder. Sie kletterten einfach über die Absperrzäune. Die Erwachsenen, die das nicht mehr konnten oder wollten, blieben nach einem Blick in ihren leeren Geldbeutel lieber gleich zu Hause. Für die Cirkus-Leute, mit denen Parker in den 20er und 30er Jahren reiste, war dies eine existenzbedrohende Situation. Doch Tom Parker hatte auch hier eine bessere Lösung für das Problem als die anderen Schausteller. Als diese nämlich zusammenkamen, um zu beraten, ob der allgemeine Eintrittspreis von 50 auf 25 Cents ermäßigt werden sollte, um wenigstens mehr Besucher anzulocken, schlug Parker vor, den Preis auf einen Dollar zu erhöhen. Die anderen waren entsetzt: ,,Dann bekommen wir ja überhaupt kein Publikum mehr", meinten sie. ,,Ja", antwortete der clevere Pony- und Affen-Circus-Besitzer: ,,Man muß an der Kasse natürlich eine Tafel befestigen, auf der steht ,Eintritt 1 Dollar — bei Nichtgefallen 50 % des Geldes zurück!' " Man folgte seinem Rat, und das Schild half Wunder. Denn natürlich kamen nun die Zuschauer in Scharen, zahlten mit Freude einen Dollar, um sich hinterher zu beschweren und 50 Cents zurückzuverlangen. Sie bekamen das Geld prompt. Trotzdem hatte das Circus-Unternehmen den alten Preis beibehalten können, ja es kamen mehr Leute, als man früher je erhofft hatte. Tom Parker hatte die richtige, gewinnbringende Idee gehabt!

Zumeist waren in den USA die Rummelplätze auf Volksfesten mit Viehausstellungen verbunden, und der alljährlich stattfindende lokale Tiermarkt für Zuchtbullen, Milchkühe, Schlachtvieh, Hühner, Schafe und anderes mehr war zusammen mit den Karussells, Buden, Schießständen und Tanzzelten der kulturelle Höhepunkt einer jeden kleinen Kreisstadt. Parker verfiel bald auf eine neue Methode, einige Cents mehr von den Besuchern seiner Show zu verdienen. Er versuchte meist mit Erfolg, das Zelt in der Nähe eines Viehgatters aufzubauen. Hinter dem Zelt ließ er am Abend nach der letzten Show bis zum Nachmittag des nächsten Tages, bevor der Circus seine Türen wieder öffnete, auf engstem Raum Kühe und Schafe weiden. Nach den Vorstellungen folgten die Besucher den großen Hinweisschildern ‚Ausgang', die sie zur Zeltrückseite führten. Dort mußten sie dann entweder durch knöcheltiefen Morast waten, um das Zelt zu verlassen, sie konnten aber auch für 10 Cents auf von Parker bereitgehaltenen Ponys den Schlamm durchreiten. Verständlich, daß kaum einer laufen wollte.

Noch viele andere Geschichten gibt es — laut ‚Time Magazine' und anderen Publikationen — aus der Jugend Tom Parkers zu berichten. Sie sind zusammen mit der Circus- und Rummelplatz-Version seiner Herkunft von so vielen Journalisten und Elvis-Biographen verbreitet worden, daß sich Wahrheit und Legende nicht mehr voneinander trennen lassen. Mir scheint, die schöne, traurige Geschichte über seine harte Jugend zwischen Wohnwagen und Schaustellerbuden, neben dem Zelt der Dame ohne Unterleib, dem Stand des stärksten Mannes der Welt und dem Platz des Feuerschluckers, die der Colonel mit so viel witzigen Episoden angereichert zu erzählen weiß, ist, neben Elvis Presley selbst, die größte PR- und Promotion-Aktion, die sich Parker in seinem Leben hat einfallen lassen. Immer schon hat es Parker verstanden, sich neben seinem Schützling und Star ins rechte Licht zu rücken. Er selbst umgibt sich seit Jahren mit der gleichen Aura des Unnahbaren, wie er sie Elvis in seiner Rolle als größter Show-Star des Entertainments zugedacht hat.

Die andere Geschichte über Parkers Herkunft und Jugend klingt viel wahr-

scheinlicher: geboren am 26. Juni 1909 in dem kleinen Ort Breda in Holland als André van Kuyk, kam er 1929 nach England. Von dort ging er nach einigen Monaten zuerst auf die Westindischen Inseln und dann wenig später in die USA. Dort arbeitete er eine Zeitlang wirklich auf Rummelplätzen.
Sicher ist, daß es eine harte Zeit war, die André alias Tom durchzumachen hatte. Es war ein Kampf ums tägliche Überleben, und oft genug wußte André abends nicht, wovon er am nächsten Tag leben sollte. Deshalb meldete er sich 1931 zur amerikanischen Armee. Doch schon 1936 wurde er, einer Rückenverletzung wegen mit einer kleinen Pension versehen, entlassen. Er erinnerte sich an all das, was er auf den Rummelplätzen und Viehmärkten gelernt hatte, änderte seinen Namen in Thomas Andrew Parker und begann im Süden der Vereinigten Staaten eine dubiose Medizin zu verkaufen, die gegen alle Arten von Krankheiten Wunder wirken sollte. Damit verdiente er sein erstes Geld. Zwar hat der Colonel bis heute nicht zugegeben, daß er wirklich in den vierziger Jahren dies Allheilmittel gegen Haarausfall, Gicht, Rheuma, Schwangerschaftsbeschwerden, Erkältungen und alle anderen Krankheiten verkauft und an den Mann gebracht habe, aber es gibt Leute, die beschwören, sie hätten Tom Parker damals bei groß angekündigten ‚medicine shows' gesehen. Colonel Parker hat das nie bestritten. Auch hier zeigt sich wieder, wie gern sich der Colonel mit einem Mythos aus Legende, Dichtung, Wahrheit und Wirklichkeit umgibt; denn nur so wuchern die Geschichten und Anekdoten um und über ihn, und er kann sich mit Episoden schmücken, die er selbst nie erlebt oder initiiert hat.
Aus seinen Erfahrungen aus der ‚Welt des Circus und der Schausteller' zog Parker den Schluß, daß man seinen Mitmenschen alles verkaufen kann, vorausgesetzt man macht es nur geschickt und überzeugend genug. Bald begann er als Promotion-Mann zu arbeiten. Nun mußte er den Kirmes-Besuchern keine Würstchen-Buden mehr als First-Class-Restaurant attraktiv machen, keine Pony-Nummer mehr vorführen oder sich als Fruchtsaftverkäufer betätigen. Er übernahm jetzt die Aufgabe, für andere die Werbetrommel zu

Eingangstor zu Graceland

Im März 1957 kauft Elvis für 100 000 Dollar das Anwesen „Graceland" in Whitehaven bei Memphis

Elvis Presley während der Probe zur Steve-Allen-TV-Show am 1. Juli 1956

Für 5000 Dollar tritt Elvis am 6. Juni 1956 in der Milton Berle-TV-Show auf. Die Sendung wird von 40 Millionen Amerikanern gesehen.

MGM-Promotion-Foto aus dem Jahr 1968 zu dem Film „Stay Away, Joe"

United Artists Promotion-Foto mit Elvis Presley und Colonel Parker aus dem Jahr 1962 zu dem Film „Follow That Dream"

Elvis Presley erhält am 25. Februar 1961 in Memphis anläßlich seiner zwei Konzerte im Elvis Auditorium eine Goldene Schallplatte.

Deutsche Elvis-Fans mit einem Plakat des Filmes „Jailhouse Rock" bei der Ankunft des Kings in Bremerhaven am 1. Oktober 1958

Promotion-Foto aus dem Jahr 1957

Promotion-Foto aus dem Jahr 1957 zu dem Film „Jailhouse Rock"

Ankunft in Hollywood für die Dreharbeiten des Filmes „Love Me Tender" im September 1956

Promotion-Foto der RCA aus dem Jahre 1956, kurz nach Abschluß des neuen Schallplatten-Vertrages

Promotion-Foto aus dem Jahr 1966 zu dem MGM-Film „Spinout"

Promotion-Foto aus dem Jahr 1965 zu dem Film „Tickle Me"

Promotion Foto aus dem Jahr 1957 zu dem Film „Jailhouse Rock"

Promotion-Foto der RCA aus dem Jahr 1957

PARAMOUNT ZEIGT
Elvis Presley
LIZABETH SCOTT · WENDELL COREY
HAL WALLIS
TECHNICOLOR
VISTAVISION

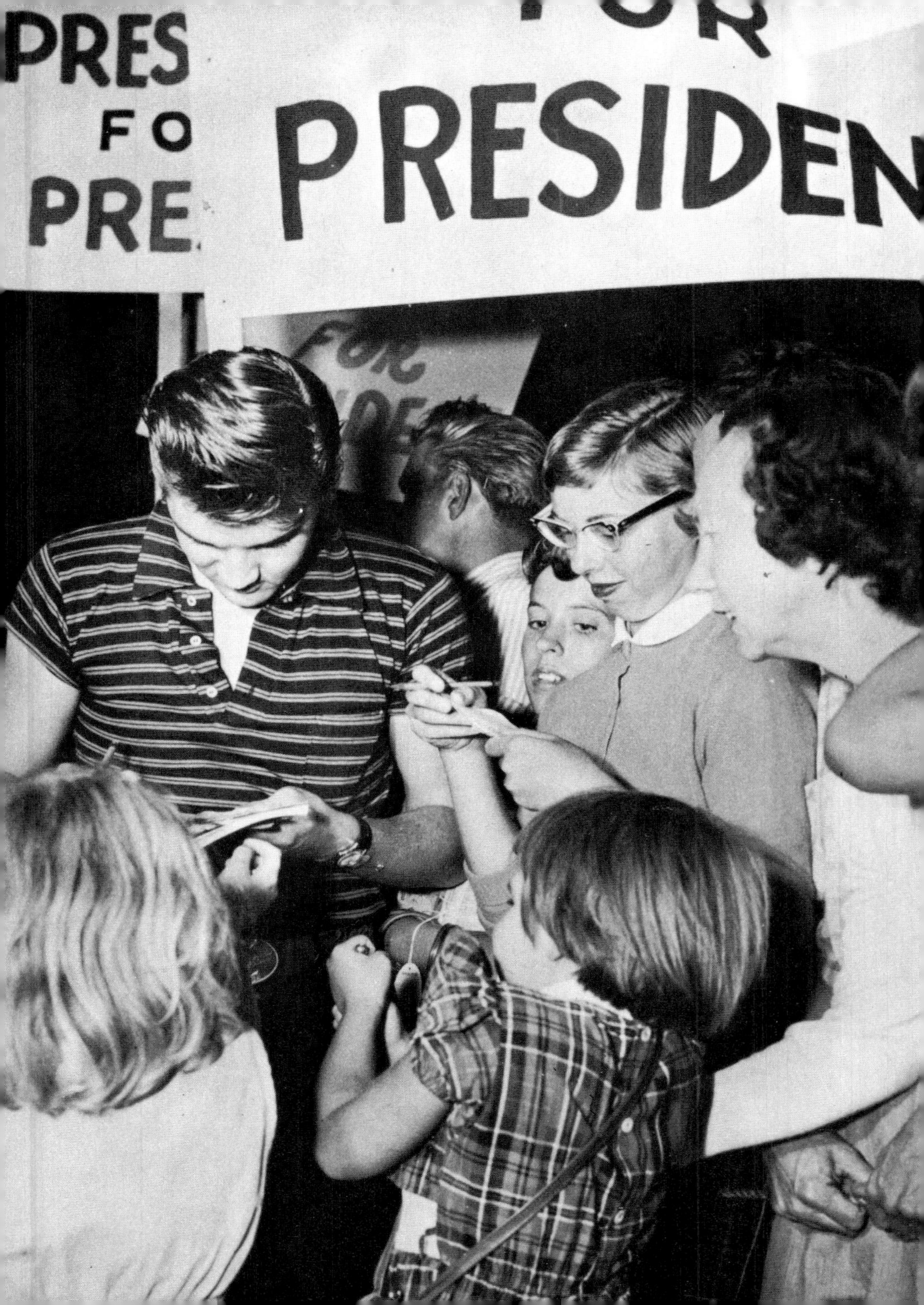
PRES
FO
PRE
PRESIDEN

rühren. Manchmal reiste er für Circus- und Kirmes-Unternehmen herum, um auch im allerletzten verschlafenen Dorf die Menschen auf das kommende, große Ereignis aufmerksam zu machen. Er lief zu den lokalen Rundfunkstationen, beschwatzte die regional bekannten Discjockeys, in ihren täglichen Programmen auf den Circus hinzuweisen, verteilte Handzettel, hängte eigenhändig Plakate an die Schaufensterscheiben der wichtigsten Geschäfte im Ort und redete mit den Schreibern des Lokalblattes, damit diese einen Artikel in ihre Zeitung einrückten. Parker, so wird aus dieser Zeit über ihn berichtet, war ein smarter, agiler und redegewandter, immer aktiver junger Mann.

Durch seine Arbeit kam er immer häufiger mit Country & Western-Musikern und Sängern zusammen, die ihre meisten Auftritte in Schul- und Turnsälen, bei Viehauktionen und anderen Volksfesten absolvierten. Mit dem gleichen Enthusiasmus und der gleichen Effizienz, mit der er die Circus-Unternehmen verkauft und gefördert hatte, begann der quirlige Parker alsbald Tourneen für regional bekannte Sänger zusammenzustellen und durchzuführen. Der Country-Sänger Eddy Arnold war der erste, für den Tom Parker Konzerte organisierte. Parker war intelligent und clever genug, um die vielen Tricks und Erfahrungen anzuwenden und umzusetzen, die er in seiner Rummelplatz-Zeit gelernt hatte. Er beeindruckte immer alle Leute, mit denen er zusammenarbeitete. Die Konzerte waren zumeist bis auf den letzten Platz ausverkauft, was für alle Beteiligten erfolgreich und zufriedenstellend war. Bald nannte man auch in der Musikstadt Nashville Parkers Namen, wenn man über hervorragende Promotion und ordentlich abgewickelte Tourneen sprach.

Nashville hatte sich in den dreißiger Jahren schnell zum Mekka der amerikanischen Country-Musik entwickelt. Nachdem Parker einige Male in diese Stadt gekommen war, erkannte er schnell die Möglichkeiten, die sich ihm hier boten. Er ließ die schimmernde-schmutzige Welt der Jahrmärkte und Viehauktionen, der Volksfeste und Circus-Zelte hinter sich und versuchte nicht mehr mit mehr oder weniger dubiosen Tricks, seinen Lebensunterhalt zu verdienen. Er verfeinerte seine Methoden, kultivierte seinen Habitus und wurde Agent und Manager. Der erste Künstler, den er unter Vertrag nahm, war Tom Mix, der später einige sehr erfolgreiche Filme drehte. Für diesen ließ sich Parker seine ersten Promotion-Gags einfallen. Als Tom Mix 1947 nach London kam, hatte Parker für seinen Künstler ein Zimmer im renommierten Savoy Hotel gebucht und die Presse über die Ankunftzeit seines Künstlers informiert. Tom Mix erschien pünktlich im Foyer des Hotels — hoch zu Roß!

Sehr viele Sänger, um die sich Tom Parker in Nashville bemühte, waren nicht sonderlich an dem Zigarre rauchenden Promoter und Manager interessiert. Roy Acuff, einer der echten und ursprünglichen Country-Sänger, der 1938 aus dem Ostteil Tennessees ohne einen Pfennig Geld nach Nashville gekommen war, wo er einige Hits aufgenommen hatte und schnell der erste große Star der Grand Ole Opry geworden war, lehnte Parkers Angebot, ihn zu managen, ab. Denn Acuff wollte sich nicht darauf einlassen, daß Parker als Manager eine vollständige Kontrolle über alle seine Aktivitäten als Sänger bekäme. Zu eng waren Acuffs Bindungen an die Grand Ole Opry, der er letztendlich seine Karriere verdankte, um sich, wie Parker das gefordert hatte, von dieser wöchentlichen Veranstaltung in Nashville zu lösen. Roy Acuff war, als er auf Parker traf, schon ein etablierter Country-Sänger und hatte etliche tausend Dollar verdient; ein weiterer Grund, nicht auf Parkers Angebot einzugehen. 1943 gründete Roy Acuff mit 25 000 Dollar, die er innerhalb von nur fünf Jahren mit Auftritten auf Rummelplätzen, Volksfesten und anderen ländlichen Veranstaltungen verdient hatte, zusammen mit dem Texter und Komponisten Fred Rose aus Chicago den Acuff-Rose-Musikverlag. Heute ist dieser Verlag einer der wichtigsten Institutionen in der Country-Music-Stadt Nashville und einer der einflußreichsten Verlage in den Vereinigten Staaten. Neben unzähligen Country-Sängern und Formationen betreute die Firma auch Sänger wie Roy Orbison und Tom Jones.

Roy Acuff trägt heute unter den Insidern der amerikanischen Musik-Szene den Titel ‚The King Of Country Music', er besitzt Farmen und Ländereien in Tennessee und anderen Staaten und gilt als der wohlhabendste Mann in Nashville und Umgebung. Wen wundert es, daß er nicht auf Parkers Angebot einging und bis heute seine Cowboy-Stiefel noch nicht an den Nagel gehängt hat.

Die Grand Ole Opry war für die Entwicklung der Country-Musik in den USA von besonderer Bedeutung. Begonnen hatte alles — wie im Business-Land Nr. eins üblich — mit einer Firma, die etwas verkaufen wollte. Der Versicherungskonzern National Life & Accident, der sich in der Banken- und Versicherungen-Stadt Nashville niedergelassen hatte, gründete eine Rundfunkstation mit den schönen Initialen WSM (für: Wir Schützen Millionen), um auch dem letzten Erntehelfer und Kleinfarmer eine Versicherungspolice verkaufen zu können. Die Grand Ole Opry war eine Rundfunksendung, die 1925 eines Nachts damit begann, daß man einen alten Bergbauern namens Jimmy Thompson mit seiner Fiedel ins Studio ließ. Er spielte wie der Teufel drauf los und konnte erst nach einer Stunde wieder gestoppt werden. Man wollte doch wenigstens einen Werbespot unterbringen. Heute ist die Grand Ole Opry die älteste Rundfunksendung, die ohne Unterbrechung, seit 1925 in den USA gesendet wird. Der 50 000-Watt-Sender der WSM-Station ist bis hinein nach Kanada zu hören, und jeden Samstag kommen Besucher, manche von über 700 Meilen entfernten Orten, um ‚live' mit dabei zu sein, wenn eine neue 5-Stunden-Sendung ausgestrahlt wird. In ihren Anfängen aber hatte sie einen schweren Stand, denn die etablierten und einflußreichen Weißen rümpften nur die Nase, wenn sie die als primitiv und gewöhnlich abqualifizierte Hillbilly-Musik hörten. Für die weißen Arbeiter, Farmpächter und die anderen aus der unteren sozialen Schicht jedoch waren diese volkstümlichen Spielweisen Grund genug, sich allwöchentlich in das Programm der Grand Ole Opry einzuschalten. Mit zunehmendem Maße wurde die Sendung populärer. In den dreißiger Jahren nahmen die Country-Sendungen erheblich zu, schon deshalb, weil die Industrie den Rundfunk als hervorragenden Werbeträger erkannt hatte und mit Hilfe der Country-Musik alle möglichen Produkte verkaufen konnte. Weil 1940 schon über 82 Prozent aller amerikanischen Haushalte ein Radiogerät besaß, konnte man sicher sein, die richtige Zielgruppe zu erreichen. Bald hatte die Grand Ole Opry eine nationale Popularität erreicht. Man spielte überwiegend traditionelle Volksmusik, Hillbillies und immer mehr den neuen kommerzialisierten und standardisierten Country-Music-Sound. Durch die Standardisierung der Musik wurde das Interesse des Publikums immer mehr auf die Interpreten gelenkt. Weniger wichtig wurde, was man sang, Country-Musik war es ohnehin, es zählte hauptsächlich wer es wie sang. Nachdem der erste Star der Country-Musik Jimmie Rodgers 1933 gestorben war, wurde Gene Autry schnell populär. Mit der Grand Ole Opry schaffte Roy Acuff den Durchbruch zur Spitze der Country-Music-Sänger.

Parker suchte weiter nach einem Sänger, den er betreuen und nach seinen Vorstellungen aufbauen und managen konnte. Bald traf er auf Eddy Arnold und konnte ihn unter Vertrag nehmen. Eddy Arnold war ein echter Country-Boy, der 1918 auf einer Farm in der Nähe von Henderson in Tennessee geboren worden war. Schon früh lernte er Gitarre spielen und kaum war er aus der Schule, verdiente er sein Geld abwechselnd damit, daß er manchmal auf dem Hofe seines Vaters mithalf, meist aber bei Tanzveranstaltungen in der Umgebung auftrat. Nachdem er 1936 seinen ersten Auftritt bei einer Werbeveranstaltung, die über die lokale Rundfunkstation gesendet wurde, absolviert hatte, ging es schnell bergauf. Eddy Arnold zog sich ein kariertes Jackett an und stieg bei der Pee Wee King's Golden West Cowboys Band ein. Sein Gesangs-Stil war ähnlich dem von Gene Autry. Ansonsten unterschied sich Arnold jedoch erheblich von dem durch seine Filme bekanntgewordenen Autry. Denn der ehemalige Eisenbahnarbeiter Gene Autry hatte sich, als er 1929 arbeitslos wurde, zuerst als ‚singender Cowboy' versucht. Als er bei einigen Rundfunkstationen, mit einigen leidlich erfolgreichen

Platten und auf Volksfesten jeder Art sich halbwegs einen Namen gemacht hatte, gelang ihm der Sprung zum Film. Die Filme, in denen er bald die Hauptrollen spielte, waren Western von banalem Inhalt, minderer Qualität und ohne viel Aufwand in oft nur wenigen Tagen abgedreht. Der wichtigste Bestandteil dieser Filme war der Held, der ebenso gut singen wie schießen mußte, um nach vielen Duellen und noch mehr Schnulzen mit der endlich gefundenen Geliebten in die untergehende Sonne zu galoppieren. Gene Autry gelang es, sich in über hundert Filmen dieses Genres — man nannte die Streifen in den USA treffend ‚horse operas' — als singender, gitarrespielender und herzenbrechender Publikumsliebling zu etablieren. Eddy Arnold war dagegen weitaus weniger sentimental und rührselig in seinen Liedern, obwohl er später, unter dem Einfluß Tom Parkers, den Übergang von Country-Musik zum Pop auch mit recht kitschigen Songs absolvierte. Parker drang darauf, daß sein neuer Schützling nicht mehr im Programm der Grand Ole Opry auftrat. Er sorgte vielmehr dafür, daß Eddy Arnold 1944 einen Plattenvertrag bei dem großen Schallplattengiganten RCA unterschrieb. Damit hatte er erreicht, daß Eddy Arnolds Platten nicht mehr nur regional sondern überall in den USA von einem einflußreichen Unternehmen gepuscht und verkauft wurden. Der Erfolg zeigte sich alsbald in einer Reihe von Hits, die Eddy Arnold ab 1946 hatte. Bald war er populärer als Roy Acuff, und seine Plattenverkäufe überschritten die Millionengrenze. Alles, was Tom Parker als Manager von Eddy Arnold in diesen Jahren an Erfahrung sammelte und an Tricks ausprobierte, nutzte er wenige Jahre später, um seinen neuen Schützling Elvis Presley an die Spitze der Top-Sänger zu bringen. Eddy Arnold war auch insofern ein Vorläufer Elvis, als er einer der ersten Country-Sänger war, dessen Platten in den Musikzeitschriften nicht nur unter der Rubrik ‚Country & Western', sondern auch unter ‚Pop' notiert wurden.

Tom Parker war in mancher Weise ein Pionier bei der Verbreitung und geschickten kommerziellen Ausnutzung der Country & Western Musik. Er

hatte das Glück, daß seine Aktivitäten nach dem zweiten Weltkrieg in eine Zeit fielen, in der sich die amerikanische Musikindustrie umstrukturierte. Noch in den dreißiger Jahren wurde der Musikmarkt von wenigen, großen Schallplattenfirmen, Filmkonzernen und Rundfunkgesellschaften beherrscht. Bedingt durch die Wirtschaftskrise waren viele Schallplattenfirmen eingegangen, denn der Umsatz der Schallplattenindustrie war von über 75 Millionen Dollar im Jahre 1929 rapide auf 6 Millionen Dollar im Jahre 1933 gefallen. Einige Firmen der Branche überlebten jedoch, da sie zu Großkonzernen gehörten, die genügend Kapital zur Stützung investierten. Bald hatten sie sich damit eine Monopolstellung erkämpft, so daß sie auf Jahre hinaus eine strenge Kontrolle über Produktion und Verbreitung der amerikanischen Unterhaltungsmusik ausübten.
Wenig litten die Rundfunk- und Filmgesellschaften unter der Depression. Der Kaufpreis von Rundfunkgeräten war ausgesprochen niedrig, und 1935 besaßen schon 67 Prozent der US-Haushalte ein eigenes Radio. Das bedeutete hohe und profitable Werbeeinnahmen für die Rundfunkanstalten, da die Industrie über die Radiostationen für ihre Produkte warb. Für die Musiker waren die Rundfunkanstalten neben den ‚live'-Auftritten in Tanz- und Konzertsälen die einzigen Verdienstquellen, da die Plattenfirmen nur noch wenige Platten produzierten. Verständlich, konnten sie doch kaum noch Platten verkaufen, da die Mehrzahl der Amerikaner — die Arbeitslosenzahl sank bis 1940 nicht mehr unter 8 Millionen — Musik lieber im Radio hörten; das war billiger! Die Filmindustrie profitierte in der Depression aus zwei Gründen: erstens wurden durch strikte Rationalisierungen erhebliche Summen eingespart, zweitens wurden Filme nur noch mit geringem finanziellem Aufwand gedreht. In solchen Fließband- und Billig-Produktionen konnten dann Sänger und Schauspieler wie Gene Autry in bunten und geschmacklosen Cowboy-Sonntagsanzügen brillieren. Musiker dagegen, die keine Doppelberufe hatten, ließen sich am besten und am liebsten von den rundfunkeigenen Agenturen Jobs vermitteln. Meist buchte so das Büro der loka-

len Rundfunkstation die Bands und Sänger für Veranstaltungen in Orte, die im Sende- und Empfangsbereich der Station lagen. Tom Parker war nach dem zweiten Weltkrieg einer der ersten, der das Vermittlungsmonopol der Rundfunkanstalten brach. Er verstand sich als unabhängiger Veranstalter und Manager und handelte dementsprechend. Die von ihm betreuten Künstler, auch wenn er nur Tourneen für sie zusammenstellte und durchführte, buchte er über den ganzen Süden der Vereinigten Staaten. Er ließ sich von keiner Rundfunkstation beeinflussen, obwohl diese oftmals keine Sänger in ihren Sendungen vorstellten, wenn diese nicht von ihrem eigenen Buchungsbüro zu einzelnen Veranstaltungen vermittelt worden waren. Je bekannter und beliebter aber ein Sänger war — und Parkers Eddy Arnold stand hoch in der Publikumsgunst — um so schwerer war es, seine Platten nicht zu spielen. Parker setzte sich durch. Um seinen Star besonders leicht und gut zu verkaufen, verpflichtete Parker immer noch einige andere, besonders lokal bekannte Sänger oder Gruppen, die im gleichen Programm mit auftraten. Überragend waren Parkers Promotion-Aktivitäten. Noch heute erzählt man sich in Nashville, daß seine Konzerte immer ausverkauft waren; denn wenn Parker ein Konzert selbst im kleinsten Dorf arrangierte, in der Umgebung war jeder darüber informiert.
Dann passierte eines Tages die Geschichte, die in die Annalen des amerikanischen Show-Business als ‚Colonel Parkers tanzende Hühner' eingegangen ist. Immer schon waren Country-Musiker und Sänger nicht nur bei Circus-Veranstaltungen und auf Rummelplätzen, sondern auch bei großen Viehmärkten aufgetreten. Nun gab es im Süden der Vereinigten Staaten ein Gesetz, nachdem für jedes Konzert, jede Tanzveranstaltung oder andere musikalische Vergnügen vom Veranstalter 20 Dollar Vergnügungssteuer zu entrichten waren. Eine Ausnahme wurde nur gemacht, wenn das Ereignis im Rahmen einer Vieh-Ausstellung stattfand. Um die 20 Dollar einzusparen, führte Tom Parker in einem kleinen Käfig auf dem Rücksitz seines Wagens immer einige Hühner mit sich. Vor jedem Auftritt seiner Künstler stellte er

den Kasten mit dem Federvieh vor die Eingangstür und befestigte am Käfiggitter ein Schild mit der Aufschrift ‚Viehausstellung'! Auf einer Tournee mit seinem Schützling Eddy Arnold, wurde dieser plötzlich krank, bekam hohes Fieber und einen rauhen Hals. An einen Auftritt war nicht zu denken. Parker hatte die rettende Idee. Um das Konzert nicht ausfallen zu lassen, besorgte er sich schnell eine elektrische Kochplatte und ein Verlängerungskabel. Die Kochplatte wurde in dem Hühnerkäfig gut getarnt unter das Stroh placiert, das Kabel gut versteckt hinter die Bühne verlegt, und als Eddy Arnolds Begleitband zu spielen anfing, steckte Parker den Stecker in die Steckdose: das begeisterte Publikum sah auf einmal Hühner, die zum Takt der Musik gackerten und wie wild im Käfig umherflatterten. Man applaudierte hingerissen. Was an dieser Geschichte Wahrheit, was Erzählung ist, außer dem Colonel weiß das keiner so genau, der wird sich jedoch hüten, diese oder eine andere der vielen Geschichten zu dementieren, die seinen Ruhm begründen. Als sich Tom Parker Anfang der fünfziger Jahre überraschend von Eddy Arnold trennte, die Gründe dafür sind bis heute nicht bekannt geworden, weil jeder von den beiden zu der Angelegenheit schweigt, hatte er so viele Erfahrungen auf allen Gebieten der Promotion, der Konzert- und Tournee-Organisation und der Künstlerbetreuung erworben, daß ihn viele Country-Stars gern als ihren Manager gehabt hätten. Durch seine Geschichten, Eskapaden und Tricks besaß Parker bereits in dieser Zeit einen fast legendären Ruf. Zwar wurde er von niemandem geliebt, viele aber bewunderten ihn. Einige Monate vergingen, in denen Parker sich täglich viele Stunden in der Eingangshalle der Grand Ole Opry aufhielt, denn direkt daneben lag das Künstler- und Buchungsbüro des WSM-Rundfunksenders, über das um 1951/52 sehr viele Konzert- und Veranstaltungsabschlüsse getätigt wurden. Da aber in der Halle ein Telefon hing, begannen einige clevere Leute wie Parker die Gelegenheit zu nutzen, die Informationen, die sie aufschnappten und die ihnen aus dem WSM-Büro zugesteckt wurden, auszuwerten. Sie benutzten dies hauseigene Telefon, um ihrerseits die Künstler zu buchen.

Bald, so wird erzählt, waren die Promoter, die sich täglich als Gäste im Foyer aufhielten, in ihren Abschlüssen erfolgreicher als das eigentliche Künstler-Büro. Die Telefonrechnung wurde trotzdem vom Sender bezahlt. Als man bei der WSM-Station endlich dahinter kam, wurde das Telefon sofort gesperrt. Parker aber gründete in Madison/Tennessee eine neue Firma namens ‚Jamboree Attractions', ein Vorläufer-Unternehmen der späteren ‚Roadshow Merchandise Inc.', mit der Parker Elvis Presley heute vermarktet. Kurz nachdem sich Tom Parker in Madison niedergelassen hatte, konnte er einen neuen Künstler unter Vertrag nehmen: Hank Snow. Der gebürtige Kanadier war durch seine Auftritte in der Grand Ole Opry Ende der vierziger Jahre bekannt geworden. Bald erreichten seine Platten die Top Ten der Country & Western Charts. 1954 kontrollierte Tom Parker die gesamten Aktivitäten des Sängers, der mit ‚I'm Movin' On' nicht nur zu einem der großen Country-Sänger avancierte, sondern damit auch einen Klassiker der C & W Songs schuf. Elvis Presley hat diesen Song später am 15. Januar 1969 in den American Studios in Memphis/Tennessee aufgenommen. Der Titel erschien in den USA im Mai 1969 auf dem Album ‚From Elvis In Memphis', das Musik-Kritiker zum Besten zählen, was Elvis in langen Jahren veröffentlicht hat.
In Tom Parkers Büro in Madison arbeitete ein junger Mann namens Tom Diskin, heute der Chef der Firma ‚Roadshow Merchandise', den Parker schon in den vierziger Jahren kennengelernt hatte. Diskin organisiert für ihn die Tourneen und war oft selbst mit den Musikern und Sängern unterwegs, um die Gagen abzurechnen und die Auftritte zu koordinieren. Eine Zeitlang unterhielt Diskin für Parker ein Agentur-Büro in Chicago und dorthin erhielt er eines Tages im Jahre 1954 einen Brief. Ein gewisser Scotty Moore schrieb, er suche Arbeit für einen jungen Sänger namens Elvis Presley. Dem Brief war eine Single beigelegt. Veröffentlicht auf dem Sun Label: ‚That's All Right, Mama'. Tom Diskin beeindruckte die Musik überhaupt nicht. Er antwortete, man sei nicht interessiert. Das war ein Jahr bevor Tom

Parker in Elvis Presley die beste Investition seines Lebens erkannte. Bis dahin aber arbeitete Parker in seinem Büro in Madison, einer alten, umgebauten Garage, und buchte Künstler quer über den Süden der Vereinigten Staaten. Am meisten freute er sich über die Verleihung des Ehrentitels ‚Colonel', mit dem ihn der Gouverneur von Tennessee Frank G. Clements ‚für besondere Leistungen auf dem Gebiet des Entertainments', was immer das auch bedeutet haben mag, auszeichnete. Parker empfand diese Ehrung als verdient, andere waren kritischer und kommentierten: typisch für ein Land, in dem einer die Leute jahrelang übers Ohr hauen darf, daß er dafür auch noch offiziell belobigt wird.

Rock 'n' Roll, Rock 'n' Roll

Im Oktober 1954, kurz nachdem seine zweite Sun-Single auf den Markt gekommen war, kündigte Elvis Presley seinen Job als Lastwagenfahrer bei der Firma Crown Electric in Memphis. Es war zwar nicht so, daß er mit seinen Auftritten als Sänger so viel verdiente, um auf seine wöchentliche Lohnauszahlung von etwas mehr als 42 Dollar verzichten zu können, aber Elvis mußte sich entscheiden. Der gute Job bei der Elektro-Firma brachte ihm ein sicheres Einkommen. Aber dafür mußte er auch jeden Tag achteinhalb Stunden arbeiten. Er hatte kaum Möglichkeiten, abends auch noch die durch Scotty Moore gebuchten Auftritte zu absolvieren. Doch Elvis wünschte sich eine Karriere als Sänger. Da nach seinem erfolgreichen Auftritt im Overton Park Shell in Memphis und der Veröffentlichung seiner zweiten Single immer häufiger Konzertangebote eingingen, stand er vor der Entscheidung, Fahrer zu bleiben, oder professioneller Musiker zu werden. Erst als er seine Arbeit bei Crown aufgegeben hatte, erfuhr er, was es heißt, abhängig zu sein von den noch spärlich eingehenden Buchungen zu Tanz- und Musikveranstaltungen in seiner Heimatstadt und der näheren Umgebung. Die Gagen waren minimal und neben den 10 Prozent, die Scotty für seine Arbeit als sein erster Manager bekam, mußte Elvis die Kosten für Transport und Übernachtung bestreiten, wenn er mit seinen drei Musikern weiter entfernt von Memphis auftrat. Oft blieb gerade noch genug für eine Mahlzeit übrig.

Im Dezember rief Sam C. Phillips Elvis Presley, Scotty Moore und Bill Black an, um eine neue Session zu vereinbaren. Man traf sich im Sun-Studio, um neue Titel aufzunehmen. Darunter war unter anderem ‚Milkcow Blues Boogie', ein Stück, das der aus Georgia stammende Blues-Sänger Kokomo Arnold geschrieben und schon 1934 als ‚Mike Cow Blues' auf Platte eingespielt hatte. Ein weiterer Song, den Sam produzierte, war eine Hillbilly-Nummer, die so recht zu Elvis zu passen schien; sie hieß ‚You're A Heartbreaker'. Sicher wurden bei dieser Session noch weitere Stücke eingespielt, aber es gibt keinerlei Unterlagen oder Anhaltspunkte, um welche Songs es sich dabei gehandelt hat. Obwohl gerade die Aufnahmen, die Elvis bei Sun Records gemacht hat, besonders unverfälscht und direkt klingen und deshalb von allen Kritikern immer wieder ganz besonders hervorgehoben und gelobt worden sind, wurden die Lieder keineswegs, wie es den Anschein hat, in einem einzigen Durchgang aufgenommen. Sam war ein sehr kritischer Produzent, und Elvis hat von Anfang an diese Sorgfalt und Genauigkeit übernommen. Was auf den Platten bei Elvis Presley so spontan erscheint, ist in Wirklichkeit das Ergebnis langwieriger, sorgsamer Aufnahmen. Stundenlang, so wissen die Musiker, die mit ihm zusammengearbeitet haben, hat sich Elvis bei Sessions immer im Studio aufgehalten. Zwar hat er meist innerhalb von wenigen Minuten, oft genügte schon ein einmaliges Vorspielen des Demos, Text und Melodie eines neu zu produzierenden Liedes beherrscht; bis er allerdings mit der endgültigen Fassung zufrieden war, konnte es sehr lange dauern. Als Elvis am 2. Juli 1956, — zu diesem Zeitpunkt war er schon bei der RCA unter Vertrag, — in Nashville, Tennessee, den Titel ‚Hound Dog' aufnahm, benötigte er 30 ‚takes', bis er mit dem Ergebnis zufrieden war. Bei den Aufnahmen von ‚I Beg Of You', am 23. Februar 1957 im Radio Recorders Studio in Hollywood produziert, sang Elvis den Titel 34mal, bis er die letzte Fassung dann schließlich akzeptierte.

Im Sun-Studio bei Sam Phillips war alles noch um einiges komplizierter. Die technischen Möglichkeiten waren in dem kleinen Studio sehr beschränkt, und Elvis Presley hatte weder die genügende Studioerfahrung, noch war er von sich als Musiker und Sänger überzeugt. Er wußte nur, vieles konnte er besser machen. Dazu kam, daß seine gequälte Art des Gesangs, verbunden mit einer geräuschvollen Atemtechnik, eine Plattenaufnahme besonders schwierig machte. Inzwischen sind einige ‚bootleg'-Platten auf den Markt gekommen, die von alten Sun-Studio-Bändern gepreßt worden sind. Auf diesen Elvis-Schwarzpreßungen sind mehrere ‚takes' von Titeln wie ‚I Don't Care If The Sun Don't Shine', ‚Blue Moon Of Kentucky' oder ‚I'll Never Let You Go Little Darlin' zu hören, die in ihrem großen Unterschied zu den später veröffentlichten Versionen deutlich einen Eindruck von dem langen und mühsamen Produktionsweg geben. Im Jahre 1974 hat die RCA auf der Elvis-Presley-LP ‚A Legendary Performer, Vol. 1' ebenfalls einen alten vom 6. Juli 1954 stammenden ‚take' des Stückes ‚I Love You Because' veröffentlicht; ebenso 1976, wo auf dem Elvis-Presley-Album ‚A Legendary Performer, Vol. 2' ein bisher nicht publizierter ‚alternate take' des Stückes ‚I Want You, I Need You, I Love You', laut Plattenhüllen- und Produktionsplan-Angaben am 11. April 1956 in Nashville aufgenommen, zu hören ist. Auch bei diesen beiden Titeln werden die Produktionsunterschiede im Vergleich mit den ursprünglich veröffentlichten Versionen deutlich. Die von manchen Journalisten und Autoren, die sich mit Elvis Presley beschäftigt haben, aufgestellte Behauptung, Sam C. Phillips hätte aus einer Vielzahl von Aufnahmen ein und desselben Elvis-Liedes nach der Session den eigentlichen Titel zusammengeschnitten und diese Puzzle-Arbeit dann auf Platte veröffentlicht, ist äußerst unwahrscheinlich, da damals die technischen Möglichkeiten in Sams Ein-Spur-Mono-Studio eine solch notwendige feine Schneidearbeit am Band kaum zugelassen haben. Sam Phillips war nicht einmal in der Lage, die Musiker, die zusammen in einem Raum über nur drei Mikrofone (wobei Elvis über ein Mikrofon sang und Gitarre spielte) ohne schallschluckende Abtrennwände spielten, auf getrennten Spuren aufzunehmen.

Die Elvis-Presley-Platten-Sessions unterschieden sich von denen anderer Musiker dadurch, daß Elvis nur selten vorbereitet ins Studio kam. Zumindest während seiner Zeit bei Sun Records erschien Elvis, um zuerst mit Scotty, Bill und Sam Phillips verschiedene Ideen und Vorstellungen zu diskutieren, dann setzte man sich zusammen, spielte oft stundenlang altes, bekanntes Material, bis einer auf ein Stück kam, daß sich aufzunehmen zu lohnen schien. Dieser Titel wurde dann wieder und wieder versucht, neue Riffs wurden eingebaut, Textzeilen verändert oder neue Texte geschrieben, dann probierte man das Stück auf verschiedene Arten. Tonarten wurden ausgetauscht, Harmonien geändert, Rhythmen gewechselt, mal spielte man den Titel als Blues, mal als Swing-Nummer. Auf diese Weise entstanden aus alten, bekannten Liedern oft völlig neue Stücke. Die unverwechselbare eigene Interpretation, die Elvis seinen Songs gab, tat ein übriges: aus schon oftmals aufgenommenen Blues- und Country-Stücken, die gerade im Süden der Vereinigten Staaten häufig weit verbreitet und wohlbekannt waren, entstanden eindeutig zu identifizierende, typische Elvis-Presley-Songs. Später haben viele Schwarze darüber geklagt, die Weißen hätten ihre Musik ‚gestohlen'. Auch Arthur ‚Big Boy' Crudup stimmte eifersüchtig in diesen Trauergesang mit ein und beschuldigte Elvis Presley, dieser hätte mit seinen Kompositionen einen zu kommerziell erfolgreichen Kurs gesteuert. Doch die Wahrheit sieht anders aus. Das einzige Recht zur Klage hatte Crudup in Bezug auf seine Tantiemen, die er nie erhielt. Obwohl die Stücke des Blues-Sängers nicht nur von Elvis, sondern auch von Musikern wie Rod Stewart, Johnny Winter, Elton John, B. B. King und Gruppen wie Ike & Tina Turner, Canned Heat, Creedence Clearwater Revival und anderen nachgespielt wurden, hat der ‚Vater des Rock 'n' Roll', wie Crudup auf dem Titel einer seiner Alben gerühmt wird, fast nie Prozent-Abrechnungen als Komponist und Texter seiner Lieder erhalten.

Allein aus den Millionenverkäufen der drei von Elvis gesungenen Crudup-Kompositionen ‚That's All Right, Mama', ‚So Glad You're Mine' und ‚My Baby Left Me' hätte der Blues-Mann aus Mississippi Tausende von Dollar erhalten müssen. Als aber dann zwischen 1968 und 1972 endlich Crudup durch die finanzielle Unterstützung seines Agenten Dick Watermann (dieser finanzierte die Kosten des Rechtsstreites gegen die Zusage einer prozentualen Beteiligung bei positivem Ausgang der gerichtlichen Auseinandersetzung) gegen den Aberbach Musikverlag Hill & Range, der einen Großteil der Elvis-Presley-Titel verwertet, prozessierte, einigten sich die Anwälte auf eine Nachzahlung von lächerlichen 60 000 Dollar. Doch die Verleger überwiesen keinen Cent. Am 28. März 1974 starb Arthur Crudup verarmt in Nassawadox im US-Bundesstaat Virginia. Elvis selbst hat den Blues-Musiker nie getroffen, ihm allerdings 1956 seine Bewunderung mitteilen und eine Dankes-Plakette schicken lassen. Später finanzierte Elvis einige Crudup-Platten-

Sessions. Doch auch diese brachten dem armen ehemaligen Farmarbeiter nicht den Durchbruch. Musikalisch hatte Crudup nie einen berechtigten Grund zur Klage, denn Elvis hat sein schwarzes Vorbild und dessen Kompositionen im Ausdruck und in der Interpretation der Stücke weit hinter sich gelassen.

Ende des Jahres 1954, so berichtete viele Jahre danach der WMPS-Rundfunk-Discjockey Bob Neal, kam der Konzert-Agent Oscar Davis nach Memphis, um ein Eddy-Arnold-Konzert für Colonel Tom Parker vorzubereiten. Davis hatte schon einiges über Elvis Presley gehört und fragte Bob Neal nach diesem jungen Sänger aus Memphis. Der informierte Davis darüber, daß Elvis Presley in einer kleinen Gaststätte in der Nähe des Flughafens auftrete. Dorthin fuhr der Konzert-Agent, um Elvis zu sehen und zu hören. Es läßt sich heute nicht mehr der genaue Vorgang rekonstruieren, als aber Colonel Parker wenige Tage später zum Eddy-Arnold-Konzert nach Memphis kam, soll es zum ersten Treffen zwischen ihm und Elvis Presley gekommen sein. Man saß zusammen mit Scotty Moore, Bill Black, Bob Neal, Oscar Davis und Judd Phillips, dem Bruder des Sun-Record-Besitzers in einem Café, um miteinander zu reden. Damals soll Parker den später oft zitierten Satz ausgesprochen haben: „Eines ist ganz klar, auf dem Sun-Label bringt es der Junge zu gar nichts!"

Bis Elvis Presley aber das Sun-Label verließ, dauerte es noch eine ganze Zeit, in der sich Colonel Parker zuerst nur im Hintergrund hielt. Es ist anzunehmen, daß er im Winter 1954/55 noch kein Interesse an dem jungen Südstaatler hatte, der noch nicht über den Status eines Lokalhelden hinausgewachsen war. Das änderte sich auch erst langsam, als Robert Neal Hobgood, genannt Bob Neal, das Management für Elvis übernahm. Bei Scotty Moore konnte man nicht von einem Manager im eigentlichen Sinne sprechen, obwohl er mit Elvis und dessen Eltern einen Vertrag abgeschlossen hatte, in dem er als solcher bezeichnet worden war. Scotty buchte in den ihm bekannten Kneipen, Sälen und Tanz-Schuppen so gut er konnte und war froh, wenn eine Zusage für einen Auftritt kam. Verträge mit den Wirten oder Veranstaltern gab es fast nie. Man regelte alles per Handschlag, denn für die wenigen Dollar Gage lohnte sich keine schriftlich fixierte Vereinbarung. Bob Neal dachte etwas weiter als Scotty Moore. Als Rundfunk-Discjockey beim beliebten Sender WMPS in Memphis hatte Bob durch seine Country & Western-Programme einen guten Namen in der Stadt und der ländlichen Umgebung. Seine Sendungen waren beliebt und wurden deshalb gern und von vielen gehört. Diesen Umstand nutzte Bob Neal Anfang der fünfziger Jahre bald aus, um im Sendebereich der WMPS-Station kleinere Konzerte zu veranstalten. Für diese Ereignisse, die meist an Wochenenden stattfanden, warb er in seinen von ihm moderierten Programmen. Wenn er dann bei Tanzvergnügen, Jahrmärkten oder Viehauktionen mit einigen Bands und Komikern auftrat, war er die Attraktion. Um sein Programm abzurunden, war Bob Neal immer an billigen Nachwuchssängern interessiert. Elvis paßte genau in seine Konzeption. Der Sänger aus Memphis war gerade dabei, sich einen Namen zu machen, war regional etwas bekannt und kostete nicht viel. Im Januar 1955 unterschrieben Elvis Presley und Robert Neal Hobgood einen Vertrag, demzufolge Neal für alle Buchungen 15 Prozent erhielt, weitere 10 Prozent wurden für Promotion-Zwecke beiseite gelegt. Elvis fand die neue Vereinbarung vielversprechend, seine Eltern waren auch dieser Meinung und unterzeichneten beide den Vertrag, da Elvis noch nicht volljährig und somit nicht allein zeichnungsberechtigt war.

Im gleichen Monat, in dem Elvis begann, mit seinen beiden Musikern bei Bob-Neal-Veranstaltungen aufzutreten, veröffentlichte Sam C. Phillips die dritte Single. Auf ihr waren die beiden im Dezember 1954 aufgenommenen Titel ‚Milkcow Blues Boogie' und ‚You're A Heartbreaker' zu hören. Der ‚Milkcow Blues' war ein im Süden der USA bekanntes und beliebtes Stück. So viele Blues- und Country-Musiker hatten diesen Titel lange Jahre vor Elvis schon aufgenommen, daß sich heute nicht mehr feststellen läßt, wieviele Versionen es von diesem Song jemals auf Platte gegeben hat. Elvis machte aus dem alten Lied ein völlig neues Stück. — Seine Stimme klingt sinnlich und sexy; man merkt, er ist sich sicher, was er singt; hier werden seine Träume wahr, nach denen er so lange gehungert hat. Die Platte ist ein besonders überzeugendes Dokument dafür, daß Elvis einen anderen musikalischen Weg beschritten hatte, als die weißen oder schwarzen Sänger vor ihm. In seiner Interpretation ist keine Spur der Trauer oder des Selbstmitleides über die Tatsache zu hören, daß ihn sein Mädchen verlassen hat. Elvis singt so hart und so direkt, daß jeder hört, hier ist ein junger Mann, der genau weiß, wo es entlanggeht, der seinen Weg vor sich sieht und gar nicht daran denkt, über die Widrigkeiten des Lebens zu lamentieren, sondern sie einfach beiseite räumt. —

Überraschenderweise verkaufte sich gerade diese besonders überzeugende Elvis-Single sehr schlecht. Das tat aber der wachsenden Popularität des Interpreten keinen Abbruch. Je häufiger Elvis zusammen mit Scotty und Bill in den Bob-Neal-Veranstaltungen auftrat, um so größer und besser wurde die Resonanz des Publikums, das bald zu einem überwiegenden Teil aus weiblichen Fans bestand. Mädchen waren die ersten, die Elvis als den kommenden Sänger ihrer Generation, der 15- bis 17jährigen erkannten. Schon bald hatten sich in Memphis einige zum ersten Elvis-Presley-Fan-Club zusammengeschlossen. Elvis, der davon weniger beeindruckt war, als seine Eltern, war am 5. Februar 1955 wieder im Sun-Studio, wo Sam Phillips unter anderem ‚I'm Left, You're Right, She's Gone', ‚Baby, Let's Play House' und ‚My Baby Left Me' aufnahm. Sicher wurden auch bei dieser Session andere Titel auf Band festgehalten. Doch noch nicht einmal Sam Phillips wußte später darüber genauere Angaben zu machen. Im Sun-Studio herrschte so eine Unordnung, daß Sam Phillips später einer anderen Plattenfirma, so wird berichtet, einen ganzen Stoß alter Bänder verkaufte, ohne zu bemerken, daß darunter auch Bänder von Elvis-Sessions aus den Jahren 1954 und 1955 enthalten waren. Clevere Geschäftsleute haben dann diese alten ‚takes' auf dem Pseudo-Platten-Label ‚Bobcat' als ‚bootleg'-LP zusammen mit einigen Jerry

Lee Lewis Stücken auf den Markt geworfen. Die Platte ist heute eine gesuchte Rarität unter Elvis-Fans. Interessant sind auch die bei den ‚takes' mitgeschnittenen Wiederholungen, Song-Unterbrechungen oder Gesprächsfetzen zwischen Elvis, Scotty, Bill und Sam. „Oh, that's a pop song, that's real fine", stellte Sam Phillips am 5. oder 6. Juli 1954 fest, als man gerade ‚Blue Moon Of Kentucky' aufgenommen hatte. „Die werfen uns aus der Stadt raus, wenn sie das hören", kommentierte Scotty Moore ‚That's All Right, Mama' nach den Aufnahmen. Sam schickte seine drei Musiker daraufhin erst einmal nach Hause, um zu überlegen, was er mit diesen verrückten Songs machen soll: „It's so weird, man!"
Bis zum Frühjahr 1955 hatte sich längst bewiesen, daß Sam zwar verrückt genug gewesen war, solche Platten wie ‚That's All Right, Mama' oder ‚Good Rockin' Tonight' zu veröffentlichen, er aber nichts Besseres hätte tun können. Sam Phillips war schon damals der heimliche Held der Rock-Musik geworden, er wußte es nur noch nicht. Für Elvis Presley entwickelte sich das neue Jahr von Anfang an sehr positiv. Schon im März und April gingen so viele Anfragen und Buchungen ein, daß Bob Neal seinen Künstler an allen Tagen der Woche beschäftigen konnte. Elvis war nun nicht mehr auf die regionale Popularität des WMPS-Discjockeys angewiesen, bei kleineren Veranstaltungen war er schon ‚top of the bill', wie man es im amerikanischen Show Business nennt. Der Name Elvis Presley war zugkräftig genug geworden, um ihn oben als erstes auf ein Veranstaltungsplakat zu setzen. Bei größeren Konzerten allerdings rangierte Elvis immer noch an letzter Stelle, wie auch das am Anfang dieses Buches abgebildete Plakat eines Konzertes (damals war das Wort Festival für Veranstaltungen mit mehreren Bands oder Künstlern noch nicht gebräuchlich) in Memphis, Tennessee, vom 6. Februar 1955 deutlich zeigt.

Meist wurde Elvis als der neue Sänger aus Memphis mit einem ‚new and distinctive style' angekündigt. Bald erhielt er andere Beinamen und Bezeichnungen: ‚the King of Western Bop' oder ‚the Hillbilly Cat'! Beides traf den

Punkt genau. Als armer, weißer Südstaaten-Junge war er dabei, aus der Hillbilly-Welt des ‚poor white trash', der vom Leben beiseite geschobenen und vom Glück vergessenen Weißen, seine eigene Botschaft zu determinieren. Was er dann allerdings spielte, kann man nur als Rockabilly bezeichnen. Es war eine schnelle und aggressive Musik, die, von einem treibenden Schlagzeug unterstützt, mit Boogie-Woogie-Rhythmen versehen, in schnellen Klavierläufen und angerissenen Gitarren-Riffs inszeniert wurde. Es war die Musik von Jerry Lee Lewis oder Carl Perkins und von all den anderen weißen jungen Burschen, die aus den kleinen Dörfern in Mississippi, Tennessee oder Alabama nach Memphis zum Sun-Studio wallfahrteten, um dort aus Country, Hillbilly und ländlicher Folklore mit dem Feeling und Rhythmus des Blues und Rhythm & Blues einen neuartigen Stil zu schaffen. Rockabilly war der entscheidende Schritt zum Rock 'n' Roll. Elvis hatte das meiste Feuer, die größte Energie, er wurde so einer der ersten Rock 'n' Roll-Sänger. Es war keine Musik, die er kopiert hatte; was er sang war neu, er hatte es selbst geschaffen; es war der Traum seines Lebens, der wahr zu werden begann. Seine Kraft und Überzeugung wirkten nicht nur im Studio so stark, daß sie sich auf Platten übertragen ließen. Gerade bei seinen Live-Auftritten war die Wirkung so groß, daß Elvis Presley schon Anfang 1955 (ganz zum Beginn seiner Karriere also, als er seiner wenigen Platten und seines geringen Bekanntheitsgrades wegen noch keine größeren eigenen Konzerte geben konnte) bei Auftritten mit anderen Künstlern als letzter auftrat. Nach Elvis Presley hatte keiner mehr den Mut, auf

Nachdem im Februar 1955 Colonel Thomas Andrew Parker, der zu der Zeit Manager des Country & Western Stars Hank Snow war und dessen recht beachtliches Musikimperium kontrollierte, Elvis Presley mit seinen beiden Musikern Scotty Moore und Bill Black (D. J. Fontana war nicht mit dabei, wie er auch bei vielen anderen Elvis-Auftritten nicht mitmachen konnte, weil er andere Verpflichtungen eingegangen war) als Beiprogramm einer großen Hank-Snow-Veranstaltung in Carlsbad, New Mexiko, verpflichtet hatte, erhielt Elvis die ersten höheren Gagen. Bei seinen Konzerten rockte er richtig los, und die Zuschauer machten mit. Die treffendste Beschreibung eines Elvis-Auftrittes liefert der Country-Musiker Bob Luman, der heute bei Nashville lebt und in der ‚Music city USA' einen guten Namen hat. Seine Version des alten Hubbard-Klassikers ‚Guitar Man' (Elvis hat dieses Stück am 10. September 1967 im RCA-Studio in Nashville ebenfalls aufgenommen) ist ein großer Hit bei seinen Auftritten in der Grand Ole Opry. Für Bob Luman wurde ein Elvis-Presley-Konzert in Kilgore, Texas, zum wichtigsten Ereignis im Jahre 1954: „Ich ging zu der Zeit in die High School und hatte eine Band zusammengestellt, die aus Schülern wie mir bestand. Wir spielten Country-Musik. Doch damit war es von heute auf morgen Schluß, als eines Tages eine Schulkameradin mit vor Aufregung zitternder Stimme einen Sänger beschrieb, den sie am Abend vorher gesehen hatte. — She was really knocked out", beschreibt Bob Luman den Zustand des Mädchens. „Sie sagte: „Du glaubst nicht, was der alles macht, der Typ!" Ich hab mir das angehört und gedacht, das mußt Du Dir mal ansehen. Also nahm ich meine Freundin und bin abends dahingefahren. I didn't believe it! Dieser Typ kam in knallroten Hosen und grünem Hemd auf die Bühne, stellte sich hinter das Mikro-Stativ und machte gar nichts. Ich wette, er hat mindestens fünf Minuten dagestanden und keine Bewegung gemacht. Dann schlug er einen Akkord auf der Gitarre und dabei brachen ihm zwei Saiten. Unbeschreiblich, mir sind in meinem ganzen Leben noch keine zwei Saiten auf einmal gerissen. Der Knabe stand da oben, ganz unbeweglich, hatte bis dahin noch nichts getan als zwei Saiten kaputtgehauen, und diese blöden Gänse aus meiner Schule rannten wie irre nach vorne zur Bühne, schrien und einige fielen in Ohnmacht! Das schaffte alles der Typ da vorne auf der Rampe. Er hieß Elvis Presley und war gerade 19 Jahre alt. In den folgenden neun Tagen spielte er in der Gegend um Kilgore. Jeden Abend habe ich meinen Wagen genommen, mein Mädchen abgeholt und bin hingefahren. Das war das erste Mal in meinem Leben, daß ich richtige Musik gehört habe!"

Andere waren derselben Meinung. Bei den kleineren Konzerten, die zumeist in den örtlichen Schulen stattfanden (zwei Jahre später warnten Eltern- und Lehrer-Verbände vor dem gefährlichen Einfluß, den Elvis auf die Jugend ausübe) konnte Bob Neal gute Einnahmen verbuchen. Sogar manche Rundfunk-Discjockeys, die die ersten Bemusterungen von ‚That's All Right, Mama' noch in den Papierkorb geworfen hatten, rissen sich jetzt um neue Elvis-Platten. Hatten Ende 1954 viele Rundfunk-Leute noch Bedenken, die ‚schwarzen' Elvis-Presley-Singles in ihren ‚weißen' Sendungen zu spielen, so stellte nun Moderator Mike Michael vom kilowatt-starken Sender KDMS in El Dorado, im US-Bundesstaat Arkansas, in der Musikfachzeitschrift ‚Billboard' stellvertretend für viele Kollegen fest: „Dieser Knabe ist einfach das Heißeste überhaupt. Die Teenager sind verrückt nach ihm!"

Im Mai 1955 begann Elvis Presley seine erste größere Tournee mit dem beliebten Hank Snow Jamboree, ein Konzertprogramm mit vielen Sängern, Bands und anderen Attraktionen, die Colonel Parker um seinen damaligen Star Hank Snow herumgebaut hatte. Diese Tour gab Elvis erstmalig die Gelegenheit, auch in einem größeren Gebiet aufzutreten und bekannt zu werden, denn die Konzerte fanden nicht nur in Tennessee, Mississippi oder Arkansas statt, die Tournee führte durch Louisiana, Alabama, Georgia, Florida und anderen US-Bundesstaaten.

Es war eine wichtige Tour für Elvis Presley, der zum ersten Mal seinen Heimatboden verließ, um sich in der Fremde zu beweisen. Die Erfolge und die Bestätigung, die er dort erhielt, hatte er bitter nötig. Kurz vor Tournee-Beginn nämlich war Elvis mit seinem Manager Bob Neal nach New York geflogen, wo man ihn dem Fernseh-Moderator Arthur Godfrey vorgestellt hatte. Dieser hatte zu der Zeit mit der TV-Serie ‚Talent Scouts' — eine Art amerikanischer ‚Talentschuppen' — das populärste Programm zur Neuvorstellung unbekannter junger Künstler. Für Elvis hatte Godfrey nicht einmal ein müdes Lächeln übrig, für ihn als New Yorker besaß Tennessee und alle anderen Staaten des Südens das anrüchige Flair provinzieller Zurückgebliebenheit; was konnte von dort schon Gutes kommen? Und deshalb fand er, wie nach ihm noch viele andere seiner Kollegen, Elvis Presley ordinär und seinen Gesang primitiv. Elvis trat nicht in der Fernsehsendung auf.

Im Mai 1955 veröffentlichte Sam C. Phillips unter der Nummer 217 die vierte Single von Elvis. Als ‚Baby, Let's Play House' auf dem Markt erschien, war Alan Freed schon dabei, dem Rock 'n' Roll den Weg zu ebnen. Freed war ein Rundfunk-Discjockey in Cleveland, Ohio, als er irgendwann im Jahre 1952 im Neger-Ghetto der Stadt auf ein Schallplattengeschäft stieß, in dem einige weiße Jugendliche Rhythm & Blues-Platten kauften, die sie zur Untermalung ihrer wilden Parties benutzten. Das beeindruckte den Discjockey sehr, und wie er am 23. September 1956 in einem Interview mit der englischen Musik-Zeitung ‚New Musical Express' sagte, überredete er den Leiter der Rundfunk-Station, ihm zu erlauben, in seiner Abendsendung statt Tin Pan Alley-Musik schwarzen Rhythm & Blues zu spielen. Innerhalb kürzester Zeit war Freds Sendung ‚Moondog's Rock 'n' Roll Party' die am meisten gehörte Sendung der Station. Alan Fred war gleichermaßen überrascht und erfreut, als er feststellen konnte, daß die Musik der Neger bei seinem weißen Publikum Interesse fand. Bald organisierte er ein Konzert, wozu er nur die bekanntesten schwarzen Bands verpflichtete. Das Konzert artete in einen Streit um die Sitzplätze aus, da 30 000 Besucher in die Cleveland-Arena drängten, um die 10 000 Sitze zu okkupieren. Die Veranstaltung wurde abgebrochen, noch bevor der erste Musiker auf der Bühne erschienen war. Bemerkenswert blieb: von den 30 000, die gekommen waren, war 2/3 ein weißes Publikum! In einem ausführlichen Artikel berichtete damals die US-Musikzeitschrift ‚Billboard' über Alan Freed, der später für sich in Anspruch nahm, den Terminus ‚Rock 'n' Roll' erfunden zu haben. Das war geprahlt, denn der Ausdruck hatte schon im Blues Verwendung gefunden, wenn man ‚to make love' umschreiben und auf einer emotionalen Ebene präzisieren wollte. 1954 ging Alan Freed nach New York zur WINS-Station, wo er bald eine Rock 'n' Roll/Rhythm & Blues-Sendung mit hoher Einschaltquote moderierte.

Im September 1954 plazierte sich Bill Hailey mit ‚Shake, Rattle & Roll' in den US-Top Ten, und im Mai 1955, als Elvis Presleys ‚Baby, Let's Play House' auf dem Markt erschien, waren Hailey und seine Comets mit ‚Rock Around The Clock' in den Hitparaden. Wenige Wochen später waren Pat Boone mit ‚Ain't That A Shame' und Chuck Berry mit ‚Maybellene' in den Charts. Elvis Presley ging im Juli 1955 erneut ins Sun-Studio, wo Sam Phillips etwas Neues ausprobierte. Man hatte den Schlagzeuger D. J. Fontana, der immer häufiger bei Elvis-Konzerten die kleine Drei-Mann-Formation verstärkt hatte, zur Session eingeladen. Die ersten Elvis-Presley-Aufnahmen, die mit Schlagzeug eingespielt wurden, waren ‚Mystery Train', ‚I Forgot To Remember To Forget' und ‚Tryin' To Get To You'. Das eröffnete eine neue Dimension. Der endgültige Wechsel vom ländlichen Rockabilly zum Rock 'n' Roll war vollzogen.

Wenn Elvis bei ‚Tryin' To Get To You' im Text den Anschein erweckt, er wolle wieder nach Hause zurückkehren, so verläuft die Musik konträr zum Inhalt. Alles ist sehr ausgewogen, durcharrangiert und kontrolliert. Auch in ‚Mystery Train' ändert Elvis die ursprünglich traurige Botschaft dieses alten Blues-Titels: Sein Mädchen ist zwar im abfahrenden Zug, aber Elvis kommt bald nach. Noch einmal passiert ihm so etwas nicht, und in Gedanken fährt er schon jetzt zusammen mit seinem Mädchen durch die Nacht. Mit klarer, hoher und sicherer Stimme singt Elvis diesen Song; ‚woohoo whoo', ruft und lacht Elvis voller Überzeugung und Freude. Da ist keine Spur von Trauer mehr zu hören, Elvis hat den Weg entdeckt, für ihn gibt es keine aussichtslose Zukunft.

Anfang 1955 hatte der schwarze Blues-Sänger Arthur Gunter den Titel ‚Baby, Let's Play House' geschrieben und kurze Zeit später für die Platten-Firma Excello in Nashville aufgenommen. Er hatte damit einen mittleren Hit auf dem schwarzen Schallplattenmarkt, der Ende 1953 erst 5,7 Prozent des gesamten amerikanischen Plattenumsatzes bestritt. Als die Elvis-Presley-Version des Gunter-Stückes im Mai veröffentlicht wurde, war die Resonanz gering. Der Song war ursprünglich als B-Seite für ‚I'm Left, You're Right, She's Gone' auf den Markt gekommen. Aber dieser Titel schaffte sich nur mit Mühe in die lokalen Hitparaden in Memphis. Mitte Juli jedoch wurde plötzlich ‚Baby, Let's Play House' als erste Elvis-Presley-Single in den nationalen Hitparaden notiert. Eine Plattenbesprechung in ‚Billboard' hatte kurz zuvor auch über den Erfolg und die Resonanz des jungen Südstaaten-Sängers informiert, von dem man im Norden noch nie etwas gehört hatte.

Mitarbeiter von Colonel Parker, der immer häufiger Elvis Presley als Zusatz-Attraktion für seine Konzerte buchte, wissen noch heute von den Reaktionen des Publikums zu berichten, wenn der Rock-Sänger seine Show inszenierte. „Erschien er auf der Bühne, dann trug er die verrücktesten Anzüge. Vielleicht eine schwarze Hose mit roten Streifen an der Seite, dazu ein rosarotes Jackett mit schwarzen Revers, darunter ein blaues Hemd. Die Gitarre hing ihm lässig über der linken Schulter, die Augen hielt er halb geschlossen. Sein rechter Mundwinkel war leicht nach oben gezogen: ein dämonisches, hämisches, arrogantes Grinsen. Die Beine gespreizt stand er unbeweglich vor dem Mikrofon, seine Hände krampften sich um das Stativ, und er sang einen seiner langsamen Titel. Dabei schaute er unentwegt auf die Mädchen. Einmal wackelte er kurz mit den Hüften, aber nur ein einziges Mal. Dann plötzlich intonierten seine Musiker ein Rock-Stück. Elvis verwandelte sich in einen Vulkan. Er stieß rhythmisch die Hüften nach vorne, schlug auf seine Gitarre ein, als wolle er sie zerbrechen, riß an den Saiten oder trommelte den Takt auf das Holz. Wenn er den Kopf zurückwarf, flogen seine Haare, wenn die Band einen Chorus spielte, wirbelte er seine Gitarre an ihrem Band um den Hals. Das war ‚action' wie man sie vorher nie gesehen hatte. Die Mädchen begannen hysterisch zu schreien, und die Jungen waren meist sauer!"

In Florida, wo Elvis Presley besonders beliebt wurde, verursachte sein Auftritt in Jacksonville den ersten Tumult. Beim Konzert liefen Horden von Mädchen kreischend zur Bühne, kletterten hinauf und rissen dem flüchtenden Elvis die Kleider vom Leibe. Elvis rettete sich in seine Garderobe, sein Jackett war verschwunden, das Hemd zerfetzt und der Hose fehlte ein Bein. 14 Jahre später, nach seinem erfolgreichen Comeback, warf Elvis von der Bühne des International Hotel als Gegengabe für die Blumen, Plüschtiere und nassen Slips, mit denen ihn die Besucherinnen bedachten, rote, weiße und blaue Halstücher in die Menge. Bei dem erfolgreichen Hawaii-Auftritt für seine ‚Aloha From Hawaii' TV-Show am 14. Januar 1973 schleuderte der King sogar sein wertvolles Cape und den reichverzierten Gürtel seines weißen 10 000-Dollar-Anzuges in das Publikum. Die Fans erhielten, was sie verdienten, freiwillig von ihrem Idol, da die Bühnenrampe viel zu hoch war, und Elvis viel zu geschützt, als daß sich begeisterte Anhänger und Verehrer ihre Souvenirs noch selbst holen konnten. Deshalb hat der schlaue Colonel heute bei jedem Elvis-Konzert mindestens einen Verkaufsstand in der Eingangshalle. Hier kann jeder, der von Elvis nicht bedacht worden ist, selbst einen Schal für fünf Dollar erstehen. Davon wird eifrig Gebrauch gemacht, und Parker stellt sich heute noch manchmal selbst hin, um beim Verkauf zu helfen.

Promotion und Erfolge

Im August 1955 erscheint mit ‚Mystery Train' die fünfte und letzte Elvis Presley-Single auf dem gelben Sun-Label mit dem krähenden Hahn vor der aufgehenden Sonne. Für viele Musik-Kritiker wurde dieser Song, den Sam C. Phillips zusammen mit dem Blues-Musiker Junior Parker 1953 geschrieben hatte, und der von Parker mit seiner Band Little Junior's Blue Flames in demselben Jahr noch auf Platte eingespielt worden war, der beste Titel, den Elvis für das Sun-Label aufgenommen hat. Elvis war inzwischen weit über die Grenzen seines Heimatstaates bekannt, man liebte ihn besonders in Texas und in Florida, doch auch Kalifornien hatte er erobert.

Für die oft langen Strecken zwischen den Auftrittsorten hatten Elvis, Scotty und Bill anfangs noch gebrauchte billige Autos aus dritter oder vierter Hand benutzt. Nun verdiente man schon mehr Geld und wechselte über etwas besser erhaltene, ältere Lincoln Continental Modelle zu neuen Autos über. Seit jeher war es der Traum Elvis Presleys, einen Cadillac zu fahren. Schon als kleiner Junge, so geht die Legende, soll er seiner Mutter eine solche Luxus-Limousine versprochen haben. Der Besitz eines Cadillacs bedeutete bei den Menschen der untersten sozialen Schicht, aus der auch Elvis stammte, den Weg nach oben. Er war ein Symbol des Erfolges! Wer diesen Wagen fuhr, der hatte es geschafft. Noch heute, so wissen Sozialarbeiter aus den Neger-Ghettos amerikanischer Großstädte zu berichten, leben viele Familien unter deprimierenden Bedingungen und leiden Mangel an elementarsten Lebensnotwendigkeiten, aber vor ihrer Haustür steht ein Cadillac, das Zeichen der Bestätigung und Hoffnung. Für Musiker war diese Automarke schon lange vor dem zweiten Weltkrieg zum Status-Symbol geworden. Das erste, was sich ein Country-Sänger kaufte, wenn er etwas Geld verdient hatte, war ein Cadillac. Bei vielen reichte es zwar nur zu einem alten Gebrauchtwagen, doch der hatte immer noch einen höheren Image-Wert, als ein neuer Chevrolet. Hank Williams, der ewig ruhelose, mißtrauische Hillbilly-Sänger, der schon zehn Jahre vor Elvis Presley seine klassischen Country-Songs mit weißem Blues-Touch intonierte, starb volltrunken an einer Überdosis von

Aufputschmitteln am 1. Januar 1953 auf der Fahrt zu einem Auftritt in Canton, Ohio, auf dem Rücksitz seines weißen Cadillacs. Durch den Tod des hageren, unglücklichen und einsamen Country-Stars erhielt diese Automarke eine geradezu mystische Bedeutung für Country-Sänger. Heute können Touristen, die in Nashville einen Bus zur Stadtrundfahrt besteigen, über die Franklin Road zum ehemaligen Haus des Sängers fahren, wo ihnen der Fremdenführer dann erklärt: ‚Der 52er Cadillac, den Sie dort in der Einfahrt stehen sehen, ist der Wagen, in dem Hank Williams gestorben ist!' In Memphis, Tennessee, so erzählt man sich, sollen Fremde das Sun-Studio in den fünfziger Jahren am leichtesten dadurch gefunden haben, daß sie nach dem Gebäude Ausschau hielten, vor dem die meisten Cadillacs in den geschmacklosesten Farben geparkt waren. Sam C. Phillips hatte schon bald nach der Gründung seiner kleinen Plattenfirma neben Elvis Presley weitere Musiker und Sänger wie Jerry Lee Lewis, Carl Perkins oder Johnny Cash unter Vertrag genommen. Diese hatten sich, nach ihren ersten kleineren Erfolgen, gleich das richtige Auto zugelegt.

Colonel Thomas Andrew Parker, der die ganzen Monate hindurch den zunehmenden Erfolg Elvis Presleys notiert und dessen Entwicklung zum Star aufmerksam verfolgt hatte, wollte nun mehr, als nur Konzerte für Elvis buchen. Er hatte dies eine Zeitlang getan und hatte Elvis häufig ins Beiprogramm seiner eigenen Künstler lanciert, um den jungen Sänger zu beobachten, zu studieren. Parker hatte schnell die musikalische Potenz, Elvis' schwarze Rhythm & Blues-Stimme, als sekundär eingestuft. Wichtig war ihm sein persönlicher Stil, seine Bühnen-Show und seine Ausstrahlung. Damit, so glaubte Parker, sei Elvis imstande, einen neuen musikalischen Trend zu kreieren. Allein Elvis Presleys Erscheinen auf der Bühne genügte, um die schon vor dem Konzert euphorisch gestimmte Menge in Ekstase zu versetzen. Weder Elvis, noch die Band waren zu hören, weil im Geschrei der Teens die Musik völlig unterging. In solchen Augenblicken, das stellte nicht nur Colonel Parker fest, sondern berichteten auch andere Augenzeugen,

wurde klar, daß dieser schlaksige Sänger etwas völlig Neues machte. Seine Musik war nicht mehr nur Unterhaltung, sie wurde zum Ventil für die unerfüllten Wünsche (und geheimen Ängste) seines jungen Publikums.
Von Massenhysterie, von Panik- und Tumult-Stimmung und von plötzlichen emotionalen Ausbrüchen hatte man schon bei Rudolf Valentino oder Clark Gable berichtet. Von Frank Sinatra weiß man, daß er zwanzig Jahre vor Elvis Presley von sehnsüchtig wartenden Fans schreiend vor Hotels und Konzerthallen begrüßt wurde; allerdings waren diese ‚Anhänger' von seinen Managern und PR-Agenten angeworben und dorthin beordert worden. Bei Elvis bedurfte es keiner Steuerung solcher Art, sein Erscheinen allein genügte, um bei den Massen Verzückung und Besessenheit auszulösen.
Ein Journalist beschrieb ein Elvis Presley-Konzert im Jahre 1955 wie folgt: ‚Als Elvis auf die Bühne kam, begannen alle Teenager im Saal hysterisch zu schreien und zu kreischen. Elvis begann zu singen und schlug wie wild auf seine Gitarre. Doch nichts war von ihm zu hören, denn die Teens überschrieen alles. Elvis küßte das Mikrophon, bewegte sich lasziv, wackelte mit den Hüften und warf sich auf den Boden. Das Publikum geriet in Ekstase. Manche Mädchen begannen, sich die Haare auszureißen, andere ließen sich weinend zu Boden fallen oder bissen sich in Arme und Hände, bis sie bluteten. Die Luft war mit starkem Urin-Geruch durchsetzt. Kaum war Elvis von der Bühne verschwunden, wurde diese von unzähligen Mädchen gestürmt. Mit ihren Taschentüchern wischten sie die Bühne an den Stellen, wo ihr Idol eben noch gestanden hatte. Ein Mädchen griff das Mikrophon vom Stativ und preßte es sich gegen den Unterleib.'
Bei aller Zurückhaltung gegenüber den gerade in den fünfziger Jahren mit diesem musikalischen Novum konfrontierten Journalisten, die damals gern zu phantasievollen Übertreibungen neigten, beleuchtet die Schilderung einen bemerkenswerten Tatbestand: Elvis, der Star, war in seiner Unangreifbarkeit und Ferne für viele pubertierende Mädchen der, den ihnen Elternhaus und Gesellschaft konkret noch versagten: der erste Geliebte. Über Elvis

Presley rückte so die Pop-Musik in eine neue, für die jugendliche Entwicklungsphase entscheidende Rolle.
Parker, der solche Szenen bei Elvis-Auftritten immer öfter erlebte, hatte genaue Vorstellungen, wie das Talent des Sängers, richtig vermarktet, immense Gewinne bringen würde. Colonel Parker war einer der ersten im Musik-Geschäft, der die ungeheueren Möglichkeiten des bis dahin unbeachteten (ja noch gar nicht definierten) Jugendmarktes erkannte und konsequent Methoden entwickelte, um dort riesige Gewinne zu machen. Die Richtigkeit der Strategie, die er anzuwenden gedachte, hatte Parker viele Jahre früher bei seinen Medizin-, Rummelplatz- und PR-Aktionen ausprobiert und für richtig befunden.
Noch im August 1955 begann Colonel Parker zusammen mit seinem Assistenten Tom Diskin Gespräche mit Elvis Presley, dessen Eltern und dessen Manager Bob Neal über die weitere Karriere des Sängers. Parker hatte schon 1954 festgestellt: ‚Auf dem Sun-Label kommt der Junge nicht weiter!' Nun empfahl er, daß Elvis baldmöglichst zu einer großen, umsatzstarken Schallplattenfirma wechseln sollte, denn nur dort, so war er überzeugt, konnte eine wirkungsvolle Promotion-Arbeit das Talent des Sängers zur Anerkennung und zu Hitparaden-, Plattenumsatz- und anderen Erfolgen führen. Während Vernon Presley zu Hause mit seiner Frau Gladys über die Empfehlungen des Colonel nachdachte, und Sam Phillips sich mit dem Gedanken anfreundete, bei einer eventuellen Vertragsentlassung (der Sun-Vertrag mit Elvis Presley hatte ohnehin nur noch eine Laufzeit von einem Jahr), aus Elvis Presleys Wechsel einen hohen Dollar-Gewinn schlagen zu können, ging der kommende Star auf seine erste eigene Tournee. Bis dahin nämlich war er immer nur im Beiprogramm anderer großer Künstler aufgetreten. Im September 1955 jedoch waren Colonel Parker und Bob Neal der Meinung, der Name Elvis Presley reiche aus, auch größere Hallen zu füllen. Für das Vorprogramm wurde die Sängerin Wanda Jackson (später hatte sie Hits wie ‚Let's Have A Party' oder ‚Mean, Mean, Mean') engagiert, außerdem der

Pianist Floyd Cramer (er sollte ab 1956 bei den RCA-Sessions mit Elvis zusammen spielen) und der gerade bei Sun unter Vertrag genommene Country-Sänger Johnny Cash. Die Tournee wurde ein voller Erfolg.
Offiziell gibt es keine Hinweise auf Elvis Presley-Sessions unter Sam Phillips im Sun-Studio nach dem Juli 1955, als zum ersten Mal der Drummer D. J. Fontana mit von der Partie war. Es ist aber sehr wahrscheinlich, daß sich Elvis, Scotty und Bill auch mit anderen Musikern im Studio in der Union Avenue No. 706 trafen. Sicher ist, daß Sam Phillips eines Abends das Bandgerät einschaltete, als Elvis Presley zusammen mit Jerry Lee Lewis, Johnny Cash und Carl Perkins rockte. Bis heute ist dieses Band aus rechtlichen Gründen nicht veröffentlicht worden. Obwohl später von Sam Phillips behauptet wurde, er habe alle Elvis-Tapes an die RCA gegeben, bin ich sicher, daß dieses Band, neben vielen anderen, nie in einem RCA-Archiv gelandet ist. Wahrscheinlich liegen die Tonbänder auf Phillips' Namen im Safe irgendeiner Bank in Memphis.
Ende Oktober 1955 verhandelten Colonel Parker und Bob Neal mit verschiedenen Schallplattenfirmen. Auch Sam C. Phillips hatte sich eingeschaltet und ließ wissen, unter 18 000 oder 20 000 Dollar entließe er Elvis Presley keinesfalls aus dem Sun-Vertrag. Vielen Firmen waren 8 000 oder 10 000 Dollar schon zu viel gewesen und sie hatten kein weiteres Interesse an dem noch relativ unbekannten Sänger gezeigt. Man bescheinigte Elvis zwar Erfolge, prophezeite ihm auch eine hoffnungsvolle Karriere, aber für solch einen Newcomer lag die Einkaufsgrenze bei 7 000 Dollar. Voller Zuversicht flog Colonel Parker, mit einer Verhandlungsvollmacht versehen, nach New York, wo er im November Gespräche mit mehreren „Platten-Direktoren" hatte. Viele Artist & Repertoire-Chefs rieten ihren Firmen zum Vertragsabschluß mit Elvis Presley, aber die Direktoren lehnten ab, als sie Parkers Forderung hörten. Dieser verlangte 40 000 Dollar. Eine Wahnsinnssumme! Ahmet Ertegun, der Präsident von Atlantic Records, hatte 25 000 Dollar geboten. Später bekannte er: ‚In diesem Preis war alles drin, was wir damals be-

saßen. Die ganze Firma war nicht mehr wert!' — Im April 1976 erklärte mir Ahmets Bruder Nesuhi Ertegun den Grund für das Atlantic-Angebot so: ‚Wir waren ein recht kleines, aber expandierendes Rhythm & Blues Label und hatten damals gerade Ray Charles unter Vertrag. Ich hatte Elvis Presley des öfteren bei Ray Charles-Konzerten gesehen, er kam dann auch immer hinter die Bühne, um mit Ray zu sprechen. Manchmal spielten sie zusammen Klavier. Elvis Presley hätte gut in unser Repertoire gepaßt, denn er war ein weißer Ray Charles!' — Doch das 25 000 Dollar Angebot von Atlantic Records war dem Colonel viel zu wenig. Wie anders Elvis Presleys musikalische Entwicklung und seine Karriere verlaufen wäre, wenn Parker damals den Vertrag mit den Brüdern Ertegun abgeschlossen hätte, kann man nur vermuten. Bestimmt aber wäre bei Atlantic nie das geschehen, was später dann bei der RCA über Jahre hinweg akzeptiert wurde: Elvis sang drittklassiges Material, die Arrangements waren süßlich, langweilig und oft geschmacklos, die Produktionen minderwertig. Die Brüder Ertegun hatten sich schon in den fünfziger Jahren einen Namen als hervorragende Produzenten im Jazz und Rhythm & Blues-Bereich gemacht. Mit der Ablehnung des Atlantic Angebotes vertat Colonel Parker die Chance, Elvis an eine Plattenfirma zu geben, die seine stimmlichen Fähigkeiten anders — ich denke: richtiger und besser — auszunutzen verstanden hätte; denn das Blues-Feeling, das Elvis Presley besaß, war für ihn als Weißen ein einmaliges Kapital. Es ist anzunehmen, daß Tom Parker, der einen völlig anderen musikalischen und sozialen Hintergrund als Elvis hatte, die Chance, die sich für Elvis auf dem Atlantic Label bot, gar nicht sah. Für Thomas Andrew Parker galt immer nur eine Devise: money talks! Er wollte die einmal gesetzte Summe von 40 000 Dollar erhalten.

Unter den Geschäftsbekannten hatte der Colonel einen besonders engen Kontakt zu Steve Sholes, dem Artist & Repertoire-Chef der RCA in Nashville, Tennessee. Parker und Sholes kannten sich schon seit den vierziger Jahren, als Parker noch sein Geld mit Konzertbuchungen aller Art für Vieh-

ausstellungen und Jahrmärkte verdiente. 1944 hatte Tom Parker seinen Künstler Eddy Arnold auf Grund guter Konditionen und seiner vorzüglichen Beziehungen zu Steve Sholes (manus lavat manum) bei der RCA untergebracht. Arnold wurde der erste Künstler in der Manager-Karriere des machtbesessenen Colonel, der den Durchbruch zur Spitze der Country-Stars schaffte. Schon 1947 hatte Eddy Arnold mit dem Lied ‚Bouquet Of Roses' den ersten von vielen Millionen-Hits. Das festigte verständlicherweise wiederum die Position von Steve Sholes, der im gleichen Jahr den Gitarristen und späteren Elvis Presley-Produzenten Chester B. Atkins (kurz: Chet Atkins) für die RCA verpflichtet, zuerst als Musiker, dann als Angestellter der Firma. Heute ist Chet Atkins Vize-Präsident der RCA in Nashville, aber darüber berichtete ich schon.
Colonel Parker war bei seinen Verhandlungen mit der RCA in New York in einer guten Position, immerhin hätte er auch seinen zweiten großen Country-Sänger Hank Snow, der ebenfalls bei der RCA einen Plattenvertrag hatte, zum Erfolg geführt. Trotzdem hatte Steve Sholes, der Parker öfter in dessen New Yorker Quartier, dem Hotel Warwick, besuchte, Bedenken. Die Summe, die Parker forderte war zu hoch. Da kam plötzliche Hilfe von den beiden Deutsch-Amerikanern Jean und Julien Aberbach, den Besitzern des großen Hill & Range Musikverlages. Die Aberbachs, die einen Großteil der auf RCA veröffentlichten Country Musik kontrollierten, zeigten sich an Elvis Presley interessiert. Unter der Voraussetzung, daß ein noch zu gründender Musikverlag des Sängers zu 50 Prozent ihnen gehören würde und man ihnen eine weitgehende Kontrolle des Musik-Repertoires überließe, waren sie bereit, 15 000 Dollar zur geforderten Ablösesumme beizusteuern. Als diese Offerte auf dem Tisch lag, fiel es Steve Sholes nicht mehr schwer, die Zustimmung der RCA-Direktoren und die restlichen 25 000 Dollar zu erhalten. Damit hatte die RCA die Summe bezahlt, die auch von Atlantic Records geboten worden war. Doch diesen fehlte die Unterstützung eines finanzkräftigen Musikverlages. Colonel Tom Parker hatte sein Ziel erreicht

und für den Firmenwechsel seines Schützlings, wie er Elvis schon damals zu nennen begann, die höchste Abfindung erhalten, die bis dahin jemals einem so unbekannten Sänger wie Elvis gezahlt worden war. Dabei hatte Thomas Parker nichts als den Ruhm, hoch gepokert und hoch gewonnen zu haben, denn er selbst erhielt von dem Geld keinen Cent. 35 000 Dollar zahlte die RCA an Sam C. Phillips, der dazu von Memphis nach New York flog. Die restlichen 5 000 Dollar gingen an Elvis Presley, der sich dafür mit dem Vertragswechsel einverstanden erklärte. Das erste, was der neue RCA-Künstler, den die neue Firma noch als Country-Sänger betrachtete, und der noch auf den beiden ersten RCA-LPs als solcher angekündigt wurde (was beweist, wie wenig die RCA-Leute die Zeichen der Zeit verstanden), machte, war der Kauf eines rosafarbenen Cadillacs für seine Mutter. Damit hatte sich auch der Traum für sie erfüllt. Der Wagen war der letzte Beweis eines besseren Lebens. Gladys wußte noch nicht, daß dieses neue Glück ihr Sorgen, Aufregung, Schuldgefühle und Minderwertigkeitskomplexe bringen würde. Nur zwei Jahre später starb sie, weil sie das immer erträumte glückliche, auf Reichtum aufgebaute Leben nicht hatte bewältigen können, zur Trinkerin geworden, an Hepatitis.

Steve Sholes mußte sich schon bald nach der Vertragsunterzeichnung vor einem Gremium der wichtigsten RCA-Direktoren rechtfertigen und zusagen, die hohe Vorinvestition schnellstmöglichst, am besten innerhalb eines Jahres, wieder zu erwirtschaften. Kaum hatte Sam Phillips den Vertrag am 26. November 1955 gegengezeichnet, da begann die eingespielte RCA-Promotion-Maschine zu laufen. Allerdings hatte sich der Colonel einen erheblichen Einfluß gesichert. Noch im November veröffentlichte RCA Victor alle fünf Sun-Singles auf eigenem Label. Dabei war es laut Vertrag Sun Records noch erlaubt, die schon veröffentlichten Elvis-Presley-Platten weiter zu vertreiben. Im Dezember gründete der Aberbach Musikverlag Hill & Range die Tochterfirma Elvis Presley Music, deren Gewinne zu 50 Prozent an Elvis überwiesen wurden. Da Elvis Presley Music ein BMI-Musikverlag war,

wurde später noch ein ASCAP-Verlag etabliert, den man nach Elvis Presleys Mutter Gladys Music nannte.
Am 5. Januar 1956, drei Tage vor seinem einundzwanzigsten Geburtstag, betrat Elvis Presley zum ersten Mal das RCA Studio in Nashville, das damals in einem Geschäftshaus in der McGavock Street Nr. 1525 lag. Der Gitarrist Chet Atkins, der 1947 von Steve Sholes entdeckt und für die RCA unter Vertrag genommen worden war, sollte die ersten Elvis-Recording-Sessions koordinieren. Atkins lernte an diesem Donnerstag endlich den jungen Sänger kennen, von dem er schon viel durch den ebenfalls bei RCA unter Vertrag stehenden Country-Sänger Hank Snow gehört hatte. Die erste Session wurde für Dienstag, den 10. Januar 1956 angesetzt. Danach verabschiedete sich Elvis und fuhr mit seinen Musikern Bill Black, Scotty Moore und D. J. Fontana zu seinem nächsten Auftritt. Inzwischen engagierte Chet Atkins die zusätzlichen Musiker, die Steve Sholes neben Elvis und seinen drei Mann noch im Studio haben wollte. Fünf Tage später traf man sich wieder im RCA-Studio, das der Plattenfirma nicht selbst gehörte, sondern vom Hausbesitzer, einer Methodisten-Gemeinde, nur vermietet worden war. In diesem Studio produzierte nicht nur die RCA einen Großteil ihrer Country & Western-Platten, auch ein Methodisten-Team nahm regelmäßig kirchliche Rundfunksendungen und religiöse Platten auf.
Elvis lernte an diesem Tag einige Musiker kennen, mit denen er später noch häufig zusammenarbeiten sollte. Unter ihnen war der Tenor Gorden Stoker, der mit seinem schon 1948 in Missouri gegründeten Vocal-Quartett in den fünfziger Jahren zuerst in Kneipen und Schulen Gospels und Spirituals gesungen hatte, um seit Ende 1953 wöchentlich in der Grand Ole Opry in Nashville aufzutreten. Bei dieser ersten RCA-Session mit Elvis Presley war allerdings nicht, wie bisher immer behauptet wurde, Gordon Stoker mit seinen drei anderen Sängern dabei (auch Chet Atkins irrt sich da im Vorwort). Die Jordanaires, so nannte sich das Gesangs-Ensemble, waren erst bei Elvis' vierter RCA-Session mit von der Partie. Begleitet wurde Gordon Stoker

am 10. und 11. Januar von den beiden Sängern Ben und Brock Speer. Am Klavier saß Floyd Cramer, der Elvis schon auf seiner ersten eigenen Tournee im September 1955 begleitet hatte und auch bei anderen Gelegenheiten für den jungen Rock-Sänger arbeitete. Abwechselnd oder zu zweit spielten Chet Atkins, Scotty Moore oder Elvis Presley Gitarre. Am Baß stand Bill Black, am Schlagzeug saß D. J. Fontana. Der erste Titel, der aufgenommen wurde, war nicht, wie immer wieder geschrieben worden ist, ‚Heartbreak Hotel', sondern die bekannte Ray Charles-Komposition ‚I Got A Woman'. Erst als zweites wurde unter der Regie von Steve Sholes, der im Abmischraum zusammen mit Tom Parker, Tom Diskin und dem Techniker saß, die Mae-Boren-Axton-Nummer ‚Heartbreak Hotel' aufgenommen, dann folgte ‚Money Honey' und am 11. Januar zuerst ‚I'm Counting On You' anschließend ‚I Was The One'. Man hatte bei den Produktionen einige Schwierigkeiten, denn die Schallisolierung des Studios war so schlecht und durchlässig, daß jede Aufnahme erneut eingespielt werden mußte, wenn jemand während des ‚take' im Flur eine Flasche Coca Cola aus dem dort stehenden Automaten zog; das laute Rattern der Maschine war dann auf dem Band zu hören.
Am 25. Januar veröffentlichte die RCA ihre erste eigene Elvis-Presley-Produktion. Die fünf im November 1955 auf den Markt geworfenen Singles, waren die ehemaligen Sun-Platten des Sängers. ‚Heartbreak Hotel' aber, gekoppelt mit ‚I Was The One' war ein RCA-Produkt. Um die hohe Abfindungs-Summe an Sam C. Phillips, die RCA und der Aberbach Musikverlag gemeinsam bezahlt hatten, möglichst schnell wieder zurückzubekommen, mußte sich Steve Sholes einige gute Promotion-Aktionen ausdenken. Immerhin hatte er sich für Elvis stark gemacht, nachdem er im November 1955 bei der jährlichen Country & Western DJ Convention in Nashville mit seinem alten Geschäftspartner Thomas A. Parker erste Gespräche über Elvis geführt hatte. Noch war Elvis Presley ein nur regional bekannter Südstaaten-Sänger, doch dies änderte Steve Sholes schnell, als es der RCA gelang, mit CBS ins Geschäft zu kommen. Für die CBS-Fernsehgesellschaft produzierte

der Swing-Band-Leader und exzellente Komödiant Jackie Gleason die ‚Tommy and Jimmy Dorsey Stage Show', die ‚from coast to coast' jede Woche samstags ausgestrahlt wurde. Es gelang der RCA ihren neuen Sänger für sechs aufeinander folgende Samstage in der Show unterzubringen. Unter welchen Bedingungen RCA die Zusage erhielt, wieso CBS zustimmte, und ob Geld dabei im Spiel war, ist nie geklärt worden. Es war auf jeden Fall ungewöhnlich, daß ein Rockabilly-Sänger wie Elvis in der Show zweier bekannter und beliebter Jazz-Musiker, wie Tommy und Jimmy Dorsey, gleich sechsmal hintereinander präsentiert werden sollte. Ursprünglich, das ist sicher, war Elvis Presley auch nicht für diese Fernseh-Show eingeplant. Weder die Dorsey-Brüder, noch Jackie Gleason, waren von Elvis Presleys Musik oder der Art seiner Darbietung überzeugt.
Das war nicht ihr Stil, denn die drei gehörten als Musiker noch in die Ära der großen Big Bands und Swing-Orchester. Der Klarinettist und Alto-Saxophonist James ‚Jimmy' Dorsey, am 29. Februar 1904 in Shenandoah, Pennsylvania, geboren, hatte sich in den 20er Jahren einen Namen gemacht. 1933 gründete er zusammen mit seinem Bruder ein Orchester in dem unter anderen Glenn Miller spielte. Bruder Thomas, den man nur Tommy rief, kam am 19. November 1905 ebenfalls in Shenandoah zur Welt. Der Trompeten- und Posaunen-Spieler wurde durch seine Trompeten-Soli und seinen fließenden Posaunen-Stil bekannt. Am 24. September 1932 nahm er den Titel ‚I'm Getting Sentimental Over You' zusammen mit seinem Bruder und einer Studio-Band auf. Es wurde ein Erfolg. Nach 1935 trennte er sich von James, um ein eigenes Orchester zu führen. Bei ihm arbeiteten Musiker wie Pee Wee Erwin, Bud Freeman, Jo Stafford und Frank Sinatra. 1953 schlossen sich die beiden Brüder wieder zusammen, obwohl das Orchester hauptsächlich von Tommy geleitet wurde. Seit 1955 nahmen sie für CBS ihre ‚Stage Show' auf. Tommy Dorsey starb plötzlich, nur wenige Monate nach Elvis Presleys sechstem und letztem Auftritt am 3. März, während des Essens am 26. November 1956, weil er sich verschluckte.

Am 28. Januar 1956 hatte Elvis seinen ersten Auftritt in der ‚Tommy und Jimmy Dorsey Stage Show'. Der Grund für Jackie Gleasons Zusage mag wohl eine schwindende Einschaltquote gewesen sein, denn eine andere beliebte Sendung, die auf einem anderen Kanal parallel ausgestrahlt wurde, hatte Zuschauer abgeworben. Elvis sang — und er bewegte sich so, wie damals nur er es tat. Was er machte, war das gleiche, was er schon seit fast zwei Jahren bei seinen Konzerten tat. Für viele ältere Zuschauer muß es ein Schock gewesen sein, für die Jugendlichen war es die Befreiung. Die Resonanz auf den ersten Elvis-Auftritt, den man in den gesamten Vereinigten Staaten hatte sehen und erleben können, war einzigartig. In den folgenden Wochen schnellte die Einschaltquote der CBS-TV-Show weit über die früheren Werte. Allerdings: mit den goldenen Zeiten der Swing-Ära war es damit ein für allemal vorbei. Nun herrschte der Rock 'n' Roll, und Elvis war der Star!

Die Reaktionen in der amerikanischen Öffentlichkeit waren unterschiedlich: die Jugendlichen waren von dem Sänger mit den ‚shakin' legs' begeistert. Sie stürmten die Plattengeschäfte, um ‚Heartbreak Hotel' zu kaufen, denn Elvis hatte diesen Titel verständlicherweise bei seinem ersten TV-Auftritt gesungen. Das ältere Publikum hingegen war generell über den ‚Alptraum an schlechtem Geschmack', wie ihn die Zeitschrift ‚Look' charakterisierte, und die lasziven Bewegungen erschreckt. Die Reaktionen reichten von verwunderter Indignation bis zur militanten Empörung. Die meisten Kritiker der großen Zeitungen, allen voran die ‚New York Times', die kirchlichen Organisationen, die pietistischen Erweckungsvereine, die Elternbeiräte und Frauenverbände, Veteranen und puritanische Provinzler, empfindsame Fundamentalisten, konservative Politiker und all die anderen reaktionären Vorläufer der John Birch Society (einer 1958 gegen die ‚kommunistische Weltverschwörung' und für Sitte, Ordnung und Anstand gegründete Vereinigung) waren sich einig: Elvis Presley und der Rock 'n' Roll waren Obszönitäten, die die Jugend zu vergiften drohten.

Der Kampf gegen den Rock-Sänger, Symbol der Unmoral, begann. Er dauerte bis zur Einberufung Elvis Presleys in die Armee im März 1958. Erst danach bahnte sich ein Wandel in der Beurteilung durch seine konservativen Gegner an. Im Januar, Februar und März 1956 betrachteten es die Etablierten als Provokation, daß Elvis jede Woche auf dem Bildschirm erschien. Die ‚New York Times' schoß sich auf ihn ein, allen voran der TV-Kritiker des Blattes, Jack Gould. ‚Mr. Presley hat auch nicht die geringste Fähigkeit zu singen', schrieb er und fuhr fort, ‚das einzige, was er kann, ist sich unanständig bewegen!'

Am 10. April zog Elvis mit seinen Eltern in ein neues Haus. Er hatte es für 40 000 Dollar gekauft. Nun waren die Zeiten in feuchten Einzimmer-Sozialwohnungen für die Presleys endlich vorbei. Das Ranch-House lag am Audubon Drive Nr. 1034 in Memphis. Die Nachbarn waren Bürger des gehobenen Mittelstandes und gehörten damit zu der Schicht, die sich über Elvis Presley am meisten echauffierte. Knappe zwei Wochen nach dem Umzug, am 23. April, trat Elvis zum ersten Mal in der Spiel- und Show-Stadt Las Vegas auf. Das New Frontier Hotel hatte ihn für 14 Tage engagiert und Colonel Parker erhielt 17 000 Dollar für seinen Schützling. Aber das Publikum in der Wüstenstadt in Nevada war nicht an Sänger wie Elvis Presley gewöhnt, weder seine Musik, noch seine Bewegungen waren nach ihrem Gusto. Nach sechs Tagen kam Colonel Parker mit dem Hotel-Management überein, die Auftrittsreihe abzubrechen. Las Vegas war zwar eine Enttäuschung für Parker und Elvis geworden, beide trösteten sich aber mit der Tatsache, daß ‚Heartbreak Hotel' als erste Elvis Presley-Platte den ersten Platz der nationalen amerikanischen Hitparaden erreicht hatte. Über acht Wochen hielt sie den Spitzenplatz. Die Nachfrage in den Plattengeschäften war so groß, daß RCA mit der Pressung und Lieferung kaum nachkam. Auf Anhieb waren zwei Millionen Exemplare verkauft.

Am 30. und 31. Januar war Elvis zum zweitenmal in einem RCA-Studio. Diesmal nicht in Nashville, sondern in dem besser ausgerüsteten Studio der

Gesellschaft in New York. Er nahm dort ‚Blue Suede Shoes', ‚My Baby Left Me', ‚One-Sided Love Affair' und ‚So Glad You're Mine' innerhalb weniger Stunden auf. Am nächsten Tag wurden ‚I'm Gonna Sit Right Down And Cry' und ‚Tutti Frutti', einer der vielen Titel, die Elvis von Little Richard (Richard Penniman) übernommen hatte, produziert. Drei Tage später, am 3. Februar, war Elvis Presley wieder im Studio, um ‚Lawdy, Miss Glawdy' und ‚Shake, Rattle And Roll' (einen ehemaligen Ghetto-Hit des Blues-Sängers Joe Turner; die entschärfte, verwässerte Bill Hailey-Version war ab September 1954 zwölf Wochen lang in den ‚top ten' der nationalen US-Hitparaden) einzuspielen. Am 1. April war Elvis Presley zu einer weiteren Session in Nashville. Nur ein Titel wurde dort aufgenommen: ‚I Want You, I Need You, I Love You'. Bei einer neuen Recording-Session, die von Steve Sholes auf den 2. Juli festgelegt worden war und im New Yorker RCA-Studio stattfand, wurde Elvis zum erstenmal von Gordon Stoker und dessen Jordanaires vocal begleitet. Sholes produzierte die Titel ‚Hound Dog', ‚Don't Be Cruel' und ‚Anyway You Want Me'.
Nach dem Durchbruch von ‚Heartbreak Hotel', der zum Großteil auf die sechs Fernsehauftritte in der ‚Tommy und Jimmy Dorsey Stage Show' zurückzuführen war, wurde auch Hollywood auf den jungen Sänger mit der großen Zukunft aufmerksam. Parker hatte inzwischen einen Vertrag mit Elvis Presley, in dem dieser ihn als seinen alleinigen Manager anerkannte. Bob Neal, der vermutlich bis Ende Januar noch offiziell als Elvis' Manager gegolten hatte, hatte sich nach mehreren Diskussionen mit dem Colonel, Elvis und dessen Eltern bereit erklärt, seinen Vertrag mit Elvis zu lösen. Damit erhielt Parker die vollständige Kontrolle über den Rock-Sänger. Der Colonel führte bald die ersten Gespräche mit verschiedenen Film-Gesellschaften in Los Angeles und Hollywood. Besonders Paramount war an Elvis interessiert. Das war verständlich, da Elvis eine ganze Reihe von Auftritten in Paramount-Kinos in Florida absolviert hatte. Die Film-Firma, die von den Reaktionen der begeisterten Teenager gehört hatte, sah in Elvis Presley einen

möglichen Nachfolger für James Dean. Dieser Filmschauspieler war wenige Monate vorher bei einem Autounfall ums Leben gekommen. Daraufhin erlangte der 1955 fertiggestellte Film ‚Jenseits von Eden' (er war nach dem gleichnamigen Roman des amerikanischen Schriftstellers John Steinbeck unter der Regie von Elia Kazan gedreht worden), in dem James Dean die Hauptrolle gespielt hatte, eine besondere Aufmerksamkeit und rief ungewöhnlich heftige Reaktionen bei der US-Jugend hervor. Sie identifizierte sich mit dem einsamen, trotzig-selbstbewußten und doch so kommunikationsbedürftigen Jung-Mimen. Elvis hätte 1956 noch gute Chancen gehabt, ein zweiter James Dean zu werden. Da er sich jedoch schon damals willenlos den Vorschlägen und Anweisungen Colonel Parkers unterordnete, der es immer verstanden hatte, seine Vorstellungen und Pläne in freundlicher, überzeugender Form vorzutragen, nahm seine Karriere einen völlig anderen Verlauf. Ob Elvis aus Phantasielosigkeit oder anderen Gründen den Ratschlägen seines Managers folgte, ist sekundär. Sicher ist: ohne Parker hätte seine musikalische und cineastische Laufbahn zwar einen besseren Weg eingeschlagen, wäre aber schon lange beendet. — Es ist beeindruckend, daß Parker bis heute seinen ungeheuren Raubbau an Elvis Presleys musikalischer Potenz durch permanente Gewinnmaximierung ausgleichen konnte. Als Künstler ist Elvis schon lange paralysiert, als Aktiengesellschaft wäre er eine bessere Investition als Mercedes Benz oder Coca Cola. —

Der Produzent Hal Wallis, der Mitte der fünfziger Jahre eng mit der Paramount-Filmgesellschaft zusammenarbeitete, zeigte Interesse an Elvis. Wallis war in Hollywood spätestens seit seiner Produktion des 1943 gedrehten Filmes ‚Casablanca' bekannt. Mit diesem Film hatte der Regisseur Michael Curtiz den Humphrey-Bogart-Mythos begründet. Das wußte auch Parker, der Elvis im April 1956 zu ersten Gesprächen und Filmtests zu Wallis nach Los Angeles schickte. Dieser hatte Elvis in einigen der sechs Dorsey-Shows gesehen und wurde am 3. April erneut Zeuge der großen Popularität des Sängers. Elvis trat an diesem Dienstag in der beliebten ‚Milton Berle Show' auf, die von einem Flugzeugträger vor der Küste Kaliforniens gesendet wurde. Nach den Filmtests schien Wallis auch von gewissen filmschauspielerischen Talenten des jungen Stars überzeugt zu sein, denn er offerierte einen Vertrag über drei Film-Hauptrollen. Parker war damit zufrieden. Nur über die Gagen hatte er andere Vorstellungen als Hal Wallis und die Direktoren der Paramount. Er verschob Detailverhandlungen, weil ohnehin noch keine genauen Konzeptionen für die Filme vorlagen, und schickte Elvis wieder auf Tournee. Im Mai, als ‚Heartbreak Hotel' immer noch Nummer eins in den nationalen amerikanischen Hitparaden war und sich auch in England in den Charts unter den ‚top 20' placiert hatte, brachte RCA bereits die zweite eigene Elvis-Single-Produktion auf den US-Markt. Die A-Seite war die am 1. April 1956 in Nashville eingespielte Aufnahme ‚I Want You, I Need You, I Love You', die B-Seite war die Crudup-Komposition ‚My Baby Left Me'. Parker hatte inzwischen die ersten Verkaufszahlen der ersten Elvis-LP (RCA LPM 1254) erhalten, die Ende März veröffentlicht worden war. Innerhalb von vier Wochen waren über 362 000 Alben verkauft worden. Das war der absolute Rekord und übertraf die bis dahin unangefochtenen RCA-Verkaufsrenner Mario Lanza und Glenn Miller um das Dreifache.

Am 6. Juni hatte Elvis seinen zweiten Auftritt in einer Fernseh-Show von Milton Berle, die diesmal in Los Angeles im Studio aufgenommen wurde. Allein durch den Auftritt von Elvis Presley konnte Milton Berle hinterher voller Stolz sagen, seine Show hätten 40 Millionen Amerikaner gesehen. Daß diese ihre Fernsehgeräte nicht Berles wegen eingeschaltet hatten, verschwieg er höflich. Elvis erhielt für seinen Auftritt wie beim ersten Mal 5 000 Dollar. Das war eine erhebliche Steigerung im Vergleich zu den Dorsey-Shows, wo er pro Sendung nur 1 250 Dollar bekommen hatte. Eine noch höhere Gage allerdings zahlte der Sponsor der Steve-Allen-Show, die in New York produziert wurde. Elvis konnte 7 500 Dollar für sein Erscheinen einstreichen. Wie viele andere Medien-Leute war auch Steve Allen wenig an Elvis Presley interessiert. Er war jedoch gerade von der NBC-Fernsehgesellschaft beauftragt worden, eine neue TV-Show-Reihe aufzuziehen, um der CBS-Ed-Sullivan-Show, die konstant die höchsten Einschaltquoten verbuchen konnte, Konkurrenz zu machen. Deshalb versuchte Allen, bekannte und beliebte Künstler zu verpflichten. Elvis sah er zwar nicht als fähigen oder begabten Sänger an, dessen Bekanntheitsgrad aber war in den letzten Monaten so unwahrscheinlich gestiegen und er hatte schon bei anderen Fernsehauftritten so viele Menschen vor den Bildschirm gelockt, daß Steve Allen überzeugt war, Elvis Presley sei das sicherste Mittel, Ed Sullivan die Zuschauer zu entlocken. Am 1. Juli 1956 sang Elvis in der Steve-Allen-Show, deren Einschaltquote dadurch auf 56,7 Prozent hochschnellte. Ed Sullivan mußte sich mit 15,2 Prozent zufriedengeben. Als ein Kollege anzüglich meinte, dafür hätte er, Sullivan, auch zu Hause bleiben und sich einen netten Fernsehabend machen können, war dieser völlig verärgert.

Für viele der konservativen Gruppen in den USA war es eine Zumutung und eine Beleidigung, daß Elvis Presley in immer kürzeren Abständen auf dem Bildschirm zu sehen war. Man begann sich auf ihn einzuschießen. In das Lamento der Kritiker stimmten auch auffallend viele Rundfunk- und Fernseh-Journalisten sowie Show-Leute mit ein (darunter auch Ed Sullivan), die aber dennoch Elvis-Platten spielten oder ihn als Garant hoher Zuschauerzahlen in die Fernsehstudios holten. Ihre doppelte Moral war wohl kalkuliert: in der Öffentlichkeit hofften sie auf Anerkennung durch ihre Entrüstung, den Sponsoren der Sendungen, größeren Industrie-Unternehmen, die für ihre Produkte warben, wollten sie durch hohe Einschaltquoten imponieren. Die Unterschriftenlisten, in denen einige Frauenverbände die Fernsehanstalten aufgefordert hatten, Elvis nicht mehr auf dem Bildschirm zu zeigen, wurden kaum beachtet. Allerdings weigerten sich einige Rundfunkstationen, Elvis-Platten zu spielen. Die Sender, die zumeist einen kleinen regionalen Markt betreuten, hatten allerdings zum Großteil auch nur kleinere Sponsoren: den örtlichen Kaufmann, eine Molkerei, einen Autohändler. Da war die Beeinflussung durch kommunale Faktoren erheb-

lich größer. Ein Radio-Discjockey meinte, er könne es moralisch nicht mehr verantworten, Platten des Hüttenwacklers zu spielen. Andere Reaktionen wurden in der Öffentlichkeit bekannt, und von vielen für gut befunden. In Santa Cruz wurden wie in vielen anderen amerikanischen Städten Rock-Konzerte verboten, in San Antonio verbannte man alle Rock-Platten aus der Music-Box der öffentlichen Badeanstalt, weil sich die Jugendlichen zu dieser Musik ‚unanständig bewegt' hatten; in Ottawa, Kanada, wurden acht Studenten der Universität verwiesen, weil sie ein Elvis-Konzert besucht hatten, und in Texas versteigerte eine Radiostation ihr gesamtes Elvis-Repertoire. Den Zuschlag erhielt ein Anti-Elvis-Club, der die Platten verbrannte. In den Schulen ereiferten sich nicht nur Lehrer über den Kultur-Rowdy Elvis, auch angepaßte Schüler stimmten in das Lamento mit ein. Der Ausbruch dieses pubertären Puritanismus war eines der Symptome für die Welle der moralischen Entrüstung, die durch Wohnstuben der ehrbaren Amerikaner schwappte. Das Pro oder Contra des einzelnen zum Politikum Elvis Presley markierte eindeutig die Position, die man einnahm.
Nach Elvis Presleys Auftritt in der zweiten Steve-Allen-Show hatte Ed Sullivan einige Probleme mit seiner Fernsehgesellschaft CBS. Man machte ihn höflich aber bestimmt darauf aufmerksam, daß er sich zu überlegen habe, wie er schnellstens seine einstmals achtbaren aber nicht ungeheuer hohen Einschaltquoten zurückgewinnen könne. In seinem Apartment im Delmonico's Hotel, 502 Park Avenue in New York, ganz in der Nähe des Central Parks gelegen, machte er sich Gedanken darüber, ob es möglich sei, mit Colonel Parker ins Gespräch zu kommen. Sullivan war mit Recht unsicher; denn noch wenige Monate vorher hatte er gesagt, er würde Elvis Presley noch nicht einmal mit einem langen Stock anfassen. Aber nun brauchte er ihn. Als der Fernseh-Moderator endlich anfragen ließ, ob Elvis in seiner Sendung auftreten würde, war Parkers Antwort kurz. Für den Colonel zählte nicht, was Sullivan einmal über seinen Schützling gesagt hatte, allein Sullivans Interesse decouvrierte ihn, für Parker zählte nur das Geld. Er forderte, als man ihm

anbot, Elvis dreimal in der CBS-Show auftreten zu lassen; 50 000 Dollar! Das war ein unerhörter Preis: 16 666,67 Dollar pro Auftritt. Ed Sullivan wurde blaß, als man ihm die Gagenforderung nannte, denn bis dahin hatte er maximal 5 000 Dollar für einen Künstler gezahlt. Als Ed Sullivan endlich zähneknirschend zusagte, hatte RCA bereits die dritte eigene Produktion mit ihrem Platten-Star veröffentlicht. Den A-Seiten-Titel ‚Hound Dog' sang Elvis bereits am 1. Juli in der Steve-Allen-Show. Er hatte dazu einen unmöglichen Anzug getragen, sich nicht bewegt, und vor ihm saß ein besonders dämliches Exemplar eines traurig blickenden Basset. Den Hund störte es nicht, daß Elvis still stand und eine Krawatte trug, die Fans aber beschwerten sich. Sie wollten ihren echten aktiven Elvis sehen.
Als Elvis am 9. September in der Ed Sullivan Show zu Gast war, wurde der Moderator von dem englischen Schauspieler Charles Laughton vertreten. Sullivan war nicht erschienen, sondern hatte sich einer nicht näher bezeichneten Krankheit wegen entschuldigen lassen. Bis heute weiß keiner so genau, warum Ed Sullivan gerade an dem Tag in seinem New Yorker Apartment geblieben ist, an dem Elvis Presley zum ersten Mal in seiner Show auftrat. Da sich Sullivan während der beiden anderen Elvis-Auftritte in seiner Sendung hinter den Kulissen sehr geringschätzig über Elvis geäußert hat, haben Journalisten später verschiedene Vermutungen zum Besten gegeben, von denen keine nachprüfbar ist. Fest steht, daß die erste Ed-Sullivan-Show mit Elvis Presley von über 54 Millionen Amerikanern gesehen wurde. Die Einschaltquote lag über der Traumgrenze, und Ed Sullivan hatte durch die Hilfe Elvis Presleys für seine TV-Show einen Zuschauer-Rekord aufgestellt, der bis 1964 nicht gebrochen wurde. Am 9. Februar 1964 allerdings, sieben Jahre und fünf Monate auf den Tag genau nach Elvis' erstem Auftritt in der Ed-Sullivan-Show, hatte dieser die Beatles zu Gast. Die vier aus Liverpool sangen fünf Lieder, darunter ‚All My Loving' und ‚I Want To Hold Your Hand', und lockten damit noch mehr Zuschauer vor den Bildschirm, als es der Rocker aus Tupelo geschafft hatte. Es wurde eine späte Rache für Ed Sullivan.

Kurz nach dem ersten Ed-Sullivan-Auftritt von Elvis Presley veröffentlichte RCA innerhalb weniger Tage sieben Singles ihres Sängers auf einmal. Am 12. September 1956 waren ‚Blue Suede Shoes'/‚Tutti Frutti' (RCA 6636), ‚I'm Counting On You'/‚I Got A Woman' (RCA 6637), ‚I'll Never Let You Go'/‚I'm Gonna Sit Right Down And Cry Over You' (RCA 6638), ‚Tryin' To Get To You'/‚I Love You Because' (RCA 6639), ‚Blue Moon'/‚Just Because' (RCA 6640), ‚Money Honey'/‚One-Sided Love Affair' (RCA 6641) und ‚Shake, Rattle And Roll'/‚Lawdy, Miss Clawdy' (RCA 6642) in den Plattengeschäften zu kaufen. Das war eine unerhörte, noch nie dagewesene Situation. Sieben Singles eines Künstlers auf einen Schlag. Dabei hatte er in den letzten Monaten seine Platten ohnehin in Top-Positionen der Hitparaden plaziert. Diese Singles simultan zu veröffentlichen, deren Titel ohnehin schon alle auf LPs oder EPs auf dem Markt waren, war eine Colonel-Parker-Idee. Alle dachten, er sei verrückt, als er sie von RCA verwirklicht sehen wollte. Als jedoch ein Ansturm ohnegleichen auf die Plattengeschäfte einsetzte, und die RCA-Preßwerke nicht mehr schnell genug nachliefern konnten, erkannten auch die RCA-Direktoren, daß Parker den Jugendmarkt besser erkannt und eingeschätzt hatte als alle anderen vor ihm. Parker hatte schon früh prophezeit, an den Jugendlichen könne man Millionen verdienen. Er wußte, begeisterte Teens waren schneller zum Kauf einer Platte oder eines Werbeartikels eines Stars (von Elvis Presley gab es Bilder, Poster, Bücher, Postkarten, Button und anderes mehr, sein Bild oder sein Name prangte auf Halstüchern, Hemden, Hüten, Taschentüchern, Lippenstifthüllen, Briefpapier und Umschlägen) zu bewegen als erfreute Erwachsene. Um Parkers Prognose noch einmal als richtig zu dokumentieren, gingen dann bei RCA über eine Million Vorbestellungen für ‚Love Me Tender' ein. Elvis hatte bei seinem ersten Ed-Sullivan-Auftritt diesen Titel gesungen und erklärt, er würde dieses Lied in seinem ersten Film singen, der zum Jahresende in die Kinos kommen solle. Die Fans waren begeistert und bestellten. RCA entschloß sich daraufhin, die Platte als achte Single noch im

September zu veröffentlichen, und die Filmgesellschaft kam nach einer Konferenz zu dem Ergebnis, man wolle den ursprünglichen Titel des Filmes ‚The Reno Brothers' in ‚Love Me Tender' ändern.
1956 war das Jahr des Rock 'n' Roll und das Elvis-Presley-Jahr. Seit September waren nur noch Elvis-Titel auf den ersten Plätzen der amerikanischen Hitparaden — ohne Unterbrechung bis in den späten Dezember. Mochte das Establishment noch so klagen, Colonel Parker konnte für jeden Elvis-Auftritt horrende Summen fordern. Für Konzerte erhielt Elvis inzwischen über 25 000 Dollar. Das war in der Branche noch nie dagewesen. Bisher war man bei Maximalgagen von 10 000 Dollar schon erschauert. Man konnte keine Zeitung, kein Magazin mehr öffnen, ohne einen Artikel über den phänomenalen Erfolg des Südstaaten-Sängers zu finden. Die meisten hielten ihn für einen ‚katastrophalen Sänger', meinten, ihn auf den Bildschirm oder eine Bühne zu lassen, sei eine ‚moralische Verfehlung ohnegleichen', hielten ihn für ‚obszön' und forderten ‚werft ihn ins Gefängnis'! Eine andere neutrale Kritik, falls so etwas bei einem Sänger wie Elvis möglich war zu schreiben, konnte man nach einem Konzert in der Zeitung ‚Evening Independant' lesen. Sie ist hier, der präzisen und treffend-schönen Formulierungen wegen, in Englisch wiedergegeben: „The pied piper of Rock 'n' Roll, a swivel-hipped, leg-lashing entertainment bomb, blasted the downtown area into chaos all day yesterday. Screaming, fainting teenagers lined the streets early today to catch a glimpse of Elvis Presley, a rockbilly gyrating singer who's shattered show business with his sultry style. He hit St. Petersburg with the effect of a small H-bomb, sending fans into mass hysteria and receiving an ovation rarely seen on the suncoast."
Am 16. September 1956 begannen die Dreharbeiten zu Elvis' erstem Film ‚Love Me Tender'. Bei der Ankunft des Stars auf dem Flughafen von Los Angeles wurde er von einer Riesenmenge seiner Fans begrüßt, die ‚Elvis For President'-Banner trugen. Am 25. September unterbrach Elvis die Dreharbeiten in Hollywood und fuhr nach Tupelo. In seinem Geburtsort fand die

Zu den folgenden 16 Bildern:

Die beiden folgenden Poster zeigen eine Ankündigung der Elvis-Konzert-Reihe im Del Webb's Sahara-Tahoe-Hotel vom 30. April bis 9. Mai 1976 in den lokalen Informationszeitungen.

Poster zu dem Film Charru, in dem Elvis nicht singt, März 1969.

Poster zu dem Film Roustabout November 1974

Poster zu Elvis Presleys erfolgreichstem Film, November 1961

Poster zu dem Film „Flaming Star" im Dezember 1960

Poster zum Film „Jailhouse Rock", Oktober 1957

Poster zum ersten Elvis Presley-Film, der am 15. November 1956 im New Yorker Paramount-Theater Premiere hatte.

Szenenfoto aus der Elvis-Dokumentation „That's The Way It Is", November 1970.

Szenenfoto aus dem Film „Charru", der im März 1969 US-Premiere hatte

„Aloha From Hawai" TV-Show vom 14. Januar 1973, die von einem Drittel der Weltbevölkerung gesehen wurde

Szenenfoto aus dem obigen Film, aufgenommen bei der 2. Gastspielreihe im International-Hotel in Las Vegas, Nevada, im Februar 1970.

Wie vorhergehende Abbildung.

Szenenfoto aus dem Dokumentarfilm „Elvis: That's The Way It Is", der im November 1970 in den USA Premiere hatte.

Elvis „in action" in seiner 1. Fernsehshow seit dem 9. Januar 1957

Aufzeichnung der von der Singer Nähmaschinenfabrik bezahlten NBC-Fernsehshow am 27. und 28. Juni 1968

Your Complimentary Copy

SHOWTIME

Vol. 3 • No. 7 • Through May 14, 1976

The Visitor & Convention Guide To Reno & Tahoe

SAHARA TAHOE

ELVIS

IN CONCERT

April 30 thru May 9

ALL 14 CONCERTS SOLD OUT

TAHOE ACTION

AMERICA'S ALL YEAR PLAYGROUND

THIS WEEK
Schedule of Lake Tahoe Activities

Through May 6

TAHOE DAILY TRIBUNE, FRIDAY, APRIL 30, 1976 — VOL. 18 — NO. 86 — SIERRA SUN BONANZA, FRIDAY, APRIL 30, 1976

ELVIS

NOW APPEARING

SAHARA TAHOE

High Sierra Theatre

April 30 thru May 9

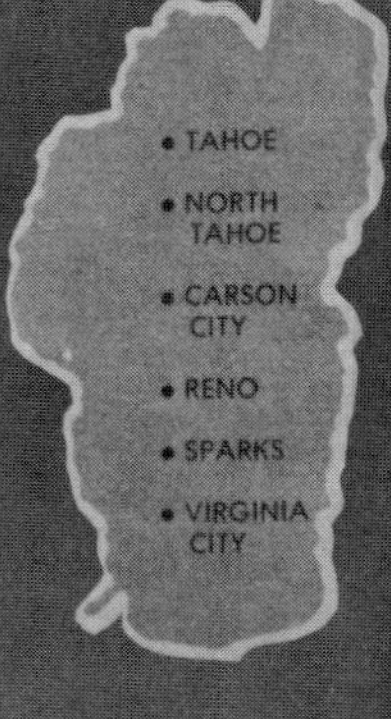

ON HIS NECK HE WORE THE BRAND OF A KILLER.
ON HIS HIP HE WORE VENGEANCE.
A different kind of role...
A different kind of man.
National General Pictures
ELVIS PRESLEY
as the one called
CHARRO!
G Suggested For GENERAL Audiences
INA BALIN · VICTOR FRENCH · BARBARA WERLE · SOLOMON STURGES and introducing LYNN KELLOGG Harry Caplan
Produced and Directed by Charles Marquis Warren Screenplay by Charles Marquis Warren Story by Frederic Louis Fox Music Composed and Conducted by Hugo Montenegro
TECHNICOLOR® PANAVISION®
"Charro!" sung by Elvis Presley on RCA Records
A NEW EXCITEMENT IN ENTERTAINMENT
69/92

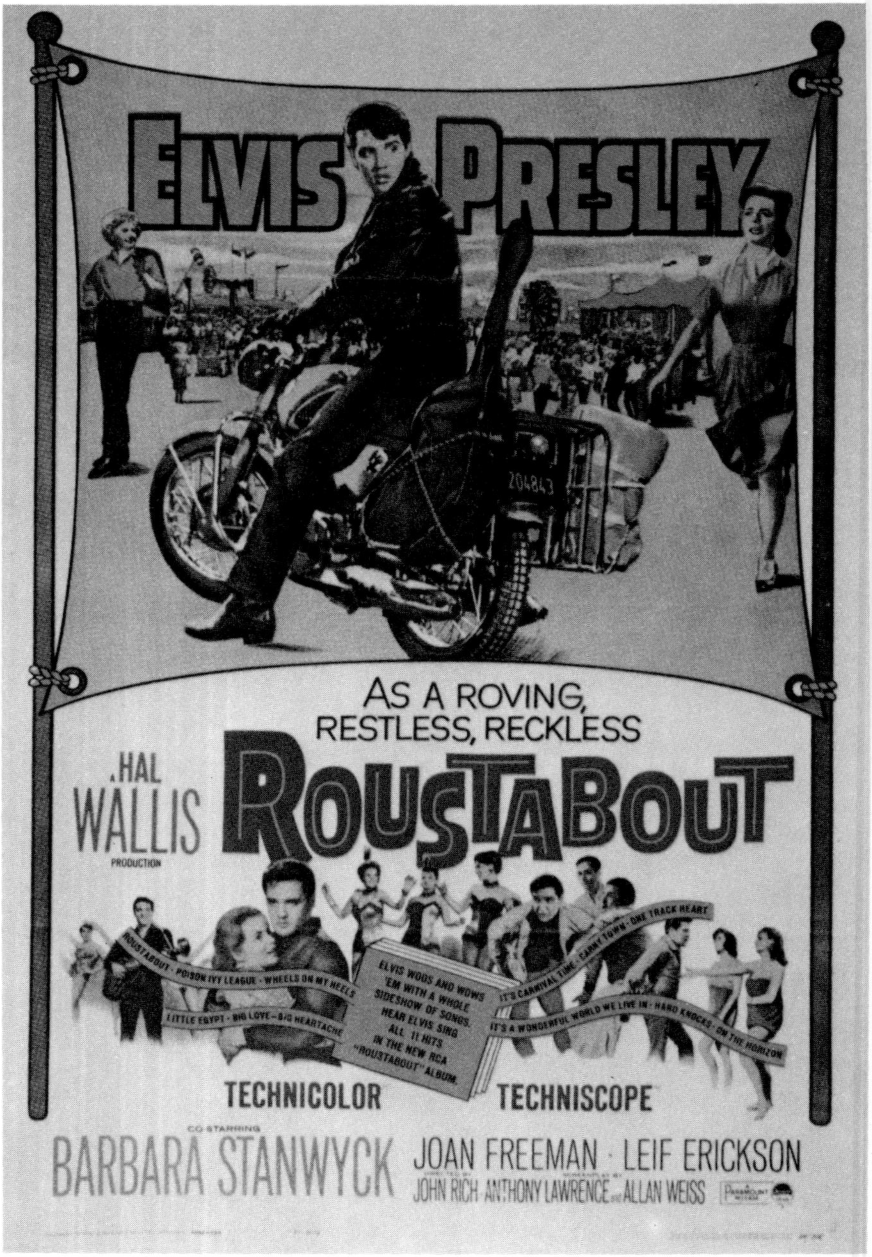
ELVIS PRESLEY
204843
AS A ROVING, RESTLESS, RECKLESS
A HAL WALLIS PRODUCTION
ROUSTABOUT
ROUSTABOUT · POISON IVY LEAGUE · WHEELS ON MY HEELS
LITTLE EGYPT · BIG LOVE – BIG HEARTACHE
ELVIS WOOS AND WOWS 'EM WITH A WHOLE SIDESHOW OF SONGS. HEAR ELVIS SING ALL 11 HITS IN THE NEW RCA "ROUSTABOUT" ALBUM.
IT'S CARNIVAL TIME · CARNY TOWN · ONE TRACK HEART
IT'S A WONDERFUL WORLD WE LIVE IN · HARD KNOCKS · ON THE HORIZON
TECHNICOLOR
TECHNISCOPE
CO-STARRING
BARBARA STANWYCK
JOAN FREEMAN · LEIF ERICKSON
JOHN RICH · ANTHONY LAWRENCE and ALLAN WEISS

ECSTATIC ROMANCE... EXOTIC DANCES... EXCITING MUSIC
IN THE WORLD'S LUSHEST PARADISE OF SONG!
ELVIS PRESLEY
RIDES THE CREST OF THE WAVE IN
BLUE HAWAII
A HAL WALLIS PRODUCTION
TECHNICOLOR®
AND IN PANAVISION®
TERRIFIC SONGS!
CO-STARRING
JOAN BLACKMAN · ANGELA LANSBURY · NANCY WALTERS
DIRECTED BY NORMAN TAUROG
SCREENPLAY BY HAL KANTER
A PARAMOUNT RELEASE

ELVIS
PRESLEY
FLAMING
STAR
BARBARA EDEN / STEVE FORREST / DOLORES DEL RIO / JOHN McINTIRE
PRODUCED BY
DAVID WEISBART
DIRECTED BY
DON SIEGEL
SCREENPLAY BY
CLAIR HUFFAKER AND NUNNALLY JOHNSON
CINEMASCOPE COLOR by DE LUXE

HIS FIRST BIG DRAMATIC SINGING ROLE!
M-G-M PRESENTS
ELVIS PRESLEY
AT HIS GREATEST
Jailhouse Rock
JUDY TYLER MICKEY SHAUGHNESSY DEAN JONES JENNIFER HOLDEN
GUY TROSPER
IN CINEMASCOPE
AN AVON PRODUCTION
RICHARD THORPE
PANDRO S. BERMAN

MR. ROCK 'N' ROLL
IN THE STORY
HE WAS
BORN TO
PLAY!
RICHARD
EGAN
DEBRA
PAGET
and introducing
ELVIS
PRESLEY
in
LOVE ME TENDER
from 20th CENTURY-FOX
A CINEMASCOPE PICTURE
CO-STARRING
ROBERT MIDDLETON · WILLIAM CAMPBELL · NEVILLE BRAND
with MILDRED DUNNOCK · BRUCE BENNETT
PRODUCED BY DAVID WEISBART · DIRECTED BY ROBERT D. WEBB · SCREENPLAY BY ROBERT BUCKNER · BASED ON A STORY BY MAURICE GERAGHTY

ELVIS PRESLEY

alljährliche Mississippi-Alabama-Fair-And-Dairy-Show statt. Auf der hatte er einst das Lied ‚Old Shep' gesungen und war mit einem Preis belohnt worden. Diesmal sollte er wieder singen. Hatte er damals neben einigen Freikarten zum Karussellfahren ganze fünf Dollar in die Hand gedrückt bekommen, so erhielt er nun 10 000 Dollar für seinen Auftritt (ein besonders günstiger Preis, den Parker der Geburtsstadt seines Schützlings gemacht hatte), die er allerdings als Spende an die Stadt zurückgab. Nach Hollywood zurückgekehrt, beendete Elvis bald die Dreharbeiten zu seinem ersten Film. Die Regie hatte Robert D. Webb geführt, und der Produzent war nicht, wie man eigentlich hätte annehmen müssen, Hal Wallis, der mit Parker einen Vertrag über drei Filme gemacht hatte, sondern David Weisbart. Der hatte ein Jahr zuvor auch den bekanntesten James-Dean-Film ‚Rebel Without A Cause' produziert. Elvis' ‚Love Me Tender' wurde auch nicht für die Paramount-Filmgesellschaft gedreht, die mit Wallis eng zusammenarbeitete, sondern für 20th Century Fox. Erst der zweite Elvis-Streifen ‚Loving You' wurde ein Paramount-Film.
Am 24. Oktober hatte die US-Militärbehörde Elvis davon unterrichtet, daß er sich zu denjenigen jungen Amerikanern zählen könne, die eventuell eine Chance hätten, zum Militärdienst eingezogen zu werden. Dafür benötigte man einige Angaben. Dieser Brief hatte allerdings keine weitere Bedeutung.
Am 28. Oktober war Elvis zum zweitenmal Gast in der Ed-Sullivan-Show, Sullivan war diesmal selbst anwesend, um den Sänger zu begrüßen. — Wenn man Glück hat, kann man noch heute bei Elvis-Fan-Club-Treffen die Aufzeichnungen der drei Ed-Sullivan-Shows mit Elvis sehen: Sullivan wirkt neben dem Rock-Sänger, wie ein Landpfarrer, der dem leibhaftigen Teufel begegnet! —
In New York verkündete eine über 12 Meter hohe Elvis-Figur, daß der erste Film des Pop-Idols demnächst Premiere hätte. Am 15. November war es dann soweit: ‚Love Me Tender' wurde im Paramount-Kino und in weiteren 549 US-Kinos simultan gezeigt. Die Fans spielten verrückt. Die Presse war

entsetzt, und das Wochenmagazin ,Time' fragte süffisant: ,,Ist es eine Wurst? Es ist ganz sicher genauso glatt und dunstig, aber wer hätte jemals von einer 80 Kilo schweren und 1,80 Meter großen Wurst gehört? Ist es dann vielleicht ein Walt-Disney-Goldfisch? Es hat dieselben großen, feuchten, wunderschönen Augen und die gleichen langen, geschwungenen Wimpern, aber wer hätte schon einmal von einem Goldfisch mit Koteletten gehört? Vielleicht aber ist es eine Leiche? Die Figur, die da rumhängt, sieht mit ihrem schiefen Mund aus wie Lord Byron im Wachsmuseum!" Um zu beweisen, daß Elvis alles andere als tot ist, hatte Parker angekündigt, der Star erscheine selbst zur Premiere seines ersten Filmes in New York. Das hatte, wie von Parker beabsichtigt, einen Tumult hervorgerufen. Die Anhänger hatten sich schon ab sechs Uhr morgens vor dem Kino versammelt, um noch eine Eintrittskarte zu erhalten. Die 35 Polizisten, die man vorsorglich abgeordnet hatte, waren keinen Augenblick Herr der Lage. Elvis Presley und Thomas A. Parker erschienen nicht!

Zum Beginn des neuen Jahres, am 4. Januar 1957, wurde Elvis in seiner Heimatstadt Memphis ärztlich untersucht, die Militärbehörde hatte das angeordnet. In den Tagen bis zu seinem Geburtstag konnte er sich in seinem Haus im Audubon Drive an den vielen Pokalen, Auszeichnungen, Goldenen Schallplatten und anderen Ehrungen erfreuen, die er im Laufe des vergangenen Jahres erhalten hatte: 25 Wochen hatte er 1956 auf Platz Nummer eins der US-charts gestanden, 5 seiner Platten waren unter den ersten 20 der am meisten verkauften Singles. Darunter ,Heartbreak Hotel' auf dem ersten und ,Don't Be Cruel' auf dem zweiten Platz. ,Cashbox' hatte ihn zum ,besten männlichen Pop Sänger' und zum besten ,Country & Western Sänger' gewählt, ,Heartbreak Hotel' war ,Platte des Jahres' geworden, außerdem beste ,Country & Western Platte des Jahres'. Zwischen dem 4. und 8. Januar (seinem Geburtstag) mußte Elvis allerdings noch einen Auftritt absolvieren. Zum dritten- und letztenmal war er in der Ed-Sullivan-Show zu Gast.

Längst war der junge Star zu einer Millionen-Industrie geworden: Colonel Parker vergab Lizenzrechte zur Benutzung des Namens seines Goldjungen und kassierte Höchstbeträge dafür, über zehn Millionen Plattenverkäufe meldete die RCA für 1956, der Film ‚Love Me Tender' hatte nach drei Wochen Spielzeit bereits seine Produktionskosten eingespielt, die Konzert-Gagen waren in exorbitante Höhen gestiegen und auch die Einnahmen aus den Elvis-eigenen Musikverlagen (in denen nicht nur Elvis-Titel verlegt wurden) waren beachtlich. Elvis setzte neue Trends, mit ihm gab es im Unterhaltungsbereich zum ersten Mal eine wirkliche Kultfigur. Clark Gable, Humphrey Bogart oder Rudolf Valentino wirkten dagegen wie Hauskatzen neben einem ausgewachsenen Löwen, etwas mickrig. Elvis war ein Star, der Millionen zur Stellungnahme forderte, pro oder contra. Kompromisse, wie Eltern und Kinder sie noch bei Frank Sinatra hatten schließen können, gab es nun nicht mehr.

Im März kaufte Elvis Presley für sich und seine Eltern ein neues Haus. Es kostete 100 000 Dollar und lag in der kleinen Gemeinde Whitehaven, ganz in der Nähe von Memphis. 1969 wurde Whitehaven eingemeindet und gehört heute zur Stadt Memphis. Das Haus, das Elvis zusammen mit einem großen Grundstück erstand, ist bis heute der Hauptwohnsitz des Sängers. Er nannte es ‚Graceland'.

Im Mai begannen die Dreharbeiten zu seinem dritten Film ‚Jailhouse Rock', in dem Richard Thorpe die Regie führte. Der Streifen, der in Deutschland unter dem Titel ‚Rhythmus hinter Gittern' lief, wurde nicht nur ein großer Erfolg, sondern erhielt auch einige lobende Kritiken. Das war selten bei Elvis-Filmen. Als im Juli 1957 der zweite Elvis-Streifen ‚Loving You' in die US-Kinos kam, hatte Colonel Parker angeordnet, die Tourneen etwas zu reduzieren. Man konnte sich das leisten, da Elvis Presley bei seinen Live-Auftritten inzwischen mühelos 10 000 Besucher in die Konzerthallen und Stadien lockte.

Am 22. September warfen zwei langjährige Elvis-Begleiter das Handtuch: Scotty Moore und Bill Black verließen den Rock-Sänger, dem sie durch ihre musikalischen Tips und ihre Unterstützung wesentlich zu seinem Aufstieg verholfen hatten. Beide reklamierten, sie erhielten zu wenig Geld für ihre Arbeit. Das war richtig. Pro Woche bekam jeder von ihnen 100 Dollar, wenn sie nicht auf Tournee mit Elvis waren, waren sie ‚on the road' wurden ihnen 200 Dollar ausgezahlt. Das war unverschämt wenig. Zum Vergleich: heute bekommen die wichtigsten Elvis-Musiker 10 000 bis 15 000 Dollar im Monat. Scotty und Bill hatten eine Lohnerhöhung von 50 Dollar verlangt und gebeten, für die dreijährige Zusammenarbeit eine einmalige Zahlung von 10 000 Dollar zu erhalten. Colonel Thomas A. Parker lehnte ab. Als harter Manager zeigte er nur dann Gefühle, wenn sie sich für ihn auszahlten. Die beiden Musiker waren nicht mehr unersetzlich, denn inzwischen rissen sich Hunderte von guten Musikern darum, an der Seite von Elvis zu spielen, von dem sie zwei Jahre vorher noch nichts gehört hatten. Seinen Auftritt bei der Mississippi-Alabama-Fair-Dairy-Show in Tupelo bestritt Elvis am 27. September 1957 mit einigen Session-Leuten.
Auch 1957 zeigte sich für Elvis und den Colonel, daß es keine Grenzen gab, die man nicht hätte überschreiten können, wenn man Geld als das alleinige Erfolgskriterium nimmt. Das hatte Parker getan, weil er ohnehin nur in dieser Kathegorie dachte. Der am 2. September 1956 im Radio Recorders Studio in Hollywood produzierte Titel ‚Too Much' war im Januar auf den US-Markt gekommen (mit ‚Playing For Keeps' als B-Seite) und wurde bereits Mitte Februar auf dem ersten Hitparaden-Platz notiert. ‚All Shook Up' (veröffentlicht im März 1957), ‚Teddy Bear' (Juni 1957), ‚Jailhouse Rock' (September 1957) und ‚Don't' (veröffentlicht im Dezember 1957) waren alle auf Platz Nummer eins gekommen. Im Juli, August und September des Jahres hatten amerikanische Kaufhäuser Tausende mit Elvis-Autogramm bedruckte Teddybären verkauft. Außerdem gab es bald über siebzig andere Produkte, die unter dem Zeichen ‚Elvis Presley' auf den Markt geworfen

wurden. Der echte Elvis-Fan konnte morgens sein Elvis-T-Shirt in seine original Elvis-Hose stopfen, seine Elvis-Socken anziehen, dann die Elvis-Schuhe, sich schnell ein Elvis-Taschentuch einstecken und dann zur Schule gehen. Dort angekommen tauschte er ein paar Elvis-Kaugummi-Bilder gegen Szenen-Photos aus Filmen, notierte sich dann die Mathematik-Aufgaben in ein Elvis-Schreibheft und schrieb in der Geschichtsstunde mit seinem Elvis-Kugelschreiber einen Liebesbrief an eine Elvis-Verehrerin. Oben auf dem Briefpapier prangte links in der Ecke ein lachender Elvis, unten stand am Briefrand eingedruckt: Happiness is being an Elvis-Fan! An all diesen Elvis-Produkten verdienten der Star und der Colonel zwischen 5 und 15 Prozent vom Verkaufspreis.
Im Sommer 1957 konnte Tom Parker für fünf 30-Minuten-Auftritte seines Sängers über 147 000 Dollar Einnahmen verbuchen. In Los Angeles rechneten die Kassen für zwei Elvis-Konzerte 56 000 Dollar ab. Und wenn ein Fernsehproduzent bei Parker anfragte, wieviel ein neuer Elvis-Auftritt in einer TV-Show kostete, sagte der Colonel kaltlächelnd: „150 000 Dollar."
Der überdimensionale Erfolg Elvis Presleys gab ihm recht.

Friedberg in Hessen

Vier Tage vor seinem 22. Geburtstag meldete sich Elvis Presley im Kennedy-Veterans-Hospital in Memphis, um die medizinische Untersuchung zur Musterung über sich ergehen zu lassen. Der behandelnde Arzt Dr. Leonard Klick hielt ihn für tauglich, Soldat in der Armee der Vereinigten Staaten zu werden. Damit war aber keineswegs auch sicher, ob Elvis Presley auch zum Militärdienst gezogen würde. Dieser hatte kaum Zeit über ein eventuelles Soldatenleben auf Zeit nachzudenken, denn direkt nach der Untersuchung bestieg er mit Freunden, Leibwächtern und Mitarbeitern den Zug nach New York, wo er am 6. Januar seinen dritten und letzten Auftritt in der CBS-TV Show von Ed Sullivan hatte.

Doch am 20. Dezember des gleichen Jahres, Elvis hatte sich gerade nach Memphis begeben, um in seinem Hause Graceland mit seinen Eltern und Verwandten Weihnachten zu feiern, erhielt er einen Brief des Wehrdienst-Ausschusses, in dem ihm mitgeteilt wurde, er würde am 20. Januar 1958 eingezogen und hätte sich deshalb an diesem Tag bei der Einberufungs-Stelle in Memphis in der South Main Street Nr. 198 im Raum 215 um 07.45 Uhr zu melden. Da die Konzeption und die Drehtermine für den vierten Elvis Presley-Film ‚King Creole' schon feststanden, die Vorbereitungen schon über 350 000 Dollar gekostet hatten, und Elvis am 22. Januar in Hollywood zum Drehbeginn erscheinen sollte, informierte Elvis telephonisch Colonel Parker. Dieser sprach mit den Verantwortlichen der Paramount Filmgesellschaft, die den Elvis Film produzieren wollte. Auf deren Bitte, den Einberufungstermin um acht Wochen zu verschieben, antwortete der Wehrdienst-Ausschuß, Elvis Presley habe sich selbst mit ihnen in Verbindung zu setzen. Zwei Tage vor Weihnachten schrieb Elvis in seinem Haus in Whitehaven einen Brief an die Militärbehörde. Dann feierte er mit seiner Familie das Weihnachtsfest. Der Tannenbaum war mit bunten Kugeln und elektrischen Christbaumkerzen dekoriert und mit einer zentimeterdicken Kunstschneeschicht bedeckt.

Nachdem der Wehrdienst-Ausschuß am 27. Dezember 1957 eine Sondersitzung abgehalten hatte, erhielt Elvis Presley die Mitteilung, man habe seine Einberufung auf den 20. März 1958 verschoben. Elvis konnte pünktlich mit den Dreharbeiten zu ‚King Creole' in Hollywood und New Orleans beginnen, die dann doch vier Tage länger dauerten, als vorgesehen war.
Am 24. März 1958, der Film war abgedreht und der Produzent Hal Wallis mit dem Ergebnis zufrieden, meldete sich Elvis Presley um 06.35 Uhr in Memphis bei der Einberufungs-Stelle. Er wurde von seinen Eltern, von Colonel Parker und einigen Freunden begleitet. Vor dem Haus warteten bereits über vierzig Journalisten und Photographen. Es war ein außergewöhnliches Ereignis: der Mann, der wie kein Zweiter, den Rock 'n' Roll verkörperte, der innerhalb von nur zweieinhalb Jahren zum weltweiten Idol der Jugend geworden war, der Platten wie Hot Dogs verkaufte, in zwei Jahren bereits vier Filme gedreht hatte und der zum Markenartikel einer immens expandierenden Millionen-Industrie geworden war, er sollte nun einen zweijährigen Militärdienst absolvieren. Ganz Amerika hatte die Karriere des Rock-Sängers verfolgt, Stellung bezogen und erhoffte oder befürchtete nun den möglichen Abschied für immer. In tausenden von Briefen, Karten und Telephonanrufen hatten Amerikaner jeden Alters den Wehrdienst-Ausschuß bombardiert, um ihre Meinung mitzuteilen. Einerseits beschwerten sich Elvis-Fans, es sei unmöglich, Elvis überhaupt einzuberufen, andererseits meinten Veteranen-Verbände und die ‚American Legionnaires', was für jeden amerikanischen Jungen selbstverständlich sei, würde auch dem ehemaligen Lastwagenfahrer aus Memphis gut tun. Viele hofften, bei der Armee würde der Sänger mit den vulgären Bewegungen mal anständiges Benehmen lernen, und man würde ihm die Haare schneiden.
Während Elvis Presley sich im Büro des Wehrdienst-Ausschusses zur Stelle meldete, nutzte Parker die Gelegenheit und verteilte an die Reporter Luftballons mit aufgedruckten Hinweisen auf den neuen Elvis-Film ‚King Creole'. Elvis mußte einige Fragebogen ausfüllen, wurde getestet und am Nach-

mittag als Soldat US 53310761 vereidigt. Vorbei war die Zeit des Rock-Sängers Elvis Presley, nun war er ein einfacher Soldat mit einem Monatssalär von 78 Dollar. 1957/58 schätzte man die monatlichen Einnahmen, die Elvis durch Konzerte, Plattenverkäufe und aus anderen Aktivitäten erhielt, auf ungefähr 100 000 Dollar pro Monat. Den Steuerverlust der Vereinigten Staaten von Amerika an ihrem Bürger Elvis Presley in den Jahren 1958/59 bis Anfang 1960 schätzen Wirtschaftsprüfer auf weit über 1,2 Millionen Dollar. Kaum war Elvis Soldat, notierte die RCA erneut hohe Verkaufszahlen auch für ältere Presley-Platten, und der Colonel, der durch die eigene Firma Roadshow Merchandise Elvis-T-Shirts, Elvis-Lippenstifte, Elvis-Briefpapier und unzählige andere Fan-Artikel produzieren und verkaufen ließ, freuten sich über die hohen Umsätze.
Überraschenderweise begannen nun die Kritiker und die Verbände, die Organisationen und Frauenvereine, die Elvis Presley wegen seiner obszönen Bewegungen jahrelang attackiert hatten, umzuschwenken. Man war von der Selbstverständlichkeit beeindruckt, mit der Elvis den Militärdienst akzeptiert hatte. Nicht wie vor ihm viele andere, bei weitem unbekanntere Sänger und Schauspieler, hatte er sich gedrückt, vielmehr war er seiner patriotischen Pflicht nachgekommen, dem Vaterland zu dienen. Dies war in der Blütezeit des ‚kalten Krieges', als der reaktionäre Politiker McCarthy mit seiner Hetze gegen angebliche Kommunisten eine besonders gute Resonanz in der Öffentlichkeit fand, ein höchst ehrbares Verhalten.

Nachdem sich das Ansehen des früheren Rock-Sängers bei der älteren Generation so plötzlich gebessert hatte, überraschte ein neuer Platten-Boom die Elvis-Fans. Doch diesmal waren es nicht neue Veröffentlichungen des Sängers, sondern Produktionen, die Elvis Presley zum Thema hatten. Innerhalb weniger Monate kamen viele Singles auf den Markt, auf denen unbekannte Interpreten über Elvis sangen. Sie hofften damit, von der Popularität des großen Stars zu profitieren. Ein Titel hieß ‚Dear 53310761' und bezog sich auf Elvis' Soldaten-Nummer. ‚By By Elvis' sang einer zum Abschied. ‚I

Wanna Be Your Sarge In The Army' bat ein junges Mädchen. Während Elvis' verflossene Freundin Anita Wood mit dem beziehungsreichen Single-Titel ‚Elvis — I'll Wait Forever' als Sängerin reüssierte, nahm der Musiker Bill Parson eine Platte auf, die ‚All American Boy' hieß. Dieser Titel war eine Prophetie, die 10 Jahre später Realität werden sollte. Heute verkörpert Elvis Presley Amerika so erschreckend perfekt, daß sicher nicht nur rote und weiße, sondern auch blaue Blutkörperchen in seinen Adern fließen.

Während Elvis noch seine Grundausbildung in Fort Hood in Texas absolvierte, erkrankte seine Mutter Gladys schwer an einer Leberentzündung. Sie hatte nie den plötzlichen Reichtum und die Beliebtheit ihres Sohnes verkraften können. Zuerst begann sie mit der Einnahme großer Mengen Schlankheits-Dragées, dann hatte sie angefangen zu trinken. Im Methodist Hospital in Memphis versuchten die Ärzte erfolglos, die Hepatitis zu bekämpfen. Am 14. August 1958 starb Gladys Presley, geborene Smith, im Krankenzimmer Nr. 688 im Alter von 46 Jahren an Herzversagen. Unter der Anteilnahme von über 3 000 Trauergästen, weiterhin waren 400 geladene Freunde und Verwandte erschienen, unter dem Schutz von 65 Polizeibeamten und aufmerksam beobachtet und photographiert von unzähligen Reportern und Journalisten wurde ihr Leichnam auf dem Forest-Hill-Friedhof in Memphis beigesetzt. Die extra eingeflogene Gospel-Gruppe ‚The Blackwood Brothers', mit denen Elvis früher zusammen gesungen hatte, intonierte die Lieblingslieder der Verstorbenen: ‚Rock Of Ages' und ‚Precious Memories'. Die Totenrede hielt Reverend James E. Hamill.

Am 19. September fuhr Elvis Presley mit einem Militär-Transportzug nach Brooklyn, von wo er per Schiff nach Deutschland geschickt werden sollte. Am 22. September, kurz vor der Abfahrt des Schiffes nach Bremerhaven, gab Elvis seine letzte Pressekonferenz. Die RCA schnitt die Fragen der Journalisten und die Antworten ihres Künstlers mit, um das harmlos-freundliche Interview später als EP unter dem Titel ‚Elvis Sails' (RCA EPA 4325 war die Original-Bestellnummer) zu veröffentlichen. Am 1. Oktober legte der

Truppentransporter ‚USS General Randall' am Pier in Bremerhaven an; an Bord war der einfache Soldat Elvis Presley, am Kai standen gut dreihundert deutsche Fans, um ihn zu empfangen.
In der Bundesrepublik diente Elvis in seiner Einheit, die zur dritten US-Division gehört, als Jeep-Fahrer und war in Friedberg bei Frankfurt stationiert. Elvis hatte seinen Vater, seine Großmutter Minnie und seine beiden mit nach Deutschland gebrachten Freunde Cliff Gleaves, Lamar Fike (später stieß noch Robert ‚Fred' West dazu, der zu den drei ehemaligen Elvis-Mitarbeitern gehört, die im September 1976 amerikanischen Verlagen das Angebot unterbreiteten, für 2,5 Millionen Dollar Despektierliches aus dem Privatleben des Rock-Exzentrikers zu berichten) zuerst in Bad Nauheim im exklusiven Ritter's Park Hotel untergebracht, wenig später aber, nach einigen chaotischen Szenen in der Nobel-Herberge, schnell ein Haus in der Goethestraße Nr. 14 gemietet.
Auch in Deutschland konnte sich der Rock-Sänger über mangelndes Interesse seiner Fans nicht beklagen. Vor dem Haus in Bad Nauheim und vor dem Eingang zur Kaserne in Friedberg standen die Teens oft stundenlang in der Hoffnung, einen Blick auf ihr Idol werfen zu können. Elvis Presley war schon lange ein internationaler Star, seine Popularität beschränkte sich nicht mehr allein auf die USA, auch in jedem westlichen Land wurde ständig über ihn berichtet. In Deutschland schossen die Fan-Clubs wie Pilze aus dem Boden. Heute gibt es immer noch ein paar letzte Aufrechte, die das Elvis-Fähnlein hochhalten: Hans-Werner Rohde in Göttingen, Jochen Dix in Saarbrücken und Kurt Fröber in Nürnberg.
Für den Ostblock war Elvis schon vor seiner Militärzeit eine gute Zielscheibe der Kritik. Aber nun war er sogar Soldat geworden und rückte bis zum eisernen Vorhang vor. Bisher hatte man Elvis nur als Dokument der westlichen Dekadenz entlarvt, jetzt entdeckte die DDR-Zeitung ‚Neues Deutschland', er sei ‚eine Waffe des kalten Krieges'.

Folgerichtig zog Elvis bald mit dem 32. Panzer-Bataillon nach Grafenwöhr ins Manöver. Colonel Parker hingegen hatte andere Dinge zu tun. In seinen Büros in Madison, Tennessee, und Culver City, Californien, arbeitete er daran, zwei Probleme zu lösen: erstens war nicht allzuviel Elvis-Material vorhanden, was man auf Platte veröffentlichen konnte, zweitens gab es keine Möglichkeit, während Elvis in der BRD seinen Militärdienst absolvierte, neues Material aufzunehmen.

Viele Kritiker vertraten die Ansicht, nun — nach der Einberufung — sei es mit dem Rock-Sänger Elvis Presley vorbei. Eine zweijährige Militärzeit in einem anderen Land, so weit von seinen amerikanischen Fans entfernt, könnte auch das größte Pop-Idol nicht überleben. Die Karriere des Hüftenwacklers sei zu Ende. Und viele Zeitungen, die sich immer noch nicht mit der neuen Musik und dem neuen Selbstverständnis der Jugend abgefunden hatten, beklatschten das begeistert. Doch Colonel Parker hatte in jungen Jahren auf den Jahrmärkten und Rummelplätzen schnell genug lernen müssen, wie man auch in schlechteren Zeiten durchkommt. Er begann, für seinen Schützling die Werbetrommel wie nie zuvor zu rühren. Im Oktober 1958 verkündete er, Elvis hätte allein in den letzten 10 Monten über 2 Millionen Dollar verdient. ‚Selbstverständlich', so fügte er hinzu, ‚wird das im nächsten Jahr noch besser!' Die RCA veröffentlichte bis zur Rückkehr ihres erfolgreichsten Plattenverkäufers alles, was noch an Elvis-Bändern in den Archiven lag. Dazu gehörten auch Aufnahmen, die Sam C. Phillips für sein Sun-Label produziert hatte. Veröffentlicht hatte er nichts davon, da ihm die Qualität der Einspielungen nicht gut genug erschien. Da Sam aber 1955/56 beim Firmenwechsel Elvis Presleys einen Großteil alter Bänder des Sängers an die RCA weitergereicht hatte, nutzte diese die Möglichkeit und brachte auch alte Sun-Titel auf den Markt.

Was viele Insider der Musik-Industrie nie für möglich gehalten hatten geschah: das Interesse an Elvis Presley flaute nicht ab. Obwohl der Star keine ‚live' Auftritte absolvieren konnte, keine neuen Filme mehr zu erwarten waren und die Platten in immer größeren Abständen veröffentlicht wurden, blieben die Fans ihm treu. Elvis erhielt jede Woche bis zu 10 000 Briefe und Karten. Der größte Teil kam aus den USA; manche waren an ‚General Elvis' adressiert, auf anderen stand einfach ‚Elvis, US-Army'. Alle kamen an. Parker versorgte unterdessen die amerikanische Presse ständig mit Informationen und kleinen Geschichten über das Militärleben des Sängers in Deutschland. Genau verfolgt wurden die diversen amourösen Affären, die Elvis mal in München mit Vera Tschechowa (er soll bei ihr zum ersten Mal ernsthafte Heiratsgedanken geäußert haben), mal in Frankfurt mit Margit Bürgin hatte. Im März 1959 annoncierte Tom Parker, eine ‚Welcome Home Party' seines Jungen, die über Kabelfernsehen in über 100 amerikanischen Groß-Städten gezeigt werden sollte, etwas später hieß es aus Parkers Büro, Elvis würde in Zukunft alljährlich für 100 000 Dollar pro Sendung eine eigene Fernseh-Show bekommen. Doch auch diese Meldungen waren zu Parkers PR-Aktionen zu zählen, und stellten sich als völlig unzutreffend heraus. Am 1. Juni erhielten die Presseagenturen in aller Welt endlich eine authentische Information über Elvis Presley: er war zum ‚specialist fourth class' befördert worden, und sein Sold wurde von 78 Dollar auf 135,50 Dollar erhöht. Elvis Presley war als Soldat ebenso mustergültig in seinem Verhalten, wie er als Rock-Sänger in seinen vehementen Shows aggressiv war. Alle Vorgesetzten in seiner Einheit wußten nur Angenehmes über ihn zu berichten.

In seiner Freizeit vergnügte er sich auf harmlose Weise: per Taxi fuhr er mit einigen Freunden für zwei Tage nach Paris, wo er das berühmte Lido besuchte. Trotz der Bitte des Conférenciers, der ihn erkannte und begrüßte, ging Elvis nicht auf die Bühne, sondern blieb bei seinem Tomatensaft sitzen, um die langbeinigen Mädchen zu bewundern; in München nutzte er einen Besuch bei Vera Tschechowa, um das Hofbräuhaus zu sehen und Bierkrüge zu kaufen. In Frankfurt am Main soll er, so erzählt noch heute die Wirtin Karin, in einer Kneipe mit dem schönen Namen Krawallschachtel, Korn aus Suppenlöffeln getrunken haben, um dann zu vorgerückter Stunde selig sein Lied ‚Loving You' zu intonieren.

In den USA konzentrierte sich der Zorn der Etablierten über die Rock-Musik auf andere Sänger. Jerry Lee Lewis, der 1957 mit ‚Crazy Arms' seinen ersten Hit auf dem Sun-Label hatte, litt am meisten darunter. In den Augen der Erwachsenen war er ein Teufel. Jedes seiner Konzerte endete mit einem Tumult, bei seinen Auftritten gebärdete er sich wie der Leibhaftige selbst und schreckte auch nicht davor zurück, mitten im Konzert den Flügel mit Benzin zu übergießen und anzuzünden. Dann heiratete er beim dritten Mal eine 13-jährige. Das war zuviel! Die konservativen Zeitungen beschimpften ihn als ‚Kinderräuber' und die Frauenvereine hätten ihn am liebsten des Landes verwiesen. Pat Boone hatte es da besser. Er galt mit seinen antiseptischen Pop-Songs bei den Erwachsenen als Musterbeispiel eines netten jungen Mannes. Kein Wunder: bei Kuß-Szenen in seinen seichten Filmen mußte seine Frau als Double einspringen, und später profilierte er sich dadurch, daß er seine Antipathie gegen Angela Davis, den Kommunismus und Homosexuelle kundtat.

Mitte Januar 1960, Elvis Presley war gerade in seiner Armee-Einheit in Friedberg in Hessen zum Sergeant befördert worden, begann Tom Parker in einer ausgefeilten, groß angelegten PR-Kampagne, die Welt auf die Rückkehr des Kings ins Show Business vorzubereiten. Artikel erschienen in fast allen amerikanischen Zeitschriften, alte Elvis-Filme (bis zu seiner Einberufung hatte er vier Stück gedreht) wurden wieder gezeigt, so ‚Jailhouse Rock' in über 200 US-Kinos, und vor allem die mit der RCA verflochtenen Rundfunk-Stationen sendeten ‚The Return Of Elvis Presley'.
Nach einer letzten Good Bye-Party in seinem Haus in Bad Nauheim packte Elvis in der Kaserne seine wenigen Sachen zusammen, während Vater Vernon, Oma Minnie und einige Elvis-Freunde, die später zur ‚Memphis Mafia' des King gehörten, in der Goethestraße unzählige Kisten versandfertig machten. Am 2. März fuhr Elvis nach Frankfurt. Begleitet wurde er von der vierzehnjährigen Priscilla, Tochter des US-Air-Force-Captain Beaulieu, der in Wiesbaden stationiert war. Die Rhine-Main-Air-Base liegt direkt neben

dem großen, internationalen Frankfurter Flughafen. Auf diesem US-Flugplatz bestieg Elvis Presley, nachdem er sich von seinen Freunden und besonders von Priscilla verabschiedet hatte, eine Militärmaschine, die von Frankfurt über Prestwick nach New Jersey flog. Prestwick war in den fünfziger und sechziger Jahren ein kleiner aber wichtiger Flugplatz in Schottland, in der Nähe von Glasgow. Die Amerikaner benutzten diesen Flughafen in dieser Zeit zur Zwischenlandung und zum Auftanken, solange sie noch Propeller-Maschinen einsetzten, die auf Grund ihres geringen Radius die Flüge zwischen den USA und Europa oder umgekehrt nicht ohne Zwischen-Stop bewältigen konnten. Am Eingang zum Prestwick-Flugplatz warteten einige englische und schottische Fans, die gehört hatten, daß Elvis eine etwa eineinhalbstündige Pause auf seiner Rückreise nach Hause einlegen würde. Als Elvis aus der Maschine ausstieg, wurde er mit freudigen Rufen begrüßt.

Es war das einzige Mal, daß Elvis Presley in Großbritannien war. Aber nicht in England sondern in Schottland, was die patriotischen englischen Fans besonders betrüben mußte. Von dieser Kurz-Visite, die ihr Idol noch dazu unfreiwillig absolvierte, zehren die Fans in Großbritannien noch heute. ‚The Official Elvis Presley Fan Club Of Great Britan', wie der von Todd Slaughter in Leicester geleitete Club heißt, gilt als einer der aktivsten und rührigsten Elvis-Fan-Clubs in der Welt. Am 3. März 1960 landete das viermotorige Propeller-Flugzeug auf der McGuire Air Base unweit von Fort Dix, New Jersey. Elvis Presley stand wieder auf amerikanischem Boden. Es war 6.30 Uhr und auf den Photos der anwesenden Photographen kann man sehen, daß an diesem Tag ein dichtes Schneegestöber herrschte. Elvis gab direkt nach der Landung seine erste Presse-Konferenz, die — wie könnte es anders sein — von Colonel Parker geleitet wurde. Der hatte noch kurz vorher versucht, die exklusiven Photorechte für 25 000 Dollar an die Illustrierte ‚Life' (inzwischen wurde dieses Millionen-Blatt eingestellt) zu verkaufen. Doch der war der Preis zu hoch, sie lehnte ab. Parker ließ daraufhin alle Photographen zu. Am 5. März wurde Elvis Presley, neunzehn Tage früher als es sein Einberufungs-Schein vorschrieb, in Ehren aus der US Armee entlassen.

Filme wie Ansichtskarten.

Am 7. 3. 1960 traf Elvis Presley mit dem Zug in Memphis ein. Schon auf der Fahrt von New Jersey in den Süden der Vereinigten Staaten hatten ihm bei jedem Zwischen-Stop hunderte von Fans zugejubelt. Parkers Promotion-Aktivitäten machten sich bezahlt. Wer geglaubt oder gehofft hatte, Elvis Presley sei nach zweijähriger Armeezeit in Europa bei seiner Rückkehr längst vergessen, der sah sich getäuscht. Und die ‚New York Times' stellte bedauernd fest: ‚Daß Elvis Presley seinen Militärdienst beendet hat, ist eines der unangenehmsten Ereignisse seit der Erfindung des Juck-Pulvers!' Der Empfang in Memphis war ein Triumphzug für den Ex-Soldaten und Ex-Rock-Sänger: der verlorene Sohn kehrte endlich nach Hause zurück!

Schon am 20. März war Elvis zu seiner ersten Schallplatten-Session in den RCA-Studios in Nashville. Sowohl die Plattenfirma als auch Colonel Parker hatten darauf gedrängt, schnellstmöglich neues Material aufzunehmen. Der Gitarrist Scotty Moore war wieder mit dabei; man hatte ihn speziell für diese Session wieder engagiert. Bill Black, der ehemalige Bassist aus Elvis' Sun-Zeit hatte inzwischen mit seiner eigenen Formation sehr viel Erfolg und einige Hits in den Charts, und konnte deshalb nicht gewonnen werden. Die Bill Black Combo wurde später mit Hits wie ‚Blue Tango', ‚Hearts Of Stone', ‚Smokie' und ‚White Silver Sands' die erfolgreichste Instrumental-Gruppe in den USA. Die meisten ihrer Platten erreichten hohe Positionen in den Hitparaden. Noch am ersten Tag nahm Elvis Presley ‚Make Me Know It' und ‚Soldier Boy' auf, einen Tag später ‚Stuck On You', ‚Fame And Fortune', ‚A Mess Of Blues' und ‚It Feels So Right'. Am Schlagzeug saß sein alter Drummer D. J. Fontana, am Klavier Floyd Cramer und die Vocal-Unterstützung erhielt Elvis von den Jordanaires. Es war die erste Session, die in Stereo aufgenommen wurde.

Das Glanzlicht der Parker'schen Aktivitäten zur Rückkehr seines Schützlings sollte ein neuer Auftritt in einer Fernseh-Show werden. Ein glücklicher Umstand für den Colonel war, daß der große Star des amerikanischen Show Business, Frank Sinatra, einen Vertrag über vier Fernseh-Shows unterzeichnet hatte, die sich als wenig erfolgreich herausgestellt hatten. Zumindest bis zur dritten Show hatte Sinatra noch nicht bewiesen, daß er auch über das Medium Fernsehen seine Ausstrahlung zur Geltung bringen konnte. Die Einschaltquoten der ersten Shows, deren Sponsor der Uhrenhersteller Timex war, waren äußerst niedrig. Dies beeinträchtigte nicht nur die Karriere Frank Sinatras, es verletzte auch seinen Stolz erheblich. Die Rückkehr des ehemaligen Rock-Sängers Elvis Presley und die euphorischen Reaktionen in der Öffentlichkeit darauf, ließen Sinatra vermuten, mit Elvis als Gast in seiner letzten Show könne er die gewünschte hohe Einschaltquote erlangen. Es begannen mühsame Verhandlungen mit Colonel Parker. Der hatte nicht vergessen, was Frankie-Boy noch 1957 gesagt hatte: ‚Rock 'n' Roll sei viel zu laut und unmelodisch, und werde nur von schwachsinnigen Typen gespielt und gesungen!' Da Parker wußte, daß zur vierten Frank Sinatra-Show schon so prominente Gäste wie Joey Bishop und Sammy Davis, Jr. geladen und engagiert worden waren, folgerte er, daß die besondere Attraktion Elvis Presley die hohe Einschaltquote garantieren sollte. Dementsprechend war Parkers Gagen-Forderung: 125 000 Dollar. Die Auftrittsdauer wurde auf drei Titel festgelegt. Außerdem verlangte Parker eine entsprechende Ankündigung des ersten TV-Auftrittes seines Schützlings nach dessen Militärzeit. Frank Sinatra, so berichtete später der Produzent der Show, Sammy Cahn, war sauer, doch er sagte zu. Die Fernseh-Show, die als ‚Welcome Elvis Special' angekündigt worden war, wurde wenige Tage nach Elvis' erster RCA-Session in Nashville im Fontainebleau Hotel in Miami, Florida, aufgezeichnet und am 12. Mai 1960 im US-Fernsehen ausgestrahlt. Frank Sinatra brachte die Show den gewünschten Erfolg. Die Show erreichte eine Einschaltquote von 41,5 und lag damit um 20 Punkte über der Ernie Ford Show am gleichen Abend, die die CBS, mit Johnny Cash als Gast, auf dem Konkurrenz-Kanal ausstrahlte. Für Elvis Presley und Thomas A. Parker brachte sie einen anderen Rekord: noch nie war für einen Fernsehauftritt eine so hohe Summe bezahlt worden. Elvis hatte ganze acht Minuten vor den Kameras ge-

standen. Nur einem Vergleich mit Frank Sinatra und Sammy Davis, Jr. hielt er noch nicht stand. Die Kritiken waren vernichtend; stellvertretend für viele andere Publikationen sei hier die ‚New York Times' zitiert, die über Elvis Presleys Auftritt schrieb: ‚Es war einfach schrecklich!'
Nachdem Elvis am 3. und 4. April in Nashville zwölf neue Titel aufgenommen hatte, konnte die RCA schon kurze Zeit später endlich wieder ein Elvis Album mit neuen Stücken auf den Markt bringen. Die LP hieß ‚Elvis Is Back' und wurde — wie konnte es anders sein — ein großer Verkaufserfolg. Die erste Single, die RCA veröffentlichte, war ‚Stuck On You', B-Seite: ‚Fame And Fortune', und ‚Billboard' notierte sie bald als Nummer eins in der Hitparade.
Im Oktober 1960 wurde mit ‚G. I. Blues' der fünfte Elvis-Presley-Film herausgebracht. Über 500 Kinos in den Vereinigten Staaten zeigten diesen Paramount-Streifen gleichzeitig; so groß war die Nachfrage. Prompt wurde es auch einer der lukrativsten Filme für Elvis, den Colonel und die Paramount. Bis zum Ende des Jahres hatte ‚G. I. Blues' allein in den USA und Kanada über 4,3 Millionen Dollar eingespielt. Dies bewies, daß Elvis nicht nur als Sänger, sondern auch als Filmschauspieler die Massen bewegte, und Tom Parker erkannte folgerichtig im Film-Geschäft die größten Gewinnmöglichkeiten.

Nachdem in der ersten Juli-Woche 1960 von der RCA die zweite Elvis-Presley-Single nach der Militärzeit veröffentlicht worden war, konnte sich die Platte, Titel der A-Seite: ‚It's Now Or Never', B-Seite: ‚Mess Of Blues', schnell in den Charts placieren. Fünf Wochen lang blieb die Single auf Platz Nummer eins und war im Oktober, als ‚G. I. Blues' in die Kinos kam, immer noch in den ‚top 100'. ‚It's Now Or Never', dessen Melodie auf der Uralt-Schnulze ‚O Sole Mio' basiert, wurde die erfolgreichste Elvis-Platte; bis heute verkaufte die RCA über 21 Millionen Exemplare. Damit steht diese Platte auf Platz drei der meistverkauften Singles, nur noch von ‚Rock Around The Clock' des dicklichen Bill Hailey und von Bing Crosby's

‚White Christmas' (auch Elvis konnte es nicht lassen und nahm diese Weihnachts-Schnulze am 6. September 1957 im Radio Recorders's Studio in Hollywood auf) übertrumpft. Die Musikzeitschrift ‚Billboard' wählte ‚It's Now Or Never' zur ‚Gesangsplatte des Jahres', außerdem erhielt Elvis, unter anderem für diesen Song, fünf Grammies. Der Grammy, eine Auszeichnung der Musikindustrie, ist vergleichbar mit dem Oskar, der höchsten Ehrung der Filmbranche; trotz seiner 33 Filme hat Elvis ihn nie bekommen.

Am 25. Februar 1961, der im Dezember 1960 rechtzeitig zu den Weihnachts-Schulferien veröffentlichte Elvis-Film ‚Flaming Star' lief immer noch mit einigem Erfolg in den amerikanischen Kinos, absolvierte Elvis Presley zwei ‚live' Auftritte für ein Wohltätigkeitskonzert im Ellis-Auditorium in seiner Heimatstadt Memphis. Die 5 500 Plätze des Konzert-Saales waren fast vollständig ausverkauft, und zusammen mit dem Erlös eines aufwendigen Essens im Claridge Hotel, ergab sich eine Summe von über 54 000 Dollar.

‚Wir müssen unsere Kinder vor Elvis schützen', hatte 1956 noch die Parent Teachers' Association (PTA), eine Art Eltern-Lehrer-Verband, gewarnt. Doch schon bei Elvis' Einberufung zur Armee lobte der Gouverneur von Tennessee sein Pflichtbewußtsein: ‚Du hast bewiesen, daß Du in erster Linie ein Bürger unseres Landes bist, ein Sohn von Tennessee und ein junger Mann, der bereit ist, seinem Vaterland zu dienen!' Nachdem Elvis sich dann vom 24. März 1958 bis 5. März 1960 als guter Soldat und in seiner Einheit in Deutschland als ordentlicher Amerikaner gezeigt hatte, wurde er eingeladen, am 8. März 1961 vor dem Landtag von Tennessee zu sprechen. Senator Lewis Taliafero hatte ihn dorthin gebeten, nachdem in dem hohen Hause eine Resolution verabschiedet worden war, in der Elvis seiner Verdienste um Memphis und um den Staat Tennessee wegen gewürdigt wurde. Elvis Presleys Rede war kurz und wenig interessant. Höflich bedankte er sich für die ihm entgegengebrachte Ehre und bestätigte, daß er gedenke, auch weiterhin in

Memphis zu wohnen und nicht nach Hollywood umzuziehen. Dies war eine sehr erfreuliche Information für die Politiker, denn somit verblieb ein Großteil der Elvis'schen Steuern dem Lande Tennessee.
Zwei Wochen später flog Elvis nach Honolulu, Hawaii. In Pearl Harbor gab er zwei ‚Arizona Memorial Concerts', um ein Mahnmal für das von den Japanern im zweiten Weltkrieg versenkte US-Schlachtschiff ‚U. S. S. Arizona' zu finanzieren. Die beiden Konzerte am 25. und 26. März 1961 waren Elvis Presleys letzte ‚live' Auftritte bis 1969, wenn man die NBC-Aufzeichnungen vom 27. und 28. Juni 1968 für die vom Nähmaschinen-Konzern Singer finanzierte Elvis-Presley-Show nicht mitzählt. — Erst am 31. Juli 1969 betrat Elvis im Showroom des International Hotel in Las Vegas wieder eine Bühne, um für ein zahlendes Publikum zu singen. — Nach den beiden Auftritten in Hawaii begann Elvis mit den Dreharbeiten für die Hal Wallis Produktion ‚Blue Hawaii'. Dieser Film, der im November 1961 in die amerikanischen Kinos kam und einer der größten Kassenerfolge für Elvis und den Colonel werden sollte, wurde allein in den USA in über 530 Kinos gleichzeitig gezeigt und spielte bis zum Frühjahr 1962 schon über 4,7 Millionen Dollar ein. Der Erlös aus dem von der RCA im Oktober 1961 veröffentlichten gleichnamigen Album, das 14 teils seichte, teils peinliche Lieder enthielt, betrug weit über 5 Millionen Dollar. Mit so hohen Gewinnen hatten auch die Optimistischten in der Film-Branche nicht gerechnet. Thomas A. Parker war erfreut, denn sein Schützling war zusätzlich zur Gage von einer Million noch mit 50 Prozent an den Einspieleinnahmen beteiligt, wovon er natürlich auch profitierte.
Vor seiner Militärzeit hatte Elvis Presley vier Filme gedreht, der letzte, ‚King Creole', wurde erst wenige Tage vor seiner Einberufung fertiggestellt. Nach der Entlassung aus der Armee spielte Elvis zwischen 1960 und 1972 in weiteren 29 Filmen. Mit Ausnahme von zwei Filmen, die einen pseudo-dokumentarischen Stil hatten und Elvis auf der Bühne und privat zeigen sollten, waren alle anderen grellbunte, oft gequält humoristische Unterhaltungs-

streifen von niedrigstem Niveau. Ein Großteil davon wurde nie deutschsprachig synchronisiert und selbst in Großbritannien, dem Lande mit der größten Elvis-Fan-Gemeinde außerhalb der Vereinigten Staaten, waren etliche nie in einem Filmtheater zu sehen. Das war gut so, denn manche waren inhaltlich von so minderer Qualität, daß sogar eingefleischte Elvis-Freaks erschreckten. Das gibt zu denken, wenn man weiß, daß bei Elvis-Fan-Club-Treffen viele der alten Schinken immer wieder vorgeführt werden, und die Anhänger freudig Beifall klatschen, wenn ihr oft übergewichtiges Idol aus der Kulisse tritt. Ende der sechziger Jahre waren die Elvis-Filme dann so inhaltslos, langweilig und geschmacklos geworden, daß sie selbst in den USA nur noch in ‚Drive In' Kinos liefen, gekoppelt mit billigen japanischen Horror-Streifen. Elvis-Filme waren zum Kasperletheater für anspruchslose Gemüter degeneriert.

Einzig die Person Elvis Presley machte die Filme anfangs zu Kassenknüllern, denn Elvis hatte, als er 1956 seinen ersten Film ‚Love Me Tender' in Hollywood drehte, schon den Durchbruch zum Rock 'n' Roll-Sänger Nummer eins geschafft. Zwei Monate vor der Veröffentlichung des Filmes hatte die RCA im September 1956 acht Elvis-Presley-Singles gleichzeitig auf den Markt geworfen. Das Erscheinen des neuen Stars in verschiedenen Fernseh-Shows garantierte die höchsten Einschaltquoten, und sein Sex-Appeal begeisterte die Teenager-Generation. Dadurch wurde der Film zum Medium, durch das Elvis seinen Fans gegenwärtig gemacht wurde. Und dies nicht, wie beim Fernsehen oder bei öffentlichen Auftritten, in nur einer Show, sondern mehrmals täglich, Woche für Woche, solange die Begeisterung und die Nachfrage anhielt. Diese waren so groß, daß Elvis-Filme, nicht wie bis dahin bei Neuveröffentlichungen üblich, in 200 Filmtheatern, sondern in 450 bis 530 Kinos simultan veröffentlicht wurden. Von einem Mädchen in New Orleans wird berichtet, daß sie 42 mal hintereinander den gleichen Elvis-Film gesehen hat.

Der erste Rock 'n' Roll-Star war Bill Hailey, der 1954 mit ‚Crazy Man Crazy' reüssierte. Doch 1955, als sein ‚Rock Around The Clock' durch den Film ‚Blackboard Jungle' zum Hit, oder wie die amerikanische Journalistin Lillian Roxon es formuliert hat, ‚zur Marseillaise der Teenager-Revolution' (die dann doch nicht stattfand) wurde, war Bill Hailey, der am 6. Juli 1927 in Highland Park im US-Staat Michigan geboren wurde, schon viel zu alt, um von den Jugendlichen noch als Idol akzeptiert zu werden. Elvis hingegen erfüllte alle Wünsche, die in den Köpfen der Teens geträumt wurden. Er wurde der erste Teenager-Rock-Star. Merkwürdigerweise konnte er seine Ausstrahlung auch im Film halten und über Jahre hinweg konservieren. Dabei waren seine Filme keine Musik-Filme, sondern mehr oder weniger belanglose Unterhaltungsgeschichten. Ein Jahr vor dem ersten Elvis-Melodrama ‚Love Me Tender' wurde mit ‚Rock Around The Clock' der erste Rock'n' Roll-Musikfilm gedreht. Er setzte Akzente; die Jugendlichen entdeckten ihre eigene Welt, verloren einen Teil ihrer Hemmungen und verstanden sich plötzlich als etwas Neues und Kreatives. Die Basis für die Teenager-Kultur war geschaffen. 1956 kam dann mit ‚Außer Rand und Band' (so der deutsche Titel) der erste Musikfilm in die Kinos, in dem auch schwarze Musiker zu sehen waren. Als im gleichen Jahr dann Elvis Presley, dessen Hits ‚Heartbreak Hotel', ‚Hound Dog' oder ‚Love Me Tender' nacheinander die Hitparaden stürmten, um den ersten Platz zu okkupieren, in seinem ersten Film vorgeführt wurde, muß das für viele Fans eine herbe Enttäuschung gewesen sein: es war weder ein Rock-Film, der die wirklichen Zustände der Jugendlichen reflektierte, noch war es ein Musik-Film. Was man da in schwarzweiß sah (noch nicht einmal einen Buntfilm hatte man gedreht), war alles andere als das, was Elvis Presley gemeinhin verkörperte. Immerhin war Elvis Presley 1956 doch das Größte überhaupt, was auf der Szene passierte.

Für viele hatte er endgültig das 20. Jahrhundert eingeläutet. Nur die Filmproduzenten in Hollywood hatten das offenbar noch nicht begriffen, denn was sie dort auf der Leinwand zeigten, war nicht Elvis, sondern eine Attrappe, nicht der Protagonist einer neuen Zeit, sondern spießiges 19. Jahrhundert.

Trotzdem liefen schon die ersten vier Elvis-Filme ,Love Me Tender', ,Loving You', ,Jailhouse Rock' und ,King Creole' ausgezeichnet. Fairerweise muß man sagen, daß der dritte Elvis-Streifen zwar immer noch kitschiges amerikanisches Mittelmaß á la Hollywood war, aber doch einige gute, witzig-ironische Szenen hatte. Film Nummer vier, ,King Creole', zeigte einen Elvis Presley mit leichtem James-Dean-Touch. Sogar die renommierte ,New York Times', die in den ersten Jahren seiner Karriere offen eine Elvis-Antipathie dokumentierte, zeigte sich beeindruckt und bescheinigte dem schauspielernden Sänger, er habe Talent.

Nach der Militärzeit beschloß Colonel Thomas A. Parker, sein Goldjunge habe keine ,live' Auftritte mehr zu absolvieren. Als Ersatz dafür wurden pro Jahr durchschnittlich drei Filmproduktionen eingeplant. Da der Rock 'n' Roll schon seit Anfang der sechziger Jahre nicht mehr so gefragt war, gab es unter den Film-Songs in den Elvis-Streifen folgerichtig auch kein einziges, richtiges Rock-Stück mehr. Erst in ,That's The Way It Is' und in ,Elvis On Tour' sang der etablierte Star wieder seine Hits der fünfziger Jahre. Diese beiden Filme kamen aber erst 1970 und 1972 auf den Markt, zu einem Zeitpunkt, als ,Good Rockin' Tonight' und ,Blue Suede Shoes' aus dem Munde des dicklich werdenden Alt-Rockers für eine neue Generation rock-begeisterter Teens nicht mehr glaubwürdig klang. Zweitklassige Pop-Songs waren es meist, die der Auflockerung der handlungsarmen Elvis-Filme dienten. Die Devise hieß: sing es, wenn Du es nicht unbedingt sagen mußt! Parker, von dem die Idee stammte, seinen Goldjungen (oder sollte man besser Goldesel sagen?) nur noch durch Filme dem Publikum zu offerieren, hatte einen großen Einfluß auf die Produktionen. Zwar ließ er sich in den Verträgen kein Mitspracherecht einräumen, aber durch die Wahl der Produzenten, das Taktieren mit den Bossen der Filmfirmen und durch seine permanente Anwesenheit erreichte der ,zäheste Manager seit Cardinal Richelieu', wie ihn jemand aus seiner näheren Umgebung einmal treffend bezeichnete, daß Elvis Presley in seinen Filmen nahtlos den Übergang vom hüftenwackelnden Rock 'n' Roller zum schnulzenweichen Entertainer ā la Dean Martin vollzog. Im zweiten Teil seiner Karriere avancierte Elvis in kurzer Zeit zum ,all American boy', und seine Filme erzählten die Geschichte der völligen inneren Aufgabe des Mannes, der einst die Inkarnation des Rock 'n' Roll geworden war. Schon in dem Film ,G. I. Blues' klang die Version des klassischen Rock-Songs ,Blue Suede Shoes' (die erste Fassung, sozusagen das Original, hatte Elvis am 30. Januar 1956 im RCA-Studio in New York aufgenommen, die zweite Fassung für den Film, wurde im Juni 1960 in Hollywood eingespielt) mehr nach Tin-Pan-Alley-Musik der vierziger Jahre, als nach Rock 'n' Roll der fünfziger. Völlig richtig kommentierte deshalb der Journalist Jim Powers im Insider-Klatsch- und Informationsblatt ,Hollywood Reporter': ,When they took the boy out of the country, they apparently took the country out of the boy!' Die Lieder, die Elvis in den folgenden Jahren sang, hätten einem Pat Boone auf den Leib geschneidert sein können. Als Schauspieler agierte Elvis Presley noch nichtssagender wie Rock Hudson an der Seite von Doris Day in den faden Fließband-Komödien des Duos.

Dabei wirkten an vielen Elvis Presley-Filmen oft talentierte Filmleute mit. Unter ihnen Norman Taurog und Joe Pasternak. Eward Anhalt zum Beispiel, der das Drehbuch für den elften Presley-Film ,Girls! Girls! Girls!' schrieb, erhielt zwei Jahre danach einen Oscar für sein Drehbuch zu ,Becket'. Trotzdem wurden die Elvis-Streifen von Jahr zu Jahr schneller, nachlässiger und achtloser produziert. Anfangs lagen die Produktionskosten noch zwischen drei und fünf Millionen Dollar pro Film, doch mit ,Kissin' Cousins' im Jahre 1964 änderte sich dies grundlegend. Nach der goldenen Hollywood-Regel war ein Film erfolgreich, wenn er das zweieinhalbfache seiner Produktionskosten eingespielt hatte. Parker folgerte daraus, wenn er die Herstellungskosten senken könne, würde er den Gewinn maximieren. Als der Colonel in den MGM-Studios den Produzenten Sam Katzman traf, war er sicher, den richtigen Mann für sein Konzept gefunden zu haben. Katzman war in der Branche bekannt und gefürchtet als der ‚King of the Quickies'. Er hielt den Rekord, einen Film innerhalb von nur achteinhalb Tagen abgedreht zu haben. Drehbücher waren fast unbekannt bei ihm, und als Katzman begann, mit Elvis ‚Kissin' Cousins' zu drehen, schickte der Colonel das Skript mit der Bemerkung zurück, wenn man seine Meinung oder einen Verbesserungsvorschlag von ihm erwarte, dann koste das 25 000 Dollar extra. Die Film-Story war eine der unbedarftesten und mickrigsten, die man sich vorstellen kann. Elvis spielte eine Doppelrolle: einmal einen jungen Luftwaffen-Offizier (wenigstens im Film erhielt er einen höheren militärischen Rang, bei seiner Einberufung zur Armee waren seine Testergebnisse nicht ausreichend für einen Besuch der Offiziers-Schule), zum anderen den Sohn eines alten Bergbauern. Nach 16 Tagen waren die Dreharbeiten abgeschlossen, und die Gesamtkosten lagen knapp unter 1,3 Millionen Dollar. Die Rechnung des Colonel war aufgegangen. Nun konnte Thomas A. Parker ausrechnen, was er bei diesem und anderen Billig-Filmen verdienen würde.

Für Elvis Presley waren die Zeiten von ‚Good Rockin' Tonight' und ‚Mystery Train' endgültig vorbei. Sein Manager hatte aus ihm einen freundlichen, ordentlichen Durchschnittsamerikaner gemacht: den netten Jungen von nebenan, den Traumsohn jeder Schwiegermutter. Der profilierte amerikanische Cineast und Rock-Kritiker Richard Meltzer charakterisiert die Elvis-Presley-Filme als ‚family entertainment' und nennt Colonel Parker den Pionier dieses Genres. Bezeichnend sind die Unterzeilen, mit denen die Filme angepriesen wurden: ‚Ecstatic romance! Exotic dances! Exciting music! In the world's lushest paradise of song' (‚Blue Hawaii', 1961), ‚It's that ‚Go-Go' guy and that ‚Bye-Bye' gal in the fun capital of the world' (Viva Las Vegas', 1964), ‚Elvis makes the beach a ball' (‚Girl Happy', 1965), ‚1001 swingin' nights as Elvis brings the Big Beat to Bagdad in a riotous, rockin' rollin'

adventure spoof' (Harum Scarum', 1965) oder ,All Elvis breaks loose in the swinging, swaying, luau-ing South Seas' (Paradise Hawaiian Style', 1966).
Tom Parker hatte kaum Interesse an den Drehbüchern, Elvis Presley hingegen, der am Anfang seiner Film-Karriere noch sehr engagiert und interessiert war, hätte sich gerne informiert. Doch bei manchen Produktionen hat er vor Drehbeginn nie ein Skript gesehen. Oft genug wurde er erst kurz vor der Szeneneinstellung über seinen Part aufgeklärt. Den Colonel tangierte das nicht. ,Alles, was wir brauchen', so sagte er, ,sind Songs für ein Album, vom Filme-Machen verstehen wir gar nichts', und sprach dabei im pluralis majestatis. Allerdings war er sehr darauf bedacht, aus Nebensächlichkeiten Profit zu ziehen, aus Kleinigkeiten Ereignisse zu machen, die sich für ihn in Geld messen ließen. Bei den Außenaufnahmen zu ,Blue Hawaii' hatte der Regisseur Norman Taurog noch einen 26-Sekunden-Spot mit Elvis zu schießen. Kameramänner, Techniker und Beleuchter standen bereit und warteten auf das richtige Sonnenlicht. Als es endlich soweit war, und Taurog Elvis das Zeichen gab, platzte Parker mitten in die Szene, um vom Produzenten Hal Wallis 25 000 Dollar Nachzahlung zu fordern. Der Colonel hatte bemerkt, daß sein Schützling seine eigene Armbanduhr in der Szene trug. Dabei hatte Parker im Vertrag mit der Paramount-Filmgesellschaft, für die ,Blue Hawaii' gedreht wurde, festgelegt, Elvis bekäme die gesamte Künstlergarderobe für die Aufnahmen gestellt. Wie Paramount-Mitarbeiter berichtet haben, bekam Colonel Parker die zusätzliche Summe.

In den Jahren zwischen 1960 bis 1968, als Elvis in der NBC-Fernseh-Show eigene Ideen mit Hilfe einiger guter Berater verwirklichte, ist kein Fall bekannt, in dem Elvis Presley den Anweisungen, Vorschlägen oder Kommentaren seines Managers widersprochen hat. Sicher war dies kein Zeichen dafür, daß Elvis immer einer Meinung mit Colonel Parker war, auch kann er nicht immer geglaubt haben, die Entscheidungen Tom Parkers seien gut und richtig, vielmehr dokumentiert es ein hohes Maß an Abhängigkeit und einen erschreckenden Mangel an eigenem Entscheidungswillen. Mitte der sechziger Jahre jedoch ließ es sich unschwer erkennen, daß Elvis keine Lust mehr hatte, diese Filme zu drehen. Er erschien oft zu spät zu den Dreharbeiten, hatte Konzentrationsschwächen und setzte Gewicht an. In manchen Filmen ließen sich seine Pausbacken und sein Doppelkinn nur mit Mühe wegschminken, und die Garderobe mußte so geschnitten sein, daß sie seinen Bauch und seinen Hüftspeck kaschierte. In keinem seiner Filme nach ‚Flaming Star', den der bekannte Regisseur Don Siegel 1960 in den Fox-Studios in Los Angeles und auf der Conejo Ranch im San Fernando Valley drehte, hat Elvis jemals wieder Hüfthosen getragen. Fortan hatten die Schneider die Order, für den Star auf Taille geschnittene Hosen anzufertigen. In ‚Blue Hawaii' trug Elvis über den Bauchnabel reichende Bermuda Shorts und in ‚Follow That Dream' konnte auch ein starker Ledergürtel den Bauch nicht zurückhalten.

Auch wenn Colonel Parker den größten Einfluß auf die Film-Produktionen hatte, wurde hin und wieder seinen Ratschlägen doch nicht Folge geleistet. Als Sam Katzman 1965 für Metro-Goldwyn-Mayer mit den Aufnahmen zu ‚Harum Scarum' begann, hatte man noch nicht einmal eine Drehbuchkonferenz einberufen. Der Streifen, der in der Bundesrepublik unter dem Titel ‚Verschollen im Harem' in die Kinos kam, wurde einer der peinlichsten und geschmacklosesten Filme, die Elvis je gedreht hat: nachdem der Star in einer Pappmaché-Kulisse einen ‚wilden' Panther mit karateähnlichem Handkantenschlag besiegt hat, irrt er durch eine arabisierte Studio-Stadt, schwingt sich an Seilen, Tarzan gleich, von Zinne zu Zinne, tarnt sich in einem kinderplanschbecken-ähnlichen Zierbrunnen mit plastikblumenverzierter Badehaube, befreit die Prinzessin aus den Händen der bösen Rebellen und hat dazwischen noch Zeit genug, neun schwachsinnige Lieder zum besten zu geben. Als Colonel Parker während der Dreharbeiten vorschlug, man solle doch ein sprechendes Kamel auftreten lassen, war das sogar Elvis zu viel. Es blieb den Zuschauern erspart. Allerdings hätte das Colonel'sche Kamel in Ermangelung jedweder Film-Handlung den Streifen nur bereichern können.

In ‚Roustabout', den die Paramount im November 1964 in die US-Kinos schickte, spielte Elvis Presley einen Gelegenheitsarbeiter, der auf Rummelplätzen aushilft. Sein ganzer Stolz ist sein Motorrad. Obwohl der Produzent Hal Wallis sicher informiert war, daß Elvis in seiner Freizeit gerne eine schwere Harley Davidson oder eine starke Moto Guzzi fuhr, wurde der Star für diesen Streifen auf eine mickrige 350er Honda gesetzt. Jeder Elvis-Fan, der später den Film sah, wußte, der King würde nie ein solches Moped fahren. Doch darüber hatten die Verantwortlichen des Film-Teams nie nachgedacht. Keiner war auf die Idee gekommen, Elvis zu fragen. Der setzte sich brav auf die Honda, trug dabei eine verwegene, silberbeschlagene Ledermontur und sagte kein Wort dazu.

Im gleichen Film war eine Szene, in der zwei nackte Mädchen (eine davon war Raquel Welch, die ihr Film-Debut gab) unter einer Dusche standen. Da sich das Ganze auf einem Rummelplatz abspielte, war die Dusche, hinter den Wohnwagen versteckt, provisorisch für die Schausteller im Freien aufgebaut. Die beiden Mädchen wurden durch eine Plane halb verdeckt. Oben sah man nur Kopf, Hals und wenig Schulter, unten nur Bein bis knapp übers Knie. Die Szene ähnelte der fast identischen Einstellung in der gelungenen, pointierten Kriegs-Persiflage ‚M. A. S. H.'. Während dort allerdings die Plane für ein eingeladenes Soldaten-Publikum zum Schrecken der Mädchen und zur Freude der Zuschauer gelüftet wurde, kam Elvis Presley in ‚Roustabout' gerade noch rechtzeitig auf den Plan, um ein gleiches Anliegen eines Schaustellers zu verhindern. In Elvis-Filmen war Sex tabu. Nackte Mädchen gab es ebensowenig zu sehen, wie Bettszenen. Elvis erwies sich prüder als Ed Sullivan, der 1956 nur erlaubt hatte, den Rock-Sänger mit den eindeutigen Hüftbewegungen von der Taille aufwärts zu filmen. Obwohl in allen Elvis-Filmen hübsche, manchmal sogar attraktive Mädchen (Jocelyn Lane in ‚Tickle Me', 1965) zu sehen waren, schaffte es Elvis laut Drehbuch nie, mit ihnen ins Bett zu kommen. Selbst Dean Martin und Frank Sinatra waren in ihren Filmen nicht so sauber und naiv wie Elvis. Ausgerechnet von dem Mann, der seiner lasziven Bewegungen wegen zum Beinamen ‚Elvis The Pelvis' gekommen war, der seinem erotischen Timbre und seinem Sex-Appeal seine ersten Erfolge und den Durchbruch zum erfolgreichsten Rock-Sänger verdankte, konnten die Bikini-Mädchen in Scharen schwärmen, ohne daß dieser mal richtig zugriff. Wie Elvis in seinen bunten, aber trotzdem farblosen Streifen präsentiert wurde, mußte man zu dem Schluß kommen, daß er schon zum Beginn seiner Karriere nichts weiter als ein Schaf im Wolfspelz gewesen war.

Schon Mitte der sechziger Jahre hatten die Elvis-Filme ihr tiefstes Niveau erreicht. Die ‚New York Times' sprach vom ‚Dümmsten und Schlimmsten, was Elvis in langer Zeit gemacht hat' (über ‚Tickle Me', 1964), und ein anderer Kritiker schrieb bissig: ‚He out-disneyed Walt Disney!' Hatten einige am Anfang seiner Film-Karriere noch gehofft, Elvis Presley, der den Rhythm & Blues von den Schwarzen gelernt und den Weißen zugänglich gemacht hatte, der den Archetypus des Rock 'n' Roll verkörperte, könne Musik- oder Rock-Filme mit einem gewissen sozialen Inhalt, mit einer gesellschaftlich relevanten Aussage drehen, sahen sie sich nun arglistig getäuscht. Auch die Kritiker waren sich einig, daß diese Art von Filmen noch nicht einmal das niedrigste Unterhaltungsniveau erreichte. Elvis war als Filmheld kein Nachfolger James Deans geworden, er hatte nie den labilen Wilden gespielt, wie Marlon Brando schon 1953; Elvis Presley war das beste Beispiel dafür, wie der Hollywood-Kommerzialismus schon die Ansätze mimischer Anlagen verdarb und bereits geringe Ansätze darstellerischer Qualität schnell eliminierte. Nach ‚King Creole' hat ihm die ‚New York Times' 1960 noch ‚gute schauspielerische Fähigkeiten und Talent' bescheinigt. Elvis Presley jedoch hat seine Begabung nie genutzt, sondern auf die Anweisungen seines Managers, der die Werte der Filme nur in Dollars maß, reagiert, wie ein Computer, dem ein Programm eingegeben wird.

Erst als Ende 1967 nicht mehr zu übersehen war, daß die farbenfrohen, inhaltslosen Streifen, die Parker immer rechtzeitig zu den Schulferien in die Kinos schickte, damit möglichst viele Kinder auch in die Vormittagsvorstellungen gehen konnten, auch die treusten Elvis-Fans verschreckten, merkte der Colonel endlich, daß es Zeit für einen Trendwechsel wurde. Als die neuen Film-Produktionen nur noch in Vorstadt- und ‚Drive In'-Kinos liefen, als auch die Verkaufszahlen der nachlässig aufgenommenen Soundtrack-Platten rapide zurückgingen, waren es die Umsatzabrechnungen, die Parker so erschreckten, daß er einer neuen Fernseh-Show aus Werbegründen zustimmte. Einen Elvis-Film, so hat er einmal voller Stolz erzählt, habe er sich noch nie angesehen!

Ein Mythos entsteht

Colonel Thomas Andrew Parker war verunsichert. In Gesprächen mit verschiedenen Direktoren und Produzenten einiger Filmfirmen hatte man ihm zu verstehen gegeben, daß er die verblassende Popularität seines Schützlings Elvis Presley aufpolieren müsse. Schon Mitte der sechziger Jahre waren die Besucherzahlen bei Elvis-Filmen gesunken, 1967 gingen sie drastisch in den Keller. Auch die RCA in New York meldete rapide sinkende Verkaufszahlen der Soundtrack-Alben, die Elvis zusammen mit jedem Film auf den Markt brachte.
Im Gegensatz zu den Produktionen Anfang der 60er Jahre, die, gemessen an den damaligen Möglichkeiten (die Technik der Platten-Studios war noch recht primitiv, verglichen mit den computergesteuerten Multi-Kanal-Systemen unserer Zeit), mit das Beste waren, was zu dieser Zeit produziert wurde, ließ in den mittsechziger Jahren die Qualität der Elvis-Aufnahmen erheblich nach. Dies in doppeltem Sinne, technisch und künstlerisch. Die Mehrzahl der Elvis-Stücke wurde nur für Filme aufgenommen, dann erschienen sie auf speziell für den Film zusammengestellten Alben. Bei den Produktionen dieser Film-Songs, die meist in Hollywood eingespielt wurden, war Elvis Presley oft gar nicht im Studio. Die fertigen Grund-Playbacks wurden von Elvis zu einem anderen Zeitpunkt, manchmal in ganz anderen Studios besungen. Später fügte man, in einem dritten Arbeitsgang — je nach Bedarf — Bläser, Geigen oder Chor hinzu, mischte alles neu ab, und die Produktion war fertig. Da oft drei veschiedene Techniker und Produzenten, die alle eine andere Vorstellung vom Endprodukt hatten, die Bänder bearbeiteten, mußte die Qualität darunter leiden. Manchmal, so haben einige Leute berichtet, die dabei gewesen sind, wurden auch einfach nur die aus New York kommenden Demo-Bänder, die Freddie Bienstock ausgesucht hatte, von Elvis neu übersungen. Colonel Parker hatte Anweisung an die RCA gegeben, nur Demos zu senden, die von Sängern aufgenommen worden waren, die eine Elvis-ähnliche Stimme besaßen. Dazu gehörten unter anderen auch P. J. Proby, der 1964/65 in England durch den Hit ‚Niki Hoeky' und platzende Hosen

Schlagzeilen machte, und Brian Hyland (Hits ‚Ginny Come Lately', ‚Itsy Bitsy Teenie Weenie Yellow Polkadot Bikini', ‚Sealed With A Kiss'). Oftmals soll Elvis das nur roh und unfertig produzierte Demo-Band benutzt haben, um darüber zu singen. Das war dann die neue Elvis-Platte.
Über lange Jahre war Elvis Presley einer der höchstbezahlten Stars in Hollywood. Durch Parkers geschickt ausgehandelte Film-Verträge erhielt er, zusätzlich zu seiner Gage in Höhe von einer Million, 50 Prozent der Einspieleinnahmen. Als nun aber die Elvis-Streifen immer weniger gefragt waren, die Spieldauer in den Kinos immer kürzer wurde, gingen auch die Gewinne zurück, die Parker bisher hatte machen können. Dazu kam, daß ihn die Filmgesellschaften, mit denen er bisher so erfolgreich zusammengearbeitet hatte, informierten: man könne leider nicht mehr die Millionen-Gage zahlen, da der Stern Elvis Presleys am Versinken sei.
Die Nachricht ‚Weniger Geld' brachte Tom Parker zu neuen Aktivitäten. In zähen Verhandlungen ertrotzte er von der NBC folgenden Vertrag: die Film-Firma zahle eine Million Dollar Gage für Elvis Presley, der dafür nicht nur einen Film, sondern auch eine TV-Show drehen würde, wobei die Fernseh-Sendung eine hervorragende Werbung für den Film abgäbe, wie der Colonel überzeugend klarmachte. So wurde außer der TV-Show, welche die Nähmaschinen-Firma Singer finanzierte, später der Film ‚Change Of Habit' produziert, der als letzter Elvis-Unterhaltungsfilm in die Kinos kam. Die beiden anschließend gedrehten und im November 1970 (‚Elvis — That's The Way It Is') und Dezember 1972 (Elvis — On Tour') veröffentlichten Filme waren eine Mischung aus Dokumentations- und Werbe-Film.
Während Tom Parker in Hollywood verhandelte und deshalb die meiste Zeit in seinem Büro in Los Angeles zubrachte, hatte Elvis Presley nur familiäre Interessen. Er hatte am 1. Mai 1967 Priscilla Beaulieu geheiratet, die knapp einundzwanzig Jahre alt war. Elvis kannte die Tochter eines US-Armeeoffiziers aus seiner Militärzeit in Friedberg in Hessen. Damals war Priscilla gerade 14 Jahre alt. Später lebte sie lange Jahre bei Elvis und dessen Vater

Vernon im Haus in Memphis. Die Hochzeit kam für fast alle in der Musik-Branche völlig unerwartet, weil sich Elvis jahrelang nur mit einigen Freunden umgeben hatte, deren Zahl ständig schwankte, deren Aufgaben unklar waren, und die man die ‚Memphis Mafia' nannte. Die Jungen dienten nur dazu, dem Pop-König die Freizeit gestalten zu helfen. Das sah dann so aus, daß Elvis für alle schwere Motorräder kaufte, auf denen man stundenlang durch die Gegend brauste, bis alle mit lädierten Knochen, Prellungen oder Platzwunden nach Hause kamen. Ein anderes Mal mietete man ein Kino, denn Elvis konnte sich verständlicherweise nicht in der Öffentlichkeit sehen lassen, wenn er Lust hatte, einen Film zu sehen. Viele Spiele gab es, mit denen sich Elvis und die Jungen die Zeit vertrieben. Doch nach der Hochzeit änderte sich das rasch. Priscilla ließ alle Mafiosi aus der Villa weisen. Mit Recht. Neun Monate auf den Tag nach der Hochzeit wurde sie Mutter und schenkte am 1. Februar 1968 im Baptist Memorial Hospital in Memphis einer Tochter das Leben. Das Mädchen wurde Lisa Marie genannt. Elvis war ein stolzer Vater.
Anfang Frühjahr 1968 begann man mit den Vorbereitungen zu der NBC-Fernsehshow, die im Sommer aufgezeichnet und im Dezember als Vorweihnachtsprogramm gesendet werden sollte. Von Beginn an gab es Auseinandersetzungen und Streit, denn die Vorstellungen Colonel Parkers deckten sich in keiner Weise mit denen der Produzenten Steve Binder und Bones Howe. Parker dachte daran, Elvis solle, nett mit einem Anzug bekleidet, lediglich einige Weihnachtslieder zum besten geben. Doch die Produzenten wollten mehr: Elvis Presley sollte als der archetypische Rock-Sänger gezeigt werden, dessen musikalische Botschaft immer noch aktuell und unverfälscht war. Sie wollten endlich das billige, verschmierte Make up wegwischen, welches Colonel Parker jahrelang immer wieder zu dick auf das wahre Gesicht des ehemaligen Rockabilly-Südstaatlers aufgetragen hatte. Verständlich, daß Parker sich wehrte. Das paßte nicht in sein Konzept, das war nicht seine Welt. Am überraschendsten war das Verhalten des Stars da-

zu. Zum erstenmal erklärte Elvis eindeutig, was er selbst wollte: nicht das, was Parker vorgeschlagen hatte. Elvis stellte sich auf die Seite der beiden Produzenten. Eine Erklärung für seine plötzlich selbstbewußte Haltung ist schwer zu finden. Jahrelang hatte er sich Thomas A. Parker untergeordnet, hatte dessen Ratschlägen Folge geleistet. Finanziell war er gut dabei gefahren. Parkers Ideen und Aktivitäten konnte man immer als lukrativer Geldanlage vertrauen, aber nun schien es, als erkenne Elvis, daß neben Geld auch noch andere Werte zählen. Die Fernseh-Produktion wurde ein einziger Kampf. Für jede Probe, für jede Änderung, selbst für das Verschieben der Mikrophonstative ließ der Colonel erst eine Sitzung einberufen. Doch endlich, am 27. und 28. Juni, konnte die NBC-Show aufgezeichnet werden. Eine der besten und aufregendsten Szenen, sie spielte in einem Bordell, war zwar gestrichen worden (die Musik aus dieser Szene ist inzwischen auf einer ‚bootleg' LP zu bekommen), trotzdem war diese Show fast vollständig nach den Wünschen und Konzeptionen des Produzenten-Teams entstanden.

Im November, als der im Oktober in die Kinos gekommene 28. Elvis-Film ‚Live A Little, Love A Little' schon längst wieder abgesetzt war, begann eine neue Parker'sche Werbekampagne. Keine TV-Show ist jemals so umfangreich angepriesen worden, wie dieser erste Elvis-Fernsehauftritt nach über achtjähriger Bildschirm-Abstinenz des Rock-Sängers. Die Promotion erstreckte sich über alle Medien. Ganz Amerika wurde in Radiospots, in TV-Hinweisen und mit Zeitungsanzeigen informiert. Am Dienstag, dem 3. Dezember 1968, abends um 21.00 Uhr ging die Elvis Presley Show in den Äther. Die Resonanz war überwältigend! Die ‚New York Times' schrieb begeistert: ‚Elvis bringt die Pop-Welt aus der Illusion in die Wirklichkeit zurück. Er hat Charisma!' ‚Record World' meinte: ‚Elvis hat die Hand am Puls der Zeit!' Nach der NBC-Show waren sich alle einig: Elvis war besser denn je! Die Fernsehshow war der Beginn der Reinkarnation des großen Rock 'n' Roll-Stars Elvis Presley.

Was hatte er in seiner Show gemacht, daß die Welt wieder auf den absonderlichen, zurückgezogen lebenden Sänger aufmerksam wurde und seinen Fernsehauftritt wie die Wiederkehr des verlorenen Sohnes feierte? Elvis hatte endlich nicht mehr die Kitsch-Schnulzen seiner Filme gesungen, auch auf ein Weihnachtskonzert á la Bing Crosby hatte er verzichtet. Elvis sang und verkörperte das, was er zu Beginn seiner Karriere für Millionen bedeutet hatte. Die Musik, die er mitgeschaffen hatte, die ihn zum Symbol der Pop-Kultur gemacht hatte: den Blues, Rhythm & Blues und den Rock 'n' Roll. Er trat aus der Kulisse vor die Kameras und vor das erste echte Publikum seit seinem letzten ‚live' Auftritt am 26. März 1961, mehr als sieben Jahre zuvor. Etwa 400 Personen waren zu den Aufzeichnungen zugelassen worden. Als er nach dem Mikrophon griff, da zitterte seine Hand. Elvis war unsicher und nervös. Über Jahre hinweg hatte er sich aus den Niederungen des täglichen Pop-Geschäftes zurückgezogen, war nur durch seine nichtssagenden Filme präsent. Nun kam er zurück, mußte sich neu beweisen, für ein Publikum und eine Generation, die ihn als Country-Boy und Rock 'n' Roller lieben gelernt und so in Erinnerung behalten hatte; für eine andere Generation, deren Idole die Beatles oder die Rolling Stones waren und die für Elvis nur ein müdes Lächeln erübrigen konnte. Elvis Presley stand wieder am Anfang seiner Karriere. Als ob er es dokumentieren wollte, war er in einer schwarzen, breit abgesteppten Leder-Montur erschienen. Unsicher sang er die ersten Töne, dann war es wieder da, das Feeling, die Atmosphäre, die Spannung. So mußte es in den alten Sun-Tagen gewesen sein, als er noch kämpfte, um sein Publikum zu gewinnen. Elvis sang seine alten großen Songs: ‚Heartbreak Hotel', ‚Hound Dog', ‚All Shook Up'. ‚If you are lookin' for trouble', stellte er trocken fest, ‚just look straight in my face . . .'. Das einzige Weihnachtslied, ‚Blue Christmas', kommentierte er mit der Aufforderung an seine Musiker, ‚Play it dirty!' Als er dann ‚One Night' (er hatte es zuerst am 23. Februar 1957 im Radio Recorder's Studio in Hollywood aufgenommen) intonierte, hatte er seinen alten Text vergessen. War es die Aufregung, die Nervosität?

Bln, 25.2.76

Sehr geehrter Herr Presley!

Als großer Verehrer Ihrer Interpretation und Platten schon seit jeher, möchte ich Sie hiermit für meine Nichte aus der DDR u. für mich um je 1 Foto mit Autogr. von Ihnen bitten. Freiumschlag liegt bei! Ich bin 44 Jahre und seit 5 Jahren durch Unfall gelähmt. aber trotzdem zuckt's mir in den Beinen, wenn ich Ihre Musik höre. Weiterhin viel Erfolg im Showgeschäft.

Herzlichst

[illegible]

Elvis begann den Original-Text des Stückes zu singen. ‚One Night' war eine Geschichte, die der Blues-Sänger Smiley Lewis über eine Orgie geschrieben hatte, ursprünglich lautete der Titel ‚One Night Of Sin'. Elvis hatte 1957 eine gesäuberte Version dieses Stückes eingespielt. Nun sang er plötzlich die Smiley Lewis-Fassung! Back to the roots! Die von der RCA im Dezember 1968 auf dem US-Markt veröffentlichte LP zu der Fernseh-Show zeigt einen so hervorragenden, überzeugenden Sänger Elvis Presley, daß die Platte als Dokumentation seines wirklichen Talentes anzusehen ist. In dieser Nacht, bei diesem Auftritt — als alles in Frage gestellt war — sang Elvis so gut wie auf den ersten Sun-Singles, vielleicht noch besser. Er hatte seinem Herzen Luft gemacht, hatte alles gegeben, was er besaß. — ‚Let It Bleed' hieß einmal der Titel einer Rolling Stones LP, auf die Musik der NBC-Elvis-Show hätte er gepaßt.

Nach der Fernsehshow kamen nur noch zwei wichtige Ereignisse: eine Platten-Session in Memphis und als konsequenter, zweiter Schritt, die Rückkehr auf die Bühne und damit in die Öffentlichkeit. Am 13. Januar 1969 betrat Elvis Presley, 14 Jahre nach seiner letzten Session in seiner Heimatstadt, wieder ein Studio in Memphis, Tennessee. 36 Aufnahmen wurden in sechs Tagen produziert. Ein Teil von ihnen erschien auf dem im Mai 1969 veröffentlichen Album ‚From Elvis In Memphis', und dies wurde eine seiner besten LPs. Nachdem im März der Elvis-Film ‚Charro' Premiere hatte, wurde im April der ebenfalls in Memphis aufgenommene Song ‚In The Ghetto' als Single (B-Seite: ‚Any Day Now') auf den Markt gebracht. Der Titel kam bis auf den dritten Platz der ‚Billboard'-Hitparade und verkaufte sich annähernd zwei Millionen mal. Es war nach langer Zeit endlich wieder ein Hit für Elvis Presley, das eindeutige Zeichen, daß ihn die Öffentlichkeit wieder wahrnahm. Erneut hatte er einem Publikum etwas zu geben. Am 31. Juli 1969 trat Elvis Presley nach achtjähriger Pause wieder ‚live' auf. Im International Hotel in Las Vegas, Nevada, war er für einen Monat von seinem Manager Parker gebucht worden. Alle Konzerte waren im voraus ausver-

Sehr gehrter Heer Rodger

Ich hätte eine große bitte an si. ich würde mich freuen wenn si mir diesen Wunsch erfüllen würden. Ich habe die ganzen Elvis Presli Sendungen gehört, und da ich ein ganz großer Samler von Elvis Platten und Sendungen bin. habe ich die große bitte ob si mir woll die Sendungen von Elvis Presli schicken würden. ich würde si auch besalen. aber es müssen C60 Kasetten sein. oder auf einem Tonbandgeret aufgespult sein.

ich betanke mich in foraus. und sage

Elvis Lijee ihr sehr gehrter W. H.

kauft. Keiner wollte sich das Comeback des großen Rock-Sängers entgehen lassen. Die Masse der inzwischen gealterten Fans und die nachgewachsenen Anhänger feierten ihren Star wie die österliche Auferstehung. Die Presse war des Lobes voll, ‚Time Magazine' nannte den King ‚Elvis aeternus' und sprach von dem ‚vielleicht eindrucksvollsten Comeback in der Geschichte der Pop-Musik', und ‚Rolling Stone' stellte fest: ‚Elvis war übernatürlich!'. Nach einem Monat in Las Vegas hatten 101 500 Besucher Elvis Presley gesehen. Bald wurden seine Auftritte dort zu einer ständigen Einrichtung. Zweimal jährlich erschien der Rock-Sänger in Las Vegas, später auch in Lake Tahoe, um sich bejubeln zu lassen. Am 27. Februar 1970 gab es ein erstes großes Konzert im Astrodome von Houston, Texas. Dort trat er an drei Tagen sechsmal auf. 267 000 Menschen sahen den Star, der damit noch weit vor der zweitbesten Konzert-Attraktion Elton John rangiert, der bei sieben Konzerten vom 10. bis 17. August 1976 im Madison Square Garden in New York nur 138 600 Besucher anlocken konnte.
Seit 1970 arrangierte Colonel Parker für Elvis Presley wieder ausgedehnte Konzert-Tourneen, allerdings nur in den USA und Kanada. Vom 31. Juli 1969 bis heute hat Elvis über 1 000 ‚live' Auftritte absolviert. Eine beachtliche Zahl und eine beeindruckende Leistung. Oft zeigte sich der Sänger dabei in Höchstform und dokumentierte, daß er es in den siebziger Jahren ebenso verstand, ein Publikum zu fesseln, wie in der Zeit von 1954 bis 1958.
Als Elvis nach seiner Scheidung von Priscilla am 9. Oktober 1973 immer mehr Gewicht ansetzte, schrieben seine Fans das zwar seinem Kummer und seiner Freßsucht zu, der labile Star war in Wirklichkeit jedoch in eine Krise geraten, aus der ihm weder der geldorientierte Parker, noch seine unterwürfigen, unkritischen Begleiter helfen konnten. Die jahrelange Bevormundung, der Mangel jedweder Bezugspunkte zum normalen, täglichen Leben anderer Menschen, die starke Einengung der persönlichen Freiheit und der Verantwortungsentzug für die eigene Lebensgestaltung führten zu

einer Identitätskrise, die Elvis durch Arroganz, Verachtung und Überheblichkeit zu verdecken suchte. In Konzerten beschimpfte er sein Publikum. Den Schriftsteller und Journalisten Jerry Hopkins, Verfasser eines ausgezeichneten, detaillierten, sachlichen und ausgewogenen Buches über den Rock-Sänger, verhöhnte er: ‚Nur seinen Namen habe Hopkins richtig schreiben können.' Die Musiker hatten ebenfalls unter Elvis' selbstherrlichem Verhalten zu leiden. Bei einem Konzert beleidigte er die Sweet Inspiration, die drei Mädchen seines Begleitchores so sehr, daß diese sich weigerten, noch einmal mit ihm zusammen aufzutreten. Erst nach einigen Gesprächen ließ sich die Auseinandersetzung wieder beilegen.
Andererseits zeigte Presley ebenso häufig ein völlig konträres Verhalten. Er war freundlich, hilfsbereit und in einem Maße gutmütig, daß man es fast schon als kindliche Naivität empfinden konnte. Neben seinen zahllosen karitativen Spenden und Hilfsaktionen verschenkte er in seiner näheren Umgebung Autos, Brilliantringe und andere wertvolle Dinge. Das brachte ihm immer wieder Schlagzeilen in der Presse, denn wirklich aufregende Geschichten konnte man jahrelang nicht über ihn berichten. Das änderte sich erst 1974/75 als Elvis Presley immer häufiger erkrankte. Neben einem Augenleiden, das ihn heute noch zwingt, Brillen mit dunklen Gläsern und auf der Bühne getönte Kontaktlinsen zu tragen, litt Elvis an einer schweren Darmkrankheit. Schon 1973, kurz nachdem er am 14. Januar im International Center von Honolulu seine weltweit ausgestrahlte ‚Aloha From Hawaii' Show absolviert hatte, mußte Parker drei Konzerte in der Gastspiel-Reihe des Hilton Hotels in Las Vegas absagen. Der Star war krank. Eine Auftrittsreihe in Lake Tahoe wurde vorzeitig beendet. Im Sommer 1974 waren seine Shows schlecht und kurz geworden. Elvis wog an die 250 Pfund, photographieren wurde in seinen Konzerten verboten. Am 20. Januar 1975 wurde Elvis in das Baptist Memorial Krankenhaus eingeliefert. Nur wenig wurde über die Krankheit bekannt, da Elvis in einem für ihn reservierten Seitentrakt des Hospitals hermetisch von der Außenwelt abgeriegelt wurde. Selbst

Krankenhausmitarbeiter, mit Ausnahme der Ärzte, durften nicht auf die Etage, wo der Star lag. Er hatte zur Betreuung seine eigenen Krankenschwestern mitgebracht. Der behandelnde Arzt, Dr. George Nichopopoulos, spielte vor Journalisten Elvis' Krankheit herunter, ohne über seinen wirklichen Zustand zu informieren. Kein Wunder, denn Nichopopoulos besitzt zusammen mit Elvis Presley eine Firma, die überall in den USA Tennis- und Racket-Plätze baut. Eine nicht uninteressante Nebeneinnahme für den Arzt und seinen Patienten.
Heute ist Elvis Presley dank der meisterhaften Promotion-Leistung seines Managers längst eine Legende. Seit 1955 erfreut er sich, wie kein zweiter in dieser Branche, einer weltweiten Publikumsgunst, die beim Großteil seiner Anhänger zur religiösen Verehrung pervertierte. Er ist das Produkt der so hervorragend organisierten Traumfabrik Amerika, die sich längst nicht mehr auf Hollywood beschränkt. Aus dem liebenswürdigen, einfachen, netten Jungen des ländlichen Amerikas wurde ein Produkt von ‚genau kalkulierter Künstlichkeit', so der Kritiker H. C. Blumenberg. Die falsche Freiheit, die er verkörpert, will glauben machen, daß im ‚Land der unbegrenzten Möglichkeiten' trotz Korea, Vietnam und Watergate (als Synonýme für eine Vielzahl innen- und außenpolitischer Krisen) der Weg nach oben für jeden noch offen ist. Vom Lastwagenfahrer zum Millionär. Elvis Presley ist der ‚American dream' par excellence. Wie keiner der vielen anderen Pop- und Rock-Größen aus der glitzernden Welt des Show Business hat Elvis, der hüftenwackelnde Rocker der 50er und schauspielernde Schnulzen-Sänger der 60er Jahre, die Unterhaltungsmusik und deren kommerzielle Umsetzungsmethoden nach dem zweiten Weltkrieg beeinflußt. Er avancierte innerhalb von 20 Jahren zum Gott der Pop-Kultur. Seine Schallplattenverkäufe (bald 400 Millionen) und seine Filmerfolge (bei 33 Filmen eine durchschnittliche Einnahme von 3 Millionen Dollar pro Streifen) qualifizierten ihn zusammen mit seinen Konzerttourneen (seit 1970 jede viele Wochen im voraus ausverkauft) und seinen Gagen (die höchsten, die je einem Künstler gezahlt wurden) als

größtes Produkt der amerikanischen Unterhaltungsindustrie. Elvis ist nicht mehr vergleichbar. Kein Frank Sinatra, nicht die Beatles, auch nicht der Papst können mit seiner Popularität mithalten. John Lennon hat einmal von den Beatles gesagt: ‚Wir sind bekannter als Jesus!' Elvis Presley hat alle übertrumpft.

Das Gefühl einander geschaffen zu haben, hat Elvis und seine Fans so fest aneinandergebunden, daß die Beziehung über all die Jahre Bestand hatte. Wenn Elvis in weiteren zehn Jahren, dann inzwischen als Fünfzigjähriger, auf der Bühne erscheint, wird dasselbe Publikum wie heute in den Konzerthallen sitzen und in Elvis sich selbst bejubeln und feiern. Elvis Presley ist die Verewigung einer Illusion, die Symbolfigur einer Gesellschaft, die sich in ihrer Jugend vermeintlich von alten Zwängen befreite, ohne zu merken, daß sie sich gleichzeitig in ein System integrierte, in dem nur der Erfolg zählt, die Leistung die einzige Lebensmaxime darstellt und Geld alles bedeutet. Elvis Presley überstrahlt die innere Leere dieser Gesellschaft, indem er bei jedem seiner Auftritte seine musikalische Identität immer wieder erneut wegwirft und nur noch die Tatsache seiner Existenz dramatisiert. Die einstige Orientierungshilfe verblaßte auf der Leinwand eines industriell gesteuerten, transzendenten Starkultes.

Elvis Presley ‚live' in Del Webb's Sahara Tahoe Hotel, Stateline, Lake Tahoe, Nevada

Pünktlich um 12.50 Uhr war die Western Airlines Maschine vom Los Angeles International Airport zum Flug Nr. 144 nach Reno, Nevada, gestartet. Ich hatte einen Fensterplatz erhalten und starrte durch die Smog-Schwaden hinunter auf das blaße Grün und betonierte Grau der Stadt. Doch schon bald hatte das Flugzeug die Wolke aus Nebel, Rauch, Abgasen und Dreck durchstoßen. Wir flogen nun über der undurchdringlichen Dunstglocke, die fast das ganze Jahr hindurch über Los Angeles hängt und nur an den wenigen Tagen aufreißt, wenn der feucht-warme Wind vom Pazifik nicht landeinwärts weht. Ich vertiefte mich in die vor mir in der Sitztasche befindliche Lektüre.

Es war die übliche PR-Zeitschrift, die wohl jede Fluggesellschaft der Welt zur Erbauung ihrer Passagiere bereithält: ein mit vielen bunten und schönen Bildern angereicherter feuilletonistischer Werbeprospekt. Für die Flüge nach Nevada, dem einzigen US-Bundesstaat, der das Glücksspiel legalisiert hat, scheint allerdings eine besondere Magazin-Ausgabe gedruckt zu werden. Waren doch in meinem Exemplar neben den üblichen Geschichten über die besten Golfplätze auf Ceylon, über Lachsfischen in Alaska und Polo in Kenia informative Hinweise auf besonders preisgünstige Hotels in den Spielerparadiesen Las Vegas, Reno und Lake Tahoe enthalten. Wochenend-Sonderrabatte für das Hilton, Del Webb's Sahara oder das Harrah's Hotel. Warum aber, so stellte ich mir natürlich die Frage, soll wohl der normale Fluggast, der auf dem Wege vom reiterlichen Ballspiel in Nairobi zu seinem Angelgerät in Anchorage an den Roulett-Tischen von Las Vegas oder Lake Tahoe, wo es auch recht brauchbare Golfplätze gibt, noch etwas Entspannung sucht, an manchen günstigen 16- bis 30-Dollar-Angeboten einiger Hotel- und Casino-Betriebe interessiert sein?

Ich sah mich im nicht allzu besetzten Flugzeug um und entdeckte, neben einigen Geschäftsleuten, die mit wichtigen Mienen in Akten blätterten und dabei nach den Stewardessen schielten, noch einige jüngere Leute in Jeans und T-Shirts. Der Rest der Passagiere waren zumeist bieder und brav aussehende Ehepaare im besten Alter zwischen 40 und 60. Keiner von ihnen sah so aus, als sei er noch gerade gestern in Colombo in ein Golfloch gestolpert.

Las Vegas ist nicht Monte Carlo, und in den US-Glücksspiel-Staat reist auch nicht der Jet Set. Nevada ist der Ferien-Tip und Weekend-Trip des weißen amerikanischen Normal- und Durchschnittsbürgers. ‚Wenn ich mal entspannen will', so sagte mir mein Flugnachbar, dem in San Bernadino eine Wäscherei und Reinigungsfirma gehörte, ‚dann stecke ich mir ein paar Dollar in die Tasche und fliege nach Reno oder Vegas!'

Nach einem kurzen Flug über ausgedörrte Weideflächen, über eine Savannen- und Steinwüstenlandschaft und über kahle Berge, die in ihrer Trostlosigkeit den Gebirgsketten Äthiopiens nicht nachstehen, erreichten wir den kleinen Flugplatz von Reno. In der Ankunftshalle, zwischen einer Cafeteria und einem Zeitungs- und Andenken-Kiosk, warteten schon die ersten ‚einarmigen Banditen'. So nennt man die Glücksspielautomaten, die überall zu Hunderten in Wartehallen, Bars, Restaurants, Einkaufszentren, Hotels und natürlich in den Casinos hängen. Diese Geräte beginnen nicht direkt nach Einwurf einer 10-, 25-, 50-Cents- oder 1-Dollar-Münze zu laufen, man muß zuerst einen großen, rechts oder links angebrachten Hebel nach unten ziehen. Erst dann beginnen die Scheiben mit den Glückssymbolen zu rotieren. Die Glücksspielautomaten in den Casinos sind noch mit einem wirkungsvollen Zusatzgerät ausgerüstet: obenauf montiert befindet sich eine Blinklampe, ähnlich der Warnblinkleuchte für Autofahrer, und eine große, laute Klingel. Wenn dann der Automat wirklich einmal einen Gewinn auswirft, was selten genug geschieht, beginnt sofort ein schrilles Gebimmel und ein wildes Geblinke. Einziger Zweck dieser Einrichtung: die anderen Spieler sollen sehen, hier hat wieder jemand gewonnen. Und da die Gewinne, je nach Größe der Automaten, zwischen 100 und 10 000 Dollar liegen, ist es für die Casino-Besucher ein neuer Anreiz, die ‚einarmigen Banditen' erneut zu füttern. Manche Spieler bedienen vier oder fünf Geräte gleichzeitig. Mit ver-

bissener Miene stecken sie die Münzen, die sie in kleinen weißen Pappbechern an der Wechselkasse gegen ihre großen Scheine erhalten haben, in die Geldschlitze der Automaten, auf daß sich die Scheiben wieder in Bewegung setzen.
In der Flughafenhalle verteilt, waren mehrere Zeitungsständer aufgebaut. Gratis-Exemplare der Informations- und Werbezeitschriften ‚Tahoe Action', ‚Fun Gaming', ‚Lake Tahoe News' und ‚Showtime' wurden angeboten. Der einzige Zweck dieser Zeitungen, die keinerlei tagespolitische Informationen enthalten, besteht darin, die ankommenden Reisenden über alles das zu unterrichten, was in und um Reno und an den Ufern des Tahoe-Sees in den Casinos, Restaurants und Vergnügungsetablissements passiert: Neil Sedaka und Bobbie Gentry im Harrah's, Frank Sinatra Jr. hier in einem Show-Room, Paul Williams dort in einem Cabaret. Und auf allen Titelseiten dieser Blätter stand in Großbuchstaben: SAHARA TAHOE, ELVIS IN CONCERT, und etwas kleiner darunter: all 14 Concerts Sold Out!
Ich wartete, bis mein Gepäck auf dem Förderband erschien, und trug es dann hinüber zum Schalter des Mietwagenunternehmens, bei dem ich schon Tage vorher in New York meinen Wagen bestellt hatte, um die ca. 40 Meilen von Reno zum See und dann zur Stateline zu fahren, wo das Sahara Tahoe Hotel liegt. Dort hoffte ich nicht nur Elvis Presley auf der Bühne zu sehen, sondern auch mit ihm zu sprechen. Und besonders war ich an einem Gespräch mit dem Mann interessiert, dem Elvis Presley seine beispiellose Karriere verdankt: Colonel Thomas Andrew Parker.

Ob es mir gelingen würde, war völlig zweifelhaft. Schon Monate vor meiner Reise in die Vereinigten Staaten hatte ich versucht, mit dem Büro des Colonel in Kontakt zu kommen. Ein längerer Brief an ihn, in dem ich über meine Elvis Presley Sendungen für deutsche und schweizerische Rundfunkanstalten und über meine Elvis-Artikel in verschiedenen Publikationen informiert hatte, war ohne Antwort geblieben. In Telefongesprächen mit verschiedenen Abteilungen der RCA in New York war es mir zwar gelungen, bis zu

Südwestfunk

Anstalt des öffentlichen Rechts

Südwestfunk, D 7570 Baden-Baden, Postfach 820 **FS-Unterhaltung**

Herrn
Mike E. Rodger
Fontenay Allee 2

2ooo Hamburg 36

Baden-Baden
Hans-Bredow-Straße
Fernsprecher (0 72 21) 27 61
Durchwählverkehr 276 . .
Telex 784236 8
Durchwählverkehr 784236 . .
Bankkonto: Dresdner Bank AG
Filiale Baden-Baden 6 230 283
Postscheckkonto:
Karlsruhe 634 18-756

Ihr Zeichen	Ihre Nachricht	Unser Zeichen	Datum
		Kro/Ka	23.4.76

Die Redaktion TREFFPUNKTE der Abteilung FS-Unterhaltung des Südwestfunks autorisiert Herrn Rodger, ein Interview zum Phänomen Elvis Presley mit dem Management des Künstlers zu führen.

Dieses Interview wird der Südwestfunk ausschließlich in der Bundesrepublik Deutschland ausstrahlen und in keinem Fall an andere staatliche oder kommerzielle Fernseh-Anstalten weiterleiten.

Der Südwestfunk ist ein Sender der ARD und eine öffentlich rechtliche Anstalt und in jedem Fall kein kommerzieller Sender.

S Ü D W E S T F U N K
Anstalt des öffentlichen Rechts
i.V.

(Penk) (Vogl)

verantwortlichen Personen vorzudringen, doch was mir dann Frank Mancini, Chef der Artist & Repertoire Abteilung mitteilte, war deprimierend: die Plattenfirma habe bei Elvis Presley keinerlei Befugnisse oder Möglichkeiten, die alleinige Kontrolle über Plattenveröffentlichungen, Plattencover, Biographien, Info-Texte, alle Fotos, über Veröffentlichungen von Konzertterminen und alle PR-Arbeit liege bei Colonel Parker. Und der Colonel sei nicht zu erreichen, zumindest nicht telefonisch. Ich könne es ja schriftlich versuchen. Und dann gab man mir die Adresse, an die ich schon meinen unbeantwortet gebliebenen Brief gesandt hatte.

In den Elvis-Presley-Fan-Club-Magazinen werden immer zwei Adressen angegeben: einmal die von Elvis' erstem Haus ‚Graceland' in Memphis, Tennessee 38116, 3764 Elvis Presley Boulevard und zum anderen die Elvis-Informationsbüro-Adresse, von der aus die Werbe- und PR-Briefe an die Fans und Medien verschickt werden: Colonel Parkers Office, PO Box 220, Madison, Tennessee 37115. Ebenfalls in Madison sitzt die Presley/Parker-eigene Firma Roadshow Merchandise, die, mit Ausnahme von Tonträgern, das kommerzielle Nutzungsrecht für alle Elvis-Presley-Produkte besitzt und auswertet. Das eigentliche Büro des Colonel ist in Los Angeles. Hauptsächlich von dort steuert Tom Parker die Geschäfte für seinen Star.
Nachdem ich mit der Hilfe einiger Freunde aus der amerikanischen Showbranche die Telefon-Nummer des Parkerschen Office bekommen hatte, rief ich von Hamburg aus mehrere Male dort an. Doch nie wurde ich mit einer kompetenten Person verbunden. Entweder das Mädchen in der Telefonzentrale, spätestens aber eine Sekretärin teilten mir freundlich aber bestimmt mit, daß ich mit niemandem sprechen könne. Das Büro des Colonel sei nicht zu erreichen. Dann endlich hatte ich Glück. Bei meinem siebten Anruf wurde ich mit Mr. Bonjar, einem Sekretär des Colonel, verbunden. Der informierte mich darüber, daß Elvis gerade im Begriffe sei, seine erste Tournee des Jahres 1976 zu starten. Im Anschluß daran werde er ungefähr

eineinhalb Wochen im Sahara Tahoe Hotel in Stateline, Nevada, auftreten. Selbstverständlich seien alle 14 Konzerte schon ausverkauft.
Auf meine Frage nach möglichen Interviews mit dem Colonel oder mit Elvis Presley, meinte Bonjar, Elvis gäbe grundsätzlich keine Interviews; Gespräche mit Tom Parker seien ohnehin undenkbar. Alle Konzerte seien ausgebucht, Karten für Presse oder andere Medien-Leute hätte der Colonel schon seit 20 Jahren nicht mehr vergeben, wer Elvis Presley sehen wolle, solle sich ein Ticket kaufen. Wenn ich aber ohnehin nach Lake Tahoe reiste, könnte ich ja im Hotel mal nach ihm fragen. Dann werde man weitersehen.
Auf diese vage Äußerung hin begann ich die Vorbereitungen für meine USA-Reise. Einen Trumpf, so glaubte ich, hielt ich noch in der Hinterhand. Zwar hatte ich Bonjar angedeutet, daß ich ein Angebot einer deutschen Konzertagentur für ein Elvis-Presley-Konzert auf deutschem Boden zum Lake Tahoe mitzubringen gedachte, doch Genaueres verschwieg ich. Als Bonjar meinte, Tom Parker sei an Konzertangeboten aus dem Ausland gar nicht interessiert, sagte ich nur, es handele sich um eine bedeutende Summe. Ich wußte, Parker war immer schon in erster Linie an Geld interessiert gewesen, er hatte den Erfolg Elvis Presleys primär an pekuniären Maßstäben gemessen. Geld ist die Maxime seines Handelns als Manager und Geschäftsmann. ‚Pecunia non olet', den Satz des römischen Kaisers Vespasian, den dieser nach Aussage des Historikers und Biographen Gaius Suetonius Tranquillus bei der Einführung der Abortsteuer getan haben soll, kann sehr wohl als Parkersche Lebensphilosophie angesehen werden.
Für einen großen deutschen Zeitungsverlag sollte ich, als Werbung und PR für eines seiner Objekte, in Berlin ein Pop-Festival in der Deutschlandhalle koordinieren. Ein Hamburger Konzert-Veranstalter, der mit der Organisation betraut worden war, hatte zusammen mit einer skandinavischen Konzertagentur ein Angebot für einen Elvis-Presley-Auftritt ausgearbeitet, das ich dem Colonel vorlegen sollte. Und dabei war ich mir gar nicht sicher, ob ich überhaupt die Möglichkeit haben würde, Tom Parker zu treffen und zu

sprechen. Bonjar hatte mir deutlich gemacht, daß es beim Colonel keinerlei vorherige Zusagen gäbe, aber, so fügte er hinzu, man werde mich nicht im Regen stehenlassen.

Auf meinem Wege nach Los Angeles und Lake Tahoe machte ich in New York Station, um Sabine von Rogalla und Stan Levine vom International Departement der RCA zu besuchen. Sabine verhalf mir zu einigem Informationsmaterial über Elvis Presley und besorgte mir ebenfalls eine Menge neuerer und älterer Elvis-Fotos. Ein Teil davon ist in diesem Buch veröffentlicht. Stan empfahl mich an Melvin Ilberman, Vizepräsident und Verantwortlicher für die Verbindung der RCA zu Colonel Parker. So wichtig ist der Plattenfirma ihr erfolgreichster und teuerster Star, daß ein hochdotierter Manager als Artist Relation Man eingesetzt ist. Allerdings hat dieser es nur höchst selten mit dem Sänger selbst zu tun, sein Gesprächspartner ist in allen Dingen der schwierige, eigensinnige, cholerische Colonel. Ilberman, der ebenfalls nach Stateline, Lake Tahoe reisen wollte, um dort vor allem mit Tom Parker zu sprechen, sagte zu, den Colonel von meinem Anliegen zu unterrichten. Nun endlich war ich sicher, Tom Parker würde informiert sein, wenn ich im Hotel einträfe.

Ich stand in der Ankunftshalle des Flughafens von Reno vor dem Schalter der Mietwagenfirma und wartete darauf, von der jungen, blonden Dame die Wagenschlüssel und die Papiere zu erhalten, als mich jemand ansprach. Es war ein ungefähr 65jähriger Mann. Er trug alte, braune Cordhosen, Schuhe, die nicht mehr die neuesten waren und eine dunkelblaue zerknitterte Windjacke. Unter dem einen Arm hatte er ein großes in braunes Packpapier gewickeltes und dick verschnürtes Paket. Der Mann sah aus, als hätte er auch schon bessere Zeiten erlebt. Er fragte mich, ob ich vielleicht zum See führe, was ich bejahte. Zwischen Reno und Lake Tahoe verkehren keine Busse, eine Eisenbahnlinie gibt es nicht und nur per Taxi oder mit den hotel-eigenen Großraum-Limousinen kommt man vom oder ins über 1 200 Meter hoch gelegene Spielerparadies an der Südostseite des Sees. Der Mann war über

Radio
der deutschen
und der rätoromanischen Schweiz

Schweizerische
Radio- und Fernsehgesellschaft

+radio

STUDIO BASEL

4024 Basel
Postfach 27
Telefon 061 35 30 30
Telex 62152

Mike E. Rodger
Fontenay Allee No. 2
D-2 HAMBURG 36

Ihr Zeichen	Ihre Nachricht	Unser Zeichen	Basel, Novarastrasse 2
		UA/Sch/Wi	28th April 1976

To whom it may concern:

This letter is to introduce Mike E. Rodger, who will be travelling to the U.S.A. in May 1976 in order to prepare a broadcast on Elvis Presley for Swiss Broad-casting Corporation (SRG).
We should be very thankful, if all authorities and institutions concerned would give any necessary assistance on his demand.

Deputy-Head of
Light Entertainment

Chr. Schwegler

(Christoph Schwegler)

meine Zusage erfreut und bot mir an, sich an den Benzinkosten zu beteiligen. Auch zeigte er mir seinen Ausweis, damit ich wüßte, wen ich mitnähme. Er hieß Buster Burnham.

Wir gingen zusammen zu meinem Mietwagen, einem silbergrauen Cadillac Fleetwood mit roten Plastiksitzen. Ich hatte bewußt einen Cadillac geordert, da ich von Elvis Presleys Auto-Tick wußte. Und der Colonel, so hatte man mir berichtet, lege sehr viel Wert auf Äußeres und auf Statussymbole. In meinem Koffer befanden sich ein dunkler Flanell-Anzug mit feinen Nadelstreifen, ein weißes Hemd, Weste, Krawatte und ein paar schwarze Schuhe. Zwar hatte ich auf der ganzen Reise der sommerlichen Temperaturen und meiner Bequemlichkeit wegen immer nur T-Shirts und Jeans getragen, für ein eventuelles Treffen mit Thomas Andrew Parker aber wollte ich gerüstet sein.

Mr. Burnham erwies sich als ausgesprochen angenehmer Begleiter auf der kurzen aber schönen Strecke zwischen Reno und dem See. Schnell waren wir durch die Außenbezirke der Stadt hindurch und fuhren auf der Überlandstraße Nr. 50 in Richtung Carson City, von wo ich dann nach Cave Rock und Stateline abzubiegen gedachte. Doch mein Beifahrer hatte einen anderen Vorschlag. Wie er erklärte, besäße er ein kleines Haus in Incline Village an der Nordseite des Sees, wenn ich seinem Rate folgen sollte, könne ich auf einer Nebenstrecke zu dem Dorf gelangen, ihn dort absetzen und dann weiter auf der Bundesstraße Nr.28 nach Stateside gelangen. Ich war einverstanden. Und dadurch fuhren wir dann über eine enge, mit Schlaglöchern übersäte Straße in Serpentinen den Monte Rose hoch, von dessen Gipfel man eine einzigartige Sicht über den See und die umliegenden Gebirge genießt. Der Monte Rose ist mit seinen 2 000 Metern nicht der höchste Berg am Lake Tahoe; in südwestlicher Richtung liegt Squaw Valley, das ehemalige Olympia-Dorf inmitten eines Gebirgsmassives, das im Winter eines der beliebtesten amerikanischen Skigebiete ist. Der See selbst gehört zu den drei sau-

SUNRISE CONCERTBÜRO GMBH

Sunrise Concertbüro GmbH · Alsterkehre 4 · 2 Hamburg-65

ALSTERKEHRE 4
2000 HAMBURG - 65
TELEFON (040) 6 02 54 43/44
TELEX-NR. 21 74680 Suco d

VOLKSBANK HAMBURG-NORD
KONTO 11-201310

POSTSCHECKKONTO HH 8 722-205

COLONEL
THOMAS A.PARKER
c/o Sahara Hotel
LAKE TAHOE
NEVADA / U S A

Hamburg, den April-29-1976.

ELVIS PRESLEY CONCERT.

Dear Sir,

this letter will serve to introduce Mike E. Rodger who is authorised on behalf of SUNRISE CONCERTBÜRO GmbH and INTERNATIONAL CONCERT ORGANISATION A/S, Copenhagen to offer the sum of

5.000.000 DM (five million Deutsche Mark)

for an exclusive concert appearance of Mr. Presley on the European continent.

We would be glad to hear from you.

Sincerely yours,

Werner H. Kuhls

WK/MR

bersten Seen der Welt. Das gesamte Gebiet um den See steht unter Naturschutz; es gibt nur wenige kleine Orte und auch Stateside, das direkt an der Staatsgrenze von Nevada und Kalifornien liegt, besteht auf der Seite von Nevada nur aus wenigen großen Hotel- und Casino-Betrieben, auf der kalifornischen Seite liegen kleinere Geschäfte, Motels und Restaurants. Die Grenze läuft mitten durch den Ort quer über eine Kreuzung an der Hauptstraße hinweg. Die Ampelanlage und das Trottoir gehören noch zu Kalifornien, das erste Haus — wie könnte es anders sein: ein Spielcasino — liegt in Nevada.
Wir erreichten nach kurzer Fahrt durch herrliche Kiefernwälder den Golfplatz von Incline Village und das dort gelegene Holzhaus von Mr. Burnham. Holz ist das bevorzugte Baumaterial in der Gegend, weil reichlich vorhanden. Das Haus war ein großzügig angelegter Bungalow mit allem Komfort. Buster, inzwischen nannten wir uns, wie in Amerika üblich, beim Vornamen, hatte mich in sein Haus gebeten, sich für die Mitnahme bedankt und als er hörte, daß ich einige Tage in Lake Tahoe bleiben wollte, mir die vier Gästezimmer gezeigt, und darauf bestanden, daß ich mein Hotelzimmer im Sahara Tahoe abbestellte und als Gast bei ihm bliebe. Buster, so stellte sich nun während eines Gespräches am Kamin heraus, war ein wohlhabender Geschäftsmann, der sich zurückgezogen hatte. Die Wintermonate verbrachte er entweder in seinem Domizil in Palm Springs in Florida oder in seinem Appartement in San Francisco, den Sommer über lebte er des guten Klimas wegen in seinem Haus am Tahoe-See. Buster war gerade von einem Besuch bei seinem Sohn einem Rechtsanwalt in Memphis, Tennessee zurückgekehrt. Burnhams Frau war noch dort geblieben, weil die Schwiegertochter gerade ein Baby bekommen hatte.
Zu Gast in Busters Haus konnte ich mich völlig frei bewegen und durfte sogar das Telefon benutzen, um mit New York, Los Angeles, London oder Hamburg zu sprechen; ich wurde behandelt wie ein alter Freund. Es war für mich eine neue Entdeckung: eine liebens- und lobenswerte, wohl typisch amerikanische Eigenschaft. Gastfreundschaft ist in diesem riesigen

Land, wo jeder noch ein Stück Pioniergeist zu besitzen scheint, selbstverständlich. Und wie sehr hatte der erste Eindruck getäuscht, als mich Burnham am Flughafen angesprochen hatte. Wer in Amerika Geld besitzt, zeigt das noch lange nicht. Die Geschichte vom Millionär, der wie ein besserer Landstreicher rumläuft, hat einen realen Hintergrund.
Mein erstes Telefongespräch führte ich mit dem Sahara Tahoe Hotel. Ich wollte mit Colonel Parkers Office verbunden werden. Aber das war nicht möglich. Das Telefon-Mädchen hatte Anweisung, keine Gespräche durchzustellen. In den folgenden zwei Tagen sollte ich diese Auskunft noch des öfteren bekommen. Ich setzte mich in den Wagen und fuhr die 29 Meilen von Incline Village nach Stateside. Bei einbrechender Dunkelheit erreichte ich den Ort. Die Neonreklamewände an den Casinos und Hotels waren eingeschaltet. Es war zwar nicht ganz so großartig wie in Las Vegas, aber doch beeindruckend. Es flackerte und blinkte und die Hauptstraße leuchtete rot, grün, blau oder weiß vom Widerschein der Leuchtreklame. Am Sahara Tahoe war eine etwa 20 Meter hohe Leuchtschrift angebracht: ELVIS! NOW! Darunter waren die anderen Mitwirkenden der Show aufgeführt: die Sweet Inspirations, J.D. Summer & the Stamps Quartet, der Komiker und Humorist Jackie Kahane und der Band Leader Joe Guercio. Hunderte von Menschen drängten sich an den Eingängen der Casinos, wechselten von einer Straßenseite zur anderen oder gingen in die unzähligen Restaurants, die den Spielhallen angegliedert sind.
In den Casinos selbst standen die Leute mit gespannten Gesichtern an den Automaten. Große Kristall-Lüster an den getäfelten Decken und an den stoffbespannten Wänden, dicker, weicher Teppichboden und viel plastikfurniertes Imitationsholz mit dunkler Maserung verlieh dem Ganzen eine schwülstig-kitschige Atmosphäre. Zumeist stehen in der Mitte der Casino-Hallen die langen Reihen der Spielautomaten, der ‚einarmigen Banditen', manchmal bis zu 1 000 Stück allein in einem Casino. Dazwischen dann die Roulett- und Bakkarat-Tische und die großen Glücksräder. An den Dek-

ken zeigen Leuchtziffern die Gewinnchancen der Keno- und Bingo-Spiele an; so ist man in der Lage, mehrere Spiele gleichzeitig zu machen und dabei noch die Automaten zu bedienen. An den Seiten der Hallen stehen die Poker-, Black-Jack- und Würfel-Tische. Daneben die Eingänge zu den verschiedenen Restaurants, die alle so spärlich beleuchtet sind, daß man trotz der Kerzen auf den Tischen oft genug nicht sieht, was man auf dem Teller hat. Auf Bar-Niveau herabgedunkelte Speiselokale scheinen eine amerikanische Spezialität zu sein.
Nach meinem Rundgang ging ich ins Foyer des Sahara Tahoe und zur Rezeption. Auch hier hingen die Geldspielautomaten. Über das Haustelefon versuchte ich erneut, das Büro des Colonel zu erreichen. Es klappte nicht. Auch seinen Sekretär, mit dem ich von Deutschland aus telefoniert hatte, konnte ich nicht sprechen. Bonjar war nicht da.
Ich fuhr nach Incline Village zurück. In den nächsten zwei Tagen lebte ich ein echtes Touristenleben. Ich unternahm lange Spaziergänge, blieb morgens länger im Bett, besuchte landschaftlich schöne Aussichtspunkte rund um den See oder ging mit Burnham zu Nachbarn und Freunden. Fast alle besaßen irgendwo einen deutschen Vorfahren von dem sie dann voller Stolz erzählten. Unter anderem lernte ich auch einen Bayern kennen, der unter Hitler hatte fliehen müssen. Heute besitzt er eine Firma in Los Angeles und ein original bayrisches Haus direkt am Tahoe-See. Ein deutscher Architekt hat es gebaut. Von der Terrasse hat man einen wunderschönen Blick über das Wasser auf die gegenüberliegenden schneebedeckten Berge. Es ist wie in den bayrischen Alpen oder der Schweiz. Deutsche Idylle in Amerika.

Von Colonel Parker oder Bonjar hörte ich nichts. Zwar wurden meine zahlreichen Nachrichten, die ich im Hotel hinterließ, abgeholt, nur eine Antwort war nie hinterlegt.
Nach zwei Tagen hatte ich genug. Ich war verärgert, zumal ich im Hotel noch einmal mit Melvin Ilberman gesprochen hatte, der mir versicherte, er

würde den Colonel informieren, daß ich im Hotel auf ein Gespräch mit ihm wartete. Erneut fuhr ich zum Sahara Tahoe, um eine neue letzte Nachricht für Mr. Bonjar zu hinterlegen. Ich teilte ihm mit, daß ich ungerne den weiten Weg von Hamburg nach Lake Tahoe umsonst machen würde, wenn er mir aber bis abends um 20 Uhr keine Nachricht zukommen ließe, und mir mitteilte, ob ich nun mit ihm oder dem Colonel sprechen könne, dann würde ich am nächsten Morgen abreisen und nach Deutschland zurückfliegen. Verärgert war ich auch deshalb, weil ich am Abend zuvor, im Foyer des Hotels neben einem Souvenir-Stand, der nur Elvis-Artikel verkaufte, vom geschmacklosen Elvis-Ölgemälde über Poster bis hin zum Elvis-Button, Bonjars Bruder kennengelernt hatte. Auch er gehörte zur Truppe des Colonel und hatte mir versprochen, seinem Bruder auszurichten, daß ich auf ein Gespräch wartete.
Pünktlich um 19.50 Uhr fuhr ich in meinem Miet-Cadillac vor dem Hotel vor. Ein Park-Boy nahm die Wagenschlüssel in Empfang und ich ging zur Rezeption. Ich trug meinen gestreiften Flanell-Anzug mit Weste und hatte mir meinen dicken Aktenordner unter den Arm geklemmt. In ihm waren meine gesamten Elvis Unterlagen enthalten und meine Aktivitäten aufgeführt. Außerdem waren darin die Vollmachten verschiedener Rundfunk- und Fernsehanstalten und Zeitschriftenverlage abgeheftet, in denen bescheinigt wurde, daß ich als freier Mitarbeiter der Redaktionen berechtig sei, Interviews mit dem Colonel oder Elvis Presley zu führen. Die Abteilung Fernseh-Unterhaltung des Südwestfunks in Baden-Baden hielt in New York ein Film-Team für mich bereit, für den Fall, daß sich der Colonel zu einem Interview bereit erklären sollte. Dann wäre das Team innerhalb weniger Stunden nach Lake Tahoe geflogen.
Ich wartete. Ein älterer Mann fiel mir auf, der mehrere Male an mir vorbeiging und mich musterte. Dann verschwand er im Lift. Um 20.05 Uhr machte mich Buster, der mit mir mitgekommen war, auf eine Gruppe von Männern aufmerksam, die am Ende der Eingangshalle zusammenstanden und hin und

wieder zu uns herübersahen. Es waren einige bullige junge Männer in T-Shirts, die sich straff über die breiten Schultern spannten. Dazwischen standen einige, die etwas älter waren und ruhig miteinander sprachen. Einer fiel mir auf. Er trug alte, graue, zerbeulte Hosen, Sandalen und ein blaues Nickihemd. Aus der Brusttasche ragten die Enden einiger dicker Zigarren. Der Mann war ziemlich korpulent, hatte weißes, schütteres Haar und war braungebrannt. Ich schätzte sein Alter auf ungefähr 65 Jahre. Er rauchte eine Zigarre und ging, große Rauchwolken ausstoßend, mit seinen Leuten zum Elvis-Presley-Souvenir-Stand, wo er so eingehend die Poster und die anderen Elvis-Artikel betrachtete, als sähe er diesen Sänger zum allerersten Mal. — Der Mann war Colonel Thomas Andrew Parker.

Ich ging ebenfalls hinüber zum Stand, die Männer traten zur Seite, und ich stellte mich hinter den Colonel. Als dieser sich rumdrehte, fragte ich: „Colonel Parker?" Er musterte mich mit zusammengekniffenen Augen. „Mike Rodger", stellte ich mich vor. Er nickte, nahm langsam seine Zigarre aus dem Mund und betrachtete mich von oben bis unten. Dann holte er tief Luft und begann, mich fürchterlich zu beschimpfen.

Mit beiden Händen wild gestikulierend warf er mir vor, das ganze Hotel in Aufregung versetzt zu haben. Laufend hätte ich die Telefonzentrale angerufen und nach ihm gefragt oder Nachrichten für ihn oder seinen Mitarbeiter Bonjar hinterlassen. Alle möglichen Leute hätte ich behelligt und Aufruhr verursacht. „Was glauben Sie", stieß er hervor, „wieviele Leute mich jeden Tag sprechen wollen? Ich hätte ja viel zu tun, wollte ich jeden anhören! Es interessiert mich auch überhaupt nicht, ob Sie aus Deutschland, Japan oder sonstwoher kommen!"

Parker schimpfte weiter. Zuerst hatte ich mich erschreckt; mit einem solchen Empfang hatte ich nun doch nicht gerechnet, obwohl ich mir von vielen hatte sagen lassen, daß Parker ein Egozentriker sei. Als ich dann aber beobachtete, wie Parker sich immer mehr echauffierte, obwohl seine Augen ganz ruhig blickten, wußte ich, daß der Colonel bluffte. Ich war mir nicht sicher, ob

er mich einem Einführungs-Test unterzog oder ob er seine persönliche Opening-Show vorführte, und konnte mir ein leichtes Grinsen nicht verkneifen.
„Ich wollte Sie nicht verärgern", versicherte ich ihm, „aber es ist leichter eine Audienz beim Papst zu bekommen, als ein Date mit Ihnen!"
„Das ist auch richtig so", war Parkers Antwort.
Sehr schnell hatte sich der Colonel wieder beruhigt und wir gingen in eine stillere Ecke der großen Hotel-Halle. Im Gefolge: Parkers Mitarbeiter und Leibwächter. Zusammen ungefähr 15 Mann.
Als erstes wollte Parker wissen, wen ich mit dabei hätte. Nachdem ich ihm erklärt hatte, daß Mr. Burnham ein enger Verwandter des amerikanischen Großindustriellen Plough sei, hellte sich Parkers Miene merklich auf, er wurde verbindlich, ja geradezu freundlich. Denn Mr. Plough, dessen Unternehmen unter den zwanzig größten US-Firmen zu finden ist, wohnt wie Elvis in Memphis, Tennessee. Plough ist, ebenso wie Elvis, für seine Spendenfreudigkeit bekannt. Nur: wenn Elvis 250 000 Dollar an einen Hilfsfonds überweist, dann spendet Mr. Plough vielleicht 1,5 Millionen Dollar. Denn Elvis Presley ist nach Herrn Plough nur der zweitreichste Mann in Memphis.
Da Geld dem Colonel immer schon imponiert hat, war meine Bekanntschaft, die ich so unverhofft auf dem Flughafen von Reno gemacht hatte, ganz plötzlich von großem Vorteil für mich. Im weiteren Gespräch zeigte sich Parker nun liebenswürdig und interessiert, wenn auch hin und wieder recht ironisch und selbstgefällig. Ich bin sicher, daß den Colonel die Anwesenheit von Mr. Burnham mehr beeindruckt hat, als meine gesamten Elvis-Presley-Aktivitäten.
Parker ließ sich von mir über meine Sendungen über seinen Star berichten und bat mich, ihm Cassetten davon zuzusenden. Ich erzählte Tom Parker von meinen Schwierigkeiten, authentische Informationen über Elvis zu bekommen, und fragte, weshalb er, wie bei anderen großen Stars im Showbusiness üblich, kein eigenes Pressebüro unterhalte. „Sie blicken doch darauf", war seine selbstbewußte Antwort. „Mir ist es völlig egal", erklärte

Parker, „was die Presse so alles über meinen Schützling schreibt. Ich sammele alle Artikel und Informationen, die weltweit über Elvis erscheinen; manchmal lese ich sie, um mich zu amüsieren, interessieren tun sie mich wenig. Ich werde mich erst dann anfangen aufzuregen, wenn niemand mehr über Elvis schreibt."

Natürlich sprach ich über dieses Buch, was ich vorhatte zu schreiben. Parker veranlaßte das, über sein Archiv zu berichten, in dem er seit 21 Jahren alles über Elvis Presley hortet. Tausende von unveröffentlichten Bildern besäße er, außerdem alte Tonbänder mit Songs, die noch nicht veröffentlicht worden wären, und viele andere Dinge mehr. Aus Presseartikeln, PR-Anweisungen, Gesprächs- und Konferenz-Notizen, Sende-Manuskripten, Drehbüchern, Werbe-Treatments, Verträgen, Geschäftsbriefen und anderen Unterlagen wäre er in der Lage, so erklärte er nicht ohne einen Anflug von Stolz, das einzig authentische, umfassende Elvis-Presley-Buch zusammenzustellen und zu schreiben. Verlagsangebote lägen ihm dafür schon vor.

Seit 1957 hat Tom Parker alljährlich verkündet, er wolle nun endlich sein Elvis-Buch auf den Markt bringen, doch bis heute hat er es nicht getan. Auch hatte Parker wissen lassen, in seinem geplanten Buch verkaufe er Seiten, um interessierten Firmen die Möglichkeit zu geben, Annoncen zu plazieren. Die erste Anzeige, so wird berichtet, sei von der RCA eingegangen.

Als ihn Mitte der sechziger Jahre dann ein Verleger aus New York anrief und ihm einen Vorschuß von 250 000 Dollar für die Veröffentlichungsrechte bot, meinte der Colonel erfreut, dafür könne er die Buchrückenseite zur Verfügung stellen.

Außerdem hat der Colonel in den vergangenen Jahren von einem anderen Buch-Projekt geschwärmt. Er wolle seine eigene Lebensgeschichte veröffentlichen. Titel des geplanten Buches, das schon 1960 erscheinen sollte: ‚How Much Does It Cost If It's Free'?

Nachdem ich die Unterlagen meiner Elvis-Presley-Aktivitäten gezeigt hatte, hielt ich es für angebracht, das Konzert-Angebot vorzulegen. In der Branche erzählt man sich viele Geschichten über Auftritts-Offerten, die der Colonel in den letzten 21 Jahren für seinen Goldjungen erhalten hat. Die meisten hat er abgelehnt.

Schon Ende der fünfziger Jahre, so wird berichtet, sei ein Veranstalter in das Büro des Colonel gestürmt und habe ihm 50 000 Dollar für einen Auftritt auf den Schreibtisch geblättert. Parker sagte nein. 1961 bot ein Konzert-Promoter einen enormen Preis für einen Elvis-Auftritt in einem großen Stadion. Der Colonel dachte an eine gute Promotion für den Film ‚It Happened At The World's Fair', den Elvis damals gerade drehte, und sagte zu. Als der Veranstalter um einen Ersatz-Termin für den Fall bat, daß es regnete, fragte Parker erstaunt, ob denn das Stadion nicht überdacht sei? Als der Veranstalter dies verneinte, antwortete der Colonel: „Sollte es bei dem Konzert regnen, dann wollen wir natürlich die Konzession haben, Regenschirme zu verkaufen!"

Von einigen wenigen Ausnahmen abgesehen, hat es Tom Parker nie zugelassen, daß Elvis bei großen Open-Air-Veranstaltungen auftrat: zu schlecht sind zumeist die akustischen Verhältnisse, zu eingeschränkt die Sichtverhältnisse vor allem von den hinteren Plätzen. Einem englischen Konzertmanager, der die Idee hatte, das Wembley-Stadion im Falle eines Elvis-Auftrittes zu überdachen, beschied der Colonel, er sei höchstens daran interessiert, Elvis vor maximal 1 000 Personen auftreten zu lassen, die vorher allerdings die Freude eines guten Essens genießen sollten. Lokalitäten für ein solch bescheidenes Projekt seien in England allerdings nicht vorhanden, sein Star könne deshalb leider nicht auftreten.

Bis heute hat Elvis Presley die höchsten Gagenzahlungen erhalten, die je im Schaugeschäft gezahlt wurden. Und die Angebote, die Tom Parker abgelehnt hat, reichen bis 1,5 Millionen Dollar pro Konzert. Das mag wenig beeindruckend klingen, hat man doch den Beatles schon bis zu 100 Millionen DM für einen einmaligen, gemeinsamen Auftritt geboten. Nur handelt es sich bei Elvis Presley um eine reine Konzert-Gage, wohingegen der Ge-

Linke Abbildung:
Neonwerbung
am Sahara-Hotel
in Lake Tahoe
mit Ankündigung
der Elvis-Show.

Abbildungen unten:
Eintrittskarten
zur Elvis Presley- Show
am 6. Mai 1976
im Sahara-Tahoe-Hotel.

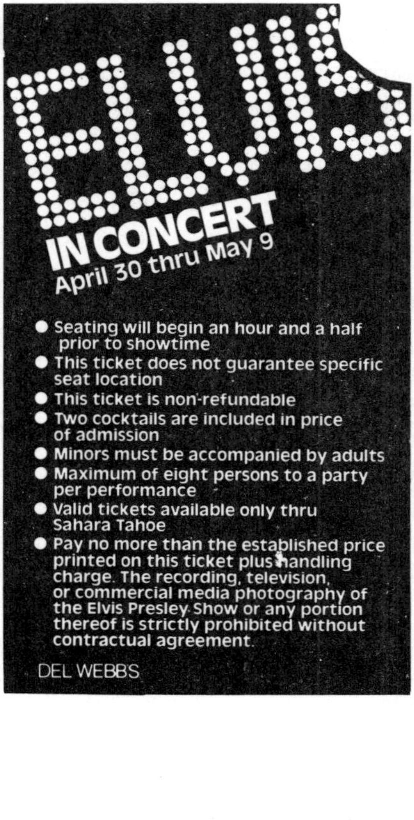

schäftsmann, der den Beatles die Millionenofferte unterbreitete, dafür — verständlicherweise — auch die gesamten Auswertungsrechte für Film-, Fernseh- und Tonproduktionen erhalten wollte — und auch benötigt, um noch einen Gewinn zu erwirtschaften.

Das Angebot, daß ich mitgebracht hatte und dem Colonel überreichte, war für einen, einmaligen Konzertauftritt auf dem europäischen Festland gedacht und belief sich auf fünf Millionen DM.

Colonel Tom Parker nahm das Schriftstück, las es sorgfältig, reichte es mir wieder zurück und sagte: „This does not impress me at all!"

Bei dieser Summe, so fuhr er fort, müsse der Veranstalter die Karten selbst bei einer Riesenhalle für einen so hohen Preis verkaufen, daß sich dies nicht mehr mit seinen Vorstellungen einer akzeptablen Kartenpreispolitik decke. Parker erklärte mir, weshalb die Eintrittspreise bei Elvis-Presley-Konzerten immer zwischen 10 und 20 Dollar liegen: „Ich will möglichst vielen Leuten ermöglichen, Elvis zu sehen. Deshalb sind 20 Dollar das Maximum für ein Ticket. Natürlich sind viele bereit, auch erheblich mehr zu zahlen, aber die meisten können sich Horrorpreise doch gar nicht leisten, vor allem die Jugendlichen nicht!"

In den Vereinigten Staaten organisiert der Colonel selbst die beiden Elvis-Tourneen, die normalerweise alljährlich stattfinden. Vor dem kurzen Gastspiel im Sahara Tahoe Hotel hatte Elvis zwischen dem 18. und 22. März gerade eine Mini-Tournee absolviert. Es war eine Generalprobe für neue, weitere Auftritte im Jahre 1976, denn die lange, schwere Krankheit, die ihn 1975 fast sechs Monate gezwungen hatte, unter strikter ärztlicher Kontrolle zu leben und sich auch phasenweise im Krankenhaus von Memphis stationär behandeln zu lassen, hatte ihn sehr geschwächt. Im Frühsommer 1976 war Elvis noch nicht vollständig erholt.

Tom Parker erklärte mir sein System, Elvis-Konzerte zu organisieren: mit einem eigenen Mitarbeiter-Stab werden die Tourneen geplant, annonciert und durchgeführt. So bleibt alles unter der Kontrolle des Colonel. Für das

Ausland, so meinte Parker zu mir, gäbe es im Augenblick keinerlei Konzert-Pläne. Zu viele Verpflichtungen hielten Elvis in den USA; auch für 1977 sei nur eine Tournee außerhalb der Vereinigten Staaten geplant; sie führe durch einige große Städte in Kanada. Ihm lägen haufenweise Angebote aus Europa, Japan, Australien und anderen Ländern vor, doch alle habe er abgelehnt. Auch nach England und West-Deutschland käme Elvis in den nächsten drei Jahren nicht. Das sei definitiv, versicherte Parker, als ich noch einmal nachhakte.

Damit erwies sich auch die von einer großen, überregionalen Boulevardzeitung am 7. Juli 1976 bundesweit verbreitete Nachricht, der Chorleiter Les Humphries stände kurz vor dem erfolgreichen Abschluß von Verhandlungen mit Colonel Tom Parker, wonach Elvis Presley für 400 000 DM pro Konzert Anfang 1977 nach West-Deutschland käme, als sommerliche Zeitungsente. Der Colonel und ich waren so ins Gespräch vertieft, daß wir zuerst den neueingetroffenen Besucher nicht bemerkten. Freddie Bienstock war von New York nach Reno geflogen, um Elvis in seiner Show im Sahara Tahoe Hotel am Tahoe-See zu sehen. Bienstock wurde vom Colonel und seinen Mitarbeitern herzlich begrüßt. Freddie Bienstock, ein Schweizer aus St. Gallen, der heute jeweils die Hälfte des Jahres in New York und die andere Hälfte in London verbringt, ist ein wichtiger Mann unter den Musik-Verlegern. Für Elvis Presley hatte er lange Zeit eine zentrale Bedeutung. Der Cousin der beiden deutschstämmigen Brüder Jean und Julien Aberbach, denen unter anderem auch der große amerikanische Musikverlag Hill & Range gehörte, wurde schon im Frühjahr 1956 Direktor des ersten Presleyschen Musikverlages. Bis 1968, als Elvis dann mit seiner NBC-Fernseh-Show sein Comeback einleitete, hat Bienstock die Vorauswahl für das gesamte Musikangebot an Elvis Presley getroffen. Damit hatte Bienstock einen entscheidenden musikalischen Einfluß auf die Karriere des Rock-Sängers. Als Clearing- und Selection-Stelle entschied letztlich er über die Titel, die Elvis erreichten. Freie Komponisten und Texter wie Mort Shuman, Doc Pomus oder

Otis Blackwell, aber auch Produzenten wie Mike Stoller und Jerry Leiber und sogar die RCA schickten ihre Demonstrations-Bänder direkt an Freddie Bienstock. Auch für die vielen Musik- und Unterhaltungsfilme suchte er die Titel aus, die zwischen die einzelnen Szenen als Auflockerung gesetzt werden sollten. Wenn er drei oder vier verschiedene Songs für jeden Filmbreak zusammen hatte, gab er diese an Elvis weiter, der sich dann für jeweils einen Titel entscheiden konnte.

Ich wechselte mit Bienstock einige Worte auf deutsch. Parker meinte dazu, ich könnte gerne deutsch sprechen, er verstünde jedes Wort, nur werde er selbst weiterhin englisch sprechen, das fiele ihm leichter. Sein Sekretär und Mitarbeiter Ed Bonjar, mit dem ich ja von Deutschland aus einige Male telefoniert hatte, spreche, so erklärte der Colonel weiter, dank seiner französischen Abstammung fließend französisch. Für Bienstock war dies eine Veranlassung, einige Sätze in der französischen Sprache zu formulieren, die er als Schweizer verständlicherweise beherrscht. Nun aber, nachdem wir uns bereits in drei Sprachen unterhalten hatten, wollte der Colonel einen besonderen Witz machen und mich in Verlegenheit bringen. Seine Umwelt auf den Arm zu nehmen, ist eine der liebsten Tätigkeiten des manchmal ironischen, öfter aber sarkastischen Colonels. Indem er auf einen seiner farbigen Leibwächter deutete, sagte Parker, der Mann käme aus Afrika, mit ihm könne ich, selbstverständlich nur wenn ich wolle, Suaheli sprechen. Glücklicherweise habe ich mir auf meinen Reisen in Afrika, nicht zuletzt mit Hilfe meiner früheren Frau, die aus Nairobi stammt, einiges dieser Sprache angeeignet. Erfreut begrüßte ich den Leibwächter auf Suaheli.

Der Colonel war perplex.

Im weiteren Verlauf unseres Gespräches stellte mir Tom Parker einige seiner Mitarbeiter vor: Mr. Green und Mr. Swindle, die unter Tom Diskin, einem langjährigen Vertrauten des Colonel, die Geschäfte der Firma Roadshow Merchandiese führen. An sie sollte ich mich wenden, wenn ich — in größeren Mengen ab 1 000 Stück — Fotos, Autogrammkarten oder Poster

von Elvis Presley benötige. Die Firma liefert vom Elvis-T-Shirt bis zum Elvis-Andenken-Buch jeden nur gewünschten Artikel. Viel mehr als für Elvis-Bilder interessierte ich mich allerdings für Elvis Presley selbst. ,,Sie sollten sich die Show ansehen", empfahl mir Parker.
Ich tat, wie mir geheißen. Am 6. Mai gegen 20 Uhr traf ich in Begleitung meines Freundes Buster im Sahara Tahoe Hotel ein. Der Car-boy gab mir die obligatorische Parkkarte, stieg in den Wagen und fuhr ihn in das Parkhaus. Buster und ich gingen in das dem Hotel angeschlossene Casino. Dort in einem der kleineren, mit rotem Plastik und Plüsch besonders geschmacklos ausgestatteten Restaurant aßen wir ausgezeichnet zu Abend. Das Essen in den Casino-Betrieben ist immer ganz hervorragend. Außerdem sind die Preise besonders günstig, denn die Casinos möchten nicht, daß die Besucher von den Automaten oder Spieltischen weglaufen, wenn sie Hunger verspüren und sich irgendwo ein kleines Restaurant suchen. Man will unter allen Umständen vermeiden, daß sie das Casino verlassen; sie könnten ja sonst zu einem Konkurrenz-Unternehmen gehen oder gar nicht mehr zurückkommen. Wer aber gut und billig im Casino essen kann, wird das Geld, was er so zufrieden gespart hat, gleich wieder in die Automaten stecken. Und wahrscheinlich mehr noch dazu.

Vom Hotel-Manager des Sahara Tahoe, der informiert war, daß ich extra für Colonel Tom Parker und Elvis Presley aus West-Deutschland angereist war, erhielt ich die beiden für mich reservierten Karten für die Elvis-Presley-Show. Er überreichte mir die Tickets und sagte höflich: ,,Die Karten sind noch nicht bezahlt, darf ich Sie um zwei mal zwanzig Dollar bitten?" Da die Show an diesem Abend, ebenso wie an den anderen Abenden, restlos ausverkauft war, erhielten Buster und ich als Sitzgelegenheit zwei Barhocker, die für uns aber so günstig plaziert wurden, daß wir einen ausgezeichneten Blick auf die Bühne hatten.
Die Show-Rooms sind direkt den Hotels und Casinos angeschlossen, denn in den Glücksspiel-Städten Las Vegas, Reno und Stateline gehören diese drei

immer zusammen. Der Gast soll, so die Absicht dieser Vergnügungsbetriebe, unter einem Dache schlafen, essen, sich in einer Show oder Revue amüsieren — und vorher, nachher und dazwischen immer wieder spielen. Natürlich sind die Show-Rooms nicht mit karg ausgestatteten, grell beleuchteten Konzert- oder Mehrzweckhallen zu vergleichen. Es sind überdimensionale Kinosäle, die mit großem technischem und dekorativem Aufwand ausgerüstet sind. Zumeist sind Sitz- und Tischgruppen im Halbkreis, terrassenförmig aufsteigend um eine Bühne angeordnet. Normalerweise wird vor einer Show ein opulentes Dinner serviert. Dann hat der Gast Gelegenheit, noch etwas zu trinken zu bestellen, bevor die Show beginnt. Der Preis für das Abendessen ist im Konzertpreis enthalten, extra zahlt der Besucher nur zusätzliche Getränke. Bei Elvis hatte man diese Regel leicht abgeändert: es gab kein Dinner, sondern nur zwei Frei-Drinks!

In Elvis-Presley-Konzerten sieht man heute hauptsächlich dreißig- bis sechzigjährige Frauen mit ihren Ehemännern, deren Körperfülle und stolze Bauch-raus-Haltung deutlich dokumentieren, daß sie es zu etwas gebracht haben. Die Frauen mit hochtupierten gefärbten Haartrachten und in bunten, glasperlen- und paillettenbestickten Abendkleidern sind ihr Aushängeschild. Der amerikanische Mittelständler ist stolz auf sich selbst!

Und da es hauptsächlich diese Bevölkerungsschicht ist, die an den Wochenenden und zur Urlaubszeit die Spielerparadiese Las Vegas, Reno oder Lake Tahoe in Nevada besucht, ist es einleuchtend, daß die Hotel- und Casino-Betriebe Sänger wie Elvis Presley buchen und für mehrwöchige Gastspiele in ihre pompösen Show-Rooms verpflichten. Natürlich deckt ein Eintrittspreis von 15 oder 20 Dollar bei weitem nicht die Kosten für Künstlergagen und Show-Ausstattung, zumal die Show-Rooms kaum mehr alls 2 500 Besucher fassen. Doch Entertainer wie Elvis Presley, Frank Sinatra, Barbara Streisand oder Sammy Davis Jr. sind die Zugpferde in die man investiert, um an den Tausenden von Glücksspielautomaten, Poker-Tischen, Keno- oder Bingo-Spielen und Lotterien wieder zu gewinnen. Und das Casino gewinnt immer! Auch wenn mancher Spezial-Automat Gewinne bis zu 81 000 Dollar auswirft und es bei vielen Spielen kein Limit gibt. Das Glücksspiel hat allein Las Vegas im ersten Halbjahr 1975 über 383 Millionen Dollar eingebracht. Da kann man ruhigen Gewissens mal eine Million für Elvis Presley abzweigen.

Die „Elvis In Concert Show" — begann mit den Sweet-Inspiration, die neben ihren altbekannten Hits und oftgehörten Pop-Klassikern, ein Stevie Wonder-Potpourri von besonderer Qualität boten. Das Soul-Trio, das gleichartige Formationen wie die Three Degrees oder die Supremes an Musikalität und Bühnenpräzision weit übertrifft, deren Popularität aber nie erreicht hat, tourt schon seit Jahren mit Elvis Presley und fährt finanziell nicht schlecht dabei.

Nach den drei farbigen, jungen Damen erschien der drittklassige Las Vegas Humorist Jackie Kahane auf der Bühne. Seine Witze sind so alt, schlecht und zum Teil so geist- und geschmacklos, daß die renommierte US-Musikzeitschrift ‚Rolling Stone' über ihn schrieb: „Entweder erpreßt er Elvis oder aber ist sein Schwager, wie sonst darf so ein billiger Komiker im Vorprogramm der Presley-Show solch schwachsinnige Witze von sich geben?" Nachdem Kahane zum großen Vergnügen des Publikums über Indianer, Neger, Schwiegermütter und natürlich Homosexuelle hergezogen war, hatte er nach dreißig Minuten unter lautem Beifall sein Repertoire endlich abgespult.

Nach einer kurzen Pause, in der jeder schnell noch einen Drink bestellte, verlosch das Licht und hinter dem schwach angestrahlten Vorhang ertönte die altbekannte Richard-Strauß-Overtüre ‚Also sprach Zarathustra', die seit einigen Jahren die Ankunft des ‚Kings' ankündigt. Der Vorhang öffnete sich, die Spot-Lights flammten auf und eine 10 Meter hohe und 25 Meter lange Leuchtwand im Bühnenhintergrund bestrahlte gelblich-rot eine 34-Mann-Big Band und 10 Sänger. Ohne Unterbrechung ging die Band in den Rock-Oldie ‚See See Rider' über, und das Publikum applaudierte hingerissen. Die meisten standen auf ihren Plätzen, denn nun mußte jeden Augenblick Elvis erscheinen. Und da schob er sich auch schon von der Bühnenseite ins Blickfeld der Fans. Ein einziger jauchzender Aufschrei war die Reaktion der Menge. Während Elvis ein Lied von Olivia Newton-John sang, rannten viele der weiblichen Besucher, darunter viele Mütter-Töchter-Duos, nach vorne zur Bühne. Elvis lächelte dazu verständnisvoll, und den Spät-Teens und alternden Twens standen in Minuten die Tränen in den Augen und verwischten die sorgfältig, dick aufgetragenen Make-ups.

Überhaupt wird bei Elvis-Presley-Konzerten viel geweint; sicher mehr als bei mancher Beerdigung. Je näher man zur Bühne kommt, um so stärker ist die emotionale Bewegung des Publikums. Die Begeisterung im Saal kennt keine Grenzen, wenn Elvis ein altbekanntes Lied wie den ,Hawaiian Wedding Song' aus seinem Film ,Blue Hawaii' intoniert. Alte Ehepaare schauen sich verträumt in die Augen, junge Frauen fallen sich schluchzend in die Arme.

Mit der Hilfe seiner 10 Hintergrund-Sänger arbeitet sich Elvis durch das Programm. Man sieht, es kostet ihn viel Kraft. Auch wenn er seine Gewichtsprobleme mit einem gewissen Erfolg bekämpft hat, leidet er immer noch unter Übergewicht, und die Folgen seiner langen Krankheit, die ihn 1975 zwang, mehrere Monate im Krankenhaus von Memphis zuzubringen, sind noch nicht überwunden. Elvis sieht blaß und ungesund aus, seine Bewegungen sind mühsam und schwerfällig.

Die einteiligen, mit Glassteinen besetzten Anzüge der letzten Jahre sind verschwunden, Elvis trägt bestickte, weiße, viel zu enge Hosen mit extrem breiten Gürteln, um seinen Bauch zu kaschieren. Dazu weite, locker-fallende, hellblaue Hemden mit hohem Kragen. Wie immer er auch aussieht, was er auch tut auf der Bühne, die Fans lieben ihr Idol. Leichtes Hüftewackeln bei ,All Shook Up' wird mit freudigen Aufschreien quittiert. Ein Ausfall-Schritt bei ,What'd I Say' reißt die Menge zu begeistertem Applaus hin.

Frauen jeden Alters laufen zur Bühnenrampe, um Elvis riesige Blumensträuße, Stofftiere, Briefe, Amulette, Anhänger oder kleine Päckchen zu reichen. Unbeholfen beugt sich der Star nach vorne und nimmt die Geschenke entgegen. Hinter ihm steht ein extra dafür engagierter junger Mann, der Elvis die Präsente abnimmt und hinter die Kulisse wirft. Der Helfer hat aber noch eine zweite Aufgabe, er nimmt von einem Ständer jeweils zwei bis drei Halstücher, die er Elvis um den Hals legt. Wenn sich der Alt-Rocker dann vorne am Bühnenrand zu seinen Fans runterbeugt, haben diese die Möglichkeit, die Schals vom massigen Nacken ihres Stars zu ziehen. Elvis singt ‚Trying To Get To You' und steigert die Begeisterung, indem er sich mit einigen Schals den reichlich vorhandenen Schweiß von der Stirn und unter den Armen wegtupft und die Halstücher dann in die Menge wirft. Wer das Glück hat, einen solchen geweihten Schal zu ergreifen, schwenkt ihn wie eine Trophäe hoch in der Luft.Die Unglücklichen, die keinen erhalten, können nach der Show die Halstücher am Souvernir-Stand in der Halle kaufen; das Stück zu 5 Dollar.

Die meisten Songs werden von Elvis nur angesungen. Nach der ersten Strophe läßt er seine Background-Sänger das Lied weitersingen. Er selbst spricht mit dem Publikum, als seien es alles alte Freunde, die da unten im Saal sitzen. Elvis erzählt von alten Zeiten, von den Anfängen des Rock 'n' Roll und von den Schwierigkeiten, die er in den fünfziger Jahren hatte, weil man seine Bewegungen für obszön hielt. Dabei macht er eine kreisende Hüftbewegung, was hysterisches Kreischen zur Folge hat. Es wird viel geschrieen während der Vorstellung. Eine besonders begeisterte dreißigjährige Frau wirft ihren Slip auf die Bühne. Elvis dankt erfreut. Vor zwanzig Jahren sind mehr Höschen auf ihn geworfen worden. Während Elvis als nächsten Song die Tony-Joe-White-Komposition ‚Polk Salad Annie' ankündigt, wird hinter mir eine Frau rausgetragen, die in Ohnmacht gefallen ist. Eine andere, die sich im Weinkrampf schüttelt, wird von Ehemann und Tochter aus dem

Saal geführt. Diese Szenen wiederholen sich während der ganzen Vorstellung.
Auf der Bühne dokumentiert Elvis inzwischen bei satter Big-Band-Untermalung mit ungelenken Bewegungen, daß er einmal den schwarzen Gürtel in Karate erhalten hat. Die Kraft ist da, aber die Geschmeidigkeit und Schnelligkeit fehlt. Die Karate-Show, die ohnehin im Gegensatz zu früheren Jahren erheblich gekürzt worden ist, mißlingt, weil der King die Beine nicht mehr richtig hochbekommt. Elvis gerät außer Atem. Die langsame Nummer ‚Early Morning Rain' gibt ihm Zeit zum Luft holen.
Elvis schwitzt viel und trinkt viel Wasser. Immer wenn er sich etwas erholt hat, stellt er trotzig ein Bein nach vorn und singt mit der alten Kraft. Die neue Single ‚Hurt', von der in West-Deutschland die B-Seite ‚For The Heart' viel besser verkauft wurde, wird von ihm so phantastisch interpretiert, daß man spürt, das alte Feuer in ihm ist noch vorhanden.
Die Big Band im Hintergrund schafft sich voll. Es ist wahrscheinlich die beste Formation dieser Art, die es zur Zeit in der Rock-Musik gibt. Um Klassen besser als Chicago erinnert sie an die großen Augenblicke, als Blood, Sweat & Tears auf so gelungene Weise Elemente aus Jazz, Blues und Rock miteinander verband. Der Schwerpunkt der Arrangements liegt auf den Bläsersätzen, verfügt die Band doch über eine besonders starke, funky swingende Horn-Sektion. Unterstützt wird die Band von dem Bassisten J.D. Summer, seinen Sängern und den attraktiven Sweet Inspiration.
Trotz seines Alters und seinen Schwächen dokumentiert Elvis immer wieder erneut, daß man ihn mit Recht den größten Entertainer des Showbusiness nennt. Im Gegensatz zu allen anderen Sängern dieses Genres ist die Elvis-Show nicht einstudiert. Zwar wird vor einer Konzert-Tournee oder eines Nevada-Gastspieles mit der Band wochenlang jeden Tag mehrere Stunden geübt, doch dann, wenn der Vorhang sich zum ersten Mal öffnet, wenn alle Beteiligten zum ersten Mal vor einem Publikum auf der Bühne stehen, steuert und bestimmt Elvis allein den Ablauf der Show. Alles ist improvisiert.

Zwar gibt es bestimmte Potpourri-Absprachen, auch wissen die Musiker hinter Elvis, wann er bestimmte besonders beliebte Songs als neuen Programmhöhepunkt singen wird, doch die Freiräume dazwischen füllt Elvis nach eigenem Belieben. Er erwarte von seinen hochbezahlten Musikern, daß sie in der Lage sind, auch ältere, weniger bekannte Lieder aus seinem Repertoire zu spielen. Elvis fragt oft genug sein Publikum, was es hören möchte. Kommt dann ein Wunsch, geht er darauf ein, gibt der Band die Tonart, fragt bei Stücken, die er lange nicht mehr gesungen hat, nach dem Text, und dann singt er den Song.

Bei wohlbekannten Stücken wie ‚Johnny B. Goode' oder ‚Hound Dog' macht es Elvis oft Freude, die Band zu irritieren. Dann singt er eine Strophe plötzlich nicht zu Ende oder wiederholt den Refrain einmal mehr. Die gut eingespielten Musiker sind darauf vorbereitet und auch darauf gefaßt, daß Elvis mit kurzen Zeichen zur Spannungssteigerung eines Songs in eine andere Tonart fällt.

Ich saß im Konzert und schaute begeistert zur Bühne oder auf das Publikum. Ein Mädchen war nach vorne gelaufen und hatte Elvis einen riesengroßen Plüsch-Teddy hochgereicht. Elvis nahm ihn, drückte ihn an die Brust und unterbrach das Lied, das er gerade sang. Mit kurzem Blick zur Band begann er ‚Let Me Be Your Teddy Bear'. Die Fans klatschten lauten Beifall.

Keine Frage: Elvis ist alt, krank und übergewichtig. Seine Shows sind sicher nur noch ein Zerrbild dessen, was er in den fünfziger Jahren seinen Anhängern zu bieten imstande war. Damals zelebrierte er den Rock 'n' Roll auf der Bühne, heute läßt Elvis sich nur noch feiern. Aber die Faszination, die er ausstrahlt, ist ungebrochen. Elvis Presley ist heute das lebende Denkmal seiner selbst, doch er steht fest und ungebrochen.

Nach ‚It's Now Or Never', seiner kommerziell bisher erfolgreichsten Single, sang er ‚Crying In The Chapel' und ‚Loving You'. Es war die weiche Welle und alles schluchzte ergriffen. Indem er sich wieder einmal von der Bühne herabbeugte, einige Schals verteilte und ein paar Mädchen küßte, begann

er mit müder Stimme ‚You're So Young And Beautiful'. Doch plötzlich kam die Band in Fahrt, die Bläser intonierten den Eröffnungsriff von ‚Jailhouse Rock', den Glenn D. Hardin am Flügel und James Burton an der Lead Gitarre übernahmen, und dann sang Elvis mit rauher Stimme: ‚The warden threw a party in the county jail . . . !"
Und mitten im Song, während die Fans noch klatschten, pfiffen und trampelten, winkte Elvis kurz, sagte: „Thank you" und „Good night" und verschwand von der Bühne. Die Band legte noch mal kräftig los, aber Elvis kehrte trotz des frenetischen Beifalls nicht mehr zurück, um sein ‚Can't Help Falling In Love' zu singen, mit dem er normalerweise seine Auftritte beendet. Die Show war vorbei.
Colonel Parker, dem ich am nächsten Tag sagte, daß ich die Konzert-Karten erhalten und bezahlt hätte, antwortete: „Sehr richtig! Das ist auch selbstverständlich. Wenn ich eine Elvis-Presley-Show sehen will, zahle ich meine Eintrittskarte natürlich auch!" Zwei Tage später flog ich nach Los Angeles zurück. Beim Start der Hughes-Airwest-Maschine vom Flughafen in Reno blickte ich aus dem Fenster. Neben der einzigen Reparatur-Halle stand silbrig-schwarz glänzend Elvis Presleys Privat-Jet.

Die folgenden 4 Abbildungen zeigen Elvis Presley-Anhänger bei einem Fan-Club-Treffen in Hamburg, am 23. und 24. Oktober 1976.

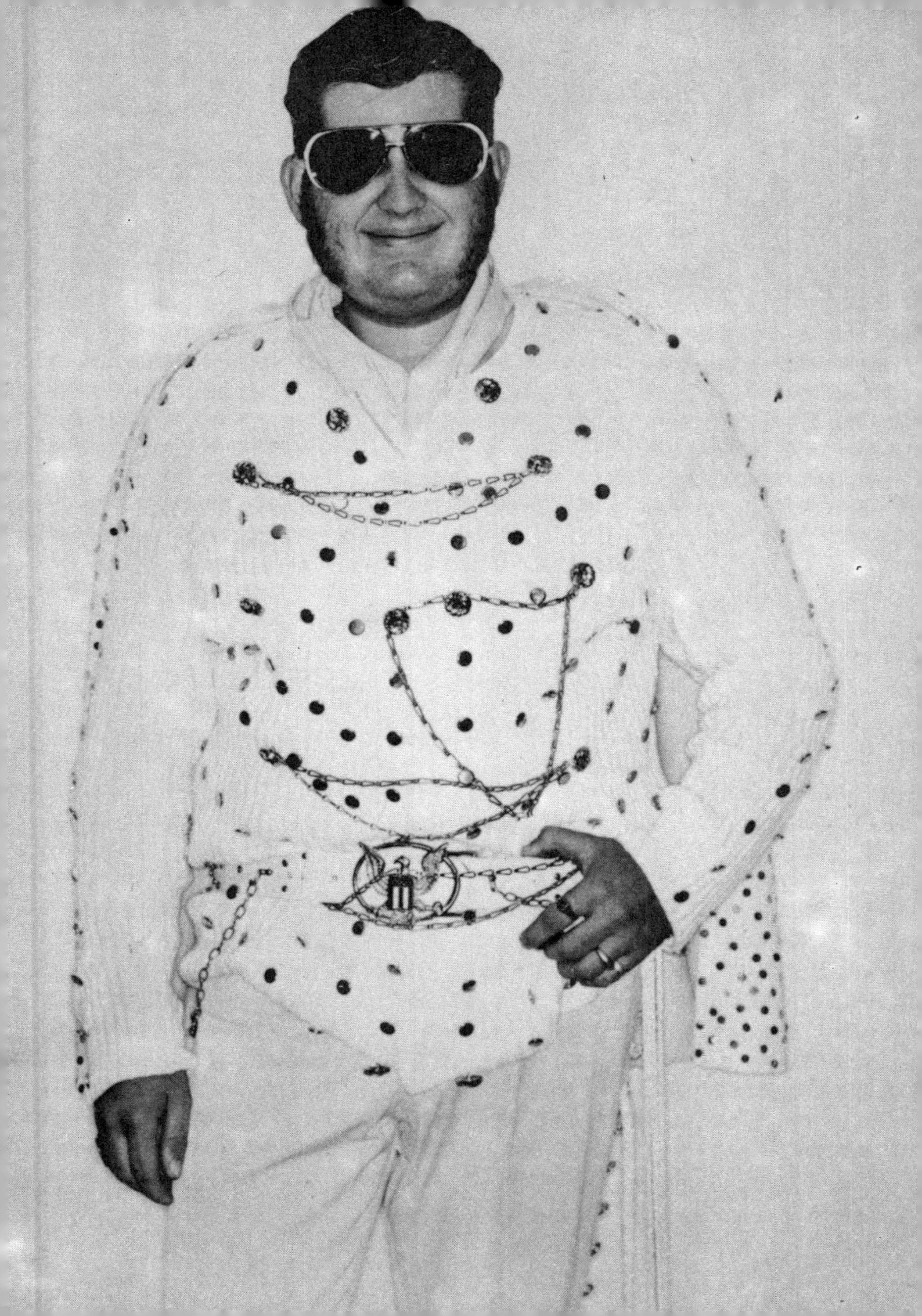

WE GOT
PRESLEY
WE GOT LIFE

16. August 1977

Die Zwei-Mann-Streife der Memphis-Polizei machte am späten Vormittag des 16. August 1977 wie üblich ihre Runde. Es war nicht viel los. Am Morgen hatte es einige kleinere Unfälle gegeben, doch außer etwas verbeultem Blech war nichts gewesen. Die große Industrie- und Handelsstadt, im Südwesten von Tennessee gelegen, ist genauso ausgedehnt wie langweilig, so sagen viele Geschäftsleute, die häufig ein oder zwei Tage dort zu tun haben und froh sind, wenn sie wieder nach New York, Los Angeles oder Detroit zurückfliegen können.

Die Funk-Streife bog in den Elvis-Presley-Boulevard ein. Die breite Straße, beidseitig von Laternenmasten, kleinen Geschäften, Hot-Dogs-Buden, Tankstellen und parkenden Autos gesäumt, bietet keinen besonders schönen Anblick. Manche Einwohner der Stadt waren deshalb immer schon der Meinung, daß man sicher eine bessere Möglichkeit hätte finden können, den prominentesten Bürger von Memphis zu ehren, als ausgerechnet die häßliche, ehemalige South-Bellevue-Road, die Highway 51 North, nach ihm zu benennen.

Als die beiden Polizisten langsam das Anwesen mit der Hausnummer 3764 passierten, war das große schmiedeeiserne Tor mit den skurrilen Figuren und den schwarzen Noten wie üblich verschlossen. Fans standen keine davor. Das Haus, das kaum durch die dichtwachsenden Bäume und Büsche schimmert, machte einen verlassenen Eindruck, erinnerte sich später einer der beiden Polizisten. Nur wenige Menschen waren auf der Straße, weil keiner, wenn nicht unbedingt nötig, sein vollklimatisiertes Haus oder Büro verließ. Denn die sommerliche Hitze lastete drückend auf der Stadt, und schon am frühen Morgen waren hohe Temperaturen gemessen worden. Jeder wußte, dies wird wieder einer der Tage, wie sie gerade im Süden der Vereinigten Staaten besonders von Menschen mit Kreislaufbeschwerden, schwachem Herzen und hohem Blutdruck gefürchtet werden. Die Dunstglocke, die über Memphis lag, wurde von keinem Windhauch zerrissen, die schwüle Hitze setzte den beiden Streifen-Polizisten zu, die sich über ihre viel zu dicke Dienstkleidung ärgerten.

Im Hause No. 3764 war alles ruhig. Die Beamten wußten, das der Rock-Sänger daheim war. Es war der letzte Tag einer zweiwöchigen Ruhepause, die Elvis Presley eingelegt hatte. Am Mittwoch, dem 17. August 1977, wollte er zu einer 11tägigen Konzert-Tournee aufbrechen, die – wie bei dem großen Pop-Idol üblich – schon seit langem bis auf den letzten Platz ausverkauft war. Zum ersten Konzert in Maine vor 17000 Besuchern waren schon knapp eineinhalb Stunden nach Kassen-Öffnung keine Karten mehr zu bekommen, etwas völlig normales für den Star, der seit 1956 vor keinem leeren Stuhl gesungen hat.
Zur gleichen Zeit, als der Streifenwagen das Eingangstor zu Elvis Presleys 8-Millionen-Dollar-Anwesen 'Graceland' vorüberfuhr, saß der langjährige Elvis Freund Joe Esposito im Erdgeschoß im Wohnzimmer und machte einige Notizen für die bevorstehende Tournee. Auf dem großen dunklen Palisander-Schreibtisch in Elvis Presleys Arbeitszimmer lag bereits der Tournee-Plan, den Manager Colonel Thomas Andrew Parker und sein Büro ausgearbeitet, zusammengestellt und kontrolliert hatten. Am späten Nachmittag hatte Elvis vor, sich in seinen hohen weißen Ledersessel zu setzen, um mit Joe, der schon seit vielen Jahren als Privat-Sekretär fungiert, Einzelheiten zu erörtern. Esposito, er kannte Elvis Presley seit dessen Militärdienst in Westdeutschland, wußte, 'El' würde sicher nicht vor 16.30 Uhr aufstehen. Elvis war ein Nachtmensch. Es machte ihm Freude, bis in die frühen Morgenstunden vor dem Fernsehapparat zu sitzen, mit einigen Musikern in seinem aufwendigen Haus-Studio zu singen und zu spielen oder einfach mit den Leuten zu reden, die ihn als Hilfs- und Wachpersonal umgaben. Morgens gegen fünf oder sechs Uhr, manches Mal noch später, ging der Sänger dann in den ersten Stock seines 24-Zimmer-Hauses, um sich hinzulegen. Im mit blauer Seide ausgeschlagenen Schlafzimmer brannte permanent eine indirekte Beleuchtung, weil es Elvis Presley nicht vertragen

konnte, plötzlich aufzuwachen und im Dunkeln zu liegen. Das große, erhöhte Bett war verstellbar, so daß Elvis in halbaufrechter Position sitzen und lesen konnte. Das passierte häufig, da er einen sehr schlechten und unruhigen Schlaf hatte und oft aufwachte. Nur mit einer besonders hohen Schlafmittel-Dosis fand er für einige Stunden Ruhe.
Ginger Alden, Elvis Presleys Verlobte und beinahe Ehefrau No. 2 des Pop-Stars, hatte Montagnacht mit ihm im Sportraum des Hauses Tischtennis und Squash gespielt. Gegen Morgen war Elvis nach oben gegangen. Ginger, eine 20jährige ehemalige Sekretärin, hatte den Rock-Sänger durch den Disc-Jockey George Klein, ein ehemaliger Klassenkamerad von Elvis, im November 1976 kennengelernt. Häufig hatte sich Elvis bald mit ihr getroffen, manchmal in seinem Haus 'Graceland' oft aber auch bei Gingers Mutter, die besonders gut kochen kann. Mutter Jo berichtet, daß Elvis, die Musiker Charly Hodge und Charlie Hobbs, beide aus der Elvis-Presley-Band, und Ginger noch wenige Tage vor dem 16. August bei ihr zu Abend gegessen hätten. Anschließend sei man in das Musikzimmer gegangen, Elvis habe sich an das Piano gesetzt, und alle hätten alte Südstaaten-Lieder, Country- & Western-Songs und Lieder aus der frühen Karriere des Jungen aus Tupelo gesungen. Elvis sei zufrieden und entspannt spät in der Nacht nach Hause gefahren.

Ginger, die von Elvis am 26. Januar 1977 einen 60 000-Dollar-Diamantring als Verlobungsgeschenk erhalten hatte, legte sich hin, nachdem Elvis mit einem Buch unter dem Arm erklärt hatte, er müsse im Badezimmer auf die Toilette gehen, wo er zu lesen gedenke. Elvis Presley hatte schon seit Anfang 1973 eine Reihe von Krankheiten, die sich in den letzten Jahren verschlimmerten. Auch ein Augenleiden, daß die Netzhaut angriff, stellte sich als unheilbar heraus. Der Sänger, der fast ständig eine Brille trug, mußte auch auf der Bühne mit getönten Augenlinsen erscheinen. Neben einer schweren Magenentzündung, die mehrerer großer Operationen bedurfte, war auch der Darm angegriffen. Elvis hatte große Schwierigkeiten, zur Toilette zu gehen.

Angefangen hatten die Krankheiten des Rock-Sängers, als er, der er immer schon einen starken Appetit hatte und Unmengen essen konnte, nach der Trennung von seiner Frau Priscilla seinen Kummer mit immer größeren Portionen kompensieren wollte. Elvis hatte bereits zum Beginn seines Militärdienstes leichtes Übergewicht. Auch in den späteren Jahren, zur Zeit seiner großen Filmerfolge, mußte er immer auf die Kalorien achten, die er täglich zu sich nahm. Oft waren es zu viel. Elvis neigte zur Korpulenz. Für sein Comeback am 31. Juli 1969 im International-Hotel in Las Vegas, Nevada, zu seinem ersten 'live' Auftritt seit dem 26. März 1961, hatte der King des Rock'n'Roll nicht nur intensiv mit seiner Big-Band geprobt, er hatte auch, neben spartanischem Essen ein aufwendiges Sport- und Trainings-Programm absolviert. Schlank und gutaussehend erschien der King auf der Bühne.

Doch dann war Priscilla Presley mit dem Karate-Lehrer ihres Mannes, Mike Stone, nach Los Angeles gegangen. Seit Juni 1972 lebte Elvis wieder alleine in seinem Hause 'Graceland'. Am 9. Oktober 1973 war die Scheidung in Santa Monica, Californien. Die Abfindung in Millionen-Höhe, die er seiner Ex-Frau zahlte, störte ihn nicht, die hohe monatliche Unterstützung für seine Tochter Lisa Marie überwies er gern, weil er sie über alles liebte, aber daß seine Frau ihn eines anderen Mannes wegen verlassen hatte, das konnte Elvis weder verstehen noch verkraften. Als dann die Fernsehserie 'Streets Of San Francisco' in den USA gezeigt wurde, und der Hauptdarsteller, der Schauspieler Karl Malden, ausgerechnet den Film-Namen Mike Love trug, zog Elvis Presley eine seiner Pistolen, die er ständig bei sich trug, aus dem Holster und schoß das Programm aus. Schießen war ohnehin nicht nur ein beliebtes Hobby, sondern vor allem auch ein Ventil für den exzentrischen Rock-Sänger. 'Wenn irgendwo Löcher in den Wänden waren', so sagte ein ehemaliger Elvis-Leibwächter, 'dann war sicher Elvis dagewesen!' Der Ex-Buddy fügte hinzu: 'Ein Glück, daß er nie jemanden getroffen hat!'

Am frühen Nachmittag des 16. August verließ Joe Esposito das große ebenerdige Wohnzimmer, dessen Fensterfront zum Garten zeigt, um in das kleine mit Büchern und Dokumenten vollgestopfte Büro des Sängers zu gehen. Es war ungefähr 14.40 Uhr Central-Standard-Time, Ortszeit Memphis/Tennessee. Von dem was dann geschah, gibt es heute zwei Versionen, welche die richtige ist, wird sich möglicherweise nie mehr klären lassen. Ginger Alden, das Mädchen, das von sich behauptet, sie wäre die zweite Frau Presley geworden, und die noch im Juni bei einem Konzert des Rock-Stars ausgebuht worden war, als Elvis sie von der Bühne herunter vorgestellt hatte, erzählt in ihrer Geschichte: 'Ich fand Elvis Presley!'

Sie war aufgestanden und zu den Schlafräumen des Sängers gegangen. Schon im Flur rief sie nach ihm. Keine Antwort. Sie durchquerte das Schlafzimmer und öffnete die angelehnte Badezimmertür. Elvis Presley lag leblos auf dem Boden, ausgestreckt auf dem roten Läufer. Ginger kniete sich neben ihn, zutiefst erschreckt. Nahm seinen Kopf hoch und schlug ihm mit der flachen Hand mehrmals ins Gesicht, als sie feststellte, daß er kein Lebenszeichen von sich gab. Dann rief sie laut nach Joe Esposito.
Möglich aber ist, daß Ginger Alden, der man ebenso wie ihrer Mutter nachsagt, sie sei hinter Elvis her gewesen, wie der Teufel nach der armen Seele, Elvis gar nicht fand. Bekannt ist, daß das 20 Jahre junge Mädchen gern lange schläft. Merkwürdig, daß sie schon nach nur sechs Stunden wieder aufgestanden sein soll. Ginger und ihre Mutter Jo waren auch die Ersten und Einzigen aus der nahen Umgebung des Rock-Stars, die der Presse freimütig und ausführlich Fragen beantworteten und Interviews gaben. Andere aus dem Dunstkreis des Pop-Idols sind sicher, Elvis habe sich gar nicht verheiraten wollen, im Gegenteil, er habe seit einiger Zeit versucht, sein Verhältnis zu Ginger zu lockern. Dafür spricht, daß Ginger nicht in dem von Elvis Presley am 3. März 1977 auf Hawaii aufgesetzten Testament bedacht wurde, das Rechtsanwalt John Monte Domico am Abend

des 23. August in Memphis den anwesenden engsten Familienmitgliedern bekannt gab. Dafür spricht auch, daß die geschäftstüchtige Mutter von Ginger aus dem Tode ihres möglichen Schwiegersohnes Kapital zu schlagen versuchte. Dafür spricht ebenfalls, daß Ginger, wenn sie in 'Graceland' zu Besuch war, eines der Gästezimmer angewiesen bekam.

Als Joe Esposito, so die zweite Variante, in das Arbeitszimmer rüberging, hörte er aus dem ersten Stock Geräusche. Das erstaunte ihn, denn er wußte, daß der 42jährige Sänger, sein Freund und Chef, morgens immer spät ins Bett ging und deshalb frühestens am späten Nachmittag wieder erschien. Esposito, der die Launen und Krankheiten Elvis Presleys schon lange kannte und wußte, daß man sich oft um den Sänger kümmern und ab und zu mal nach ihm schauen mußte, eilte nach oben. Er öffnete die Tür zum Schlafzimmer und sah Elvis Presley in der halbgeöffneten Badezimmertür liegen. Oft schon hatte der Star sich durch große Dosen Medikamente oder durch Drogen in Rauschzustände versetzt, meist aber nicht allein, weil so etwas zu langweilig war. Esposito war also auf so etwas vorbereitet. Doch als er neben dem Sänger auf dem Boden kniete, merkte er schnell, daß mit Elvis Presley etwas Schlimmeres passiert sein mußte. Einen Rausch hatte der Star nicht. Geistesgegenwärtig und kontrolliert begann Joe Esposito mit einer Mund-zu-Mund-Beatmung, als er feststellte, daß das Herz nicht schlug. Nach kurzer Zeit aber unterbrach er die Behandlung, um laut rufend die Anwesenden im Hause zu alarmieren. Vom nächsten Telefonapparat rief er das Baptist-Memorial-Krankenhaus an, wo er den Notdienst informierte und darum bat, den langjährigen Hausarzt des Rock-Stars, Dr. George Nichopoulos, zu verständigen. Dann begann Esposito sofort mit der Mund-zu-Mund-Beatmung und der Massage des Brustkorbes. Die eintretende Ginger schrie er an, sie solle verschwinden. Das tat sie und setzte sich verstört und verschreckt im Wohnzimmer auf ein Sofa. Dort warteten inzwischen schon einige Wachleute der Mannschaft, die Tag und Nacht mit Schäferhunden, durch elektrische Spanndrähte und Kameras

das Presleysche Grundstück kontrollieren und vor besonders aufdringlichen und übereifrigen Fans schützen.
Mit Blaulicht und Sirene rast ein Notarztwagen aus dem nahegelegenen Hospital über den Elvis-Presley-Boulevard zum Haus Nummer 3764. Die Wachen haben das große Eingangstor schon automatisch geöffnet. Ambulanz-Fahrer C. L. Crosby hält mit quietschenden Reifen vor dem Hauptportal des Hauses. Ein imitierter griechischer Giebel wird von vier weißen, schlanken Säulen getragen, den Eingang bewachen zwei wuchtige Marmorlöwen. Keiner achtet in diesem Moment auf solche Dinge, die für eingefleischte Elvis-Fans von großer Bedeutung sind. Die Männer, die aus dem Wagen springen, haben Wichtiges zu tun, es geht um ein Menschenleben. Ein Blick des Notarztes auf den leblosen Elvis genügt für eine Entscheidung: auf dem schnellsten Weg ins Krankenhaus. Knapp sieben Minuten braucht der Krankenwagen für die 10 Kilometer bis zum Baptist-Memorial-Hospital. Dort stehen schon Krankenschwestern, Ärzte und Spezialisten bereit. Schon während der Fahrt drückt der diensthabende Arzt dem Rock'n'Roll-Sänger eine Sauerstoffmaske auf das bleiche, aufgedunsene Gesicht. Keine Resonanz. Im Hospital wird Elvis Presley sofort auf eine Intensivstation gebracht. 'Come on, come on, Presley, breathe, breathe, breathe for me', schreit sein Hausarzt Elvis erregt ins Ohr. Die Ärzte versuchen künstliche Beatmung, Herzmassage. Das Spezialisten-Team unter der Leitung von Dr. Nichopoulos, der Elvis seit Jahren behandelt und seine Krankheitskartei genauestens kennt, versucht mit den modernsten medizinischen Mitteln, das Herz wieder zum Schlagen zu bringen. Vergeblich! Um 15.30 Uhr CST, Ortszeit Memphis, wird der Tod des großen Rock'n'Roll-Sängers bekanntgegeben.

Schon wenige Minuten nachdem Joe Esposito den Krankenwagen gerufen hatte, wurde in Memphis die Nachricht vom möglichen Tode Elvis Presleys bekannt. Als der Tod feststand, verbreitete sich diese Meldung wie ein Lauffeuer um die Welt. In den Vereinigten Staaten wurden schon kurz nach

15.00 Uhr CST die Rundfunksendungen unterbrochen, um die Hörer auf die Sondermeldung vorzubereiten. Autofahrer reagierten erschrocken und nervös, bremsten unmotiviert mitten auf der Straße, so daß es zu zahlreichen Unfällen kam. In großen Firmen überall in den USA stockte die Arbeit, Arbeiter in der Auto-Stadt Detroit verließen die Fließbänder, um am nächsten Radio Neuigkeiten und Einzelheiten zu erfahren. Amerika war geschockt. In den Großstädten ebenso wie auf dem Lande, auch in Memphis brach das Telefonnetz zusammen, Nachrichtenagenturen, Zeitungsredaktionen und Rundfunk- und Fernsehanstalten riefen Sondersitzungen zusammen. Alle tagespolitisch wichtigen Themen wurden verschoben – Elvis Presley wurde zum Ereignis des 16. August 1977. Gerüchte und Spekulationen breiteten sich aus. Vor der Villa des Sängers und vor dem Krankenhaus versammelten sich Hunderte von Fans, die auf Informationen warteten. Vermutungen über die Todesursache des größten Pop-Sängers wurden angestellt. Als dann ein schlecht informierter Presse-Sprecher der Polizei in Memphis über den Ehrenbürger und Ehrensheriff der Stadt behauptete, er sei rauschgiftsüchtig gewesen und an einer Überdosis Heroin gestorben, entschloß sich Dr. Nichopoulos im Einverständnis mit Presleys Vater , Vernon, 64, zu einer Autopsie. Nach drei Stunden und zehn Minuten stand fest: Elvis Presley war weder an einer Überdosis Heroin noch an einem übermäßigen Gebrauch von Tabletten gestorben. Die Todesursache war vielmehr ein Herzstillstand durch zentrales Versagen der Atemorgane.

Ab 1973 nahm Elvis immer mehr zu. Bis zu 250 Pfund wog der alternde Rock-Sänger zu mancher Zeit, was ihn zwang, mit Korsett auf die Bühne zu gehen, wo ihn seine Fans euphorisch feierten. Schon 1974 hatte er beim Anblick seiner alten Filme auf sich selbst geschaut und gestöhnt: 'Ich bin zu fett!' Mit radikalen Hungerkuren versuchte er dann einige Wochen, wieder ein seiner Größe von 184 cm entsprechendes Gewicht zu erlangen. Es klappte nicht, weil er nicht durchhalten konnte. Nach kurzer Diät-Phase schaufelte er wieder Unmengen an Essen in sich hinein. Dann folgte die nächste Hungerkur. Sein Körper, ohnehin durch Magen- und Darmkrankheiten geschwächt und empfindlich, konnte diese zusätzliche Belastung nicht mehr verkraften. Immer mehr war der Sänger auf immer höhere Dosen starker Medikamente angewiesen. Der seelische Ursprung seiner Krankheiten war unverkennbar. Doch auch der langjährige Freund und Berater, der Evangelist Rex Humbard, dessen psychologische Fähigkeiten von vielen Prominenten anerkannt werden, konnte ihm nicht mehr helfen. Der introvertierte Elvis hatte sich innerlich schon so sehr von seiner Umwelt abgekapselt, daß er sich nicht mehr mitteilen konnte. Nur seine exzentrischen Eskapaden, die Wutausbrüche und die Freundlichkeitsbeweise bildeten ein Ventil für seine emotionale Abgeschlossenheit. Elvis Presley war allein, weil er fürchtete, sich jemandem anzuvertrauen und Vertrauen gegen andere zu entwickeln.

Während in den USA die Medien am Nachmittag sehr schnell über den Tod des Rock-Stars informierten, dauerte es in Europa erheblich länger. Zuerst von den Stationen des amerikanischen Soldatensenders AFN verbreitet, dann im englischen Programm von Radio Luxemburg bekanntgegeben, dauerte es in den meisten europäischen Sendeanstalten bis zwei Stunden länger, bis eine Meldung gemacht wurde. Radio Luxemburg, immerhin ein kommerzieller Sender, der von seinen Werbeeinnahmen lebt, unterbrach sein Programm und sendete bis morgens um 4.00 Uhr nur noch Musik des King. Es wurde keine Werbung mehr gesendet, was die Anstalt immerhin 10 000 £ kostete. Verdienen taten am Todestag Elvis Presleys Erben, denn die Verkaufszahlen von Elvis-Tonträgern erreichten astronomische Höhen. Elvis, der ohnehin die meisten Platten in der Welt verkauft hat, war gefragter denn je. Allein durch die Sondersendungen zu seinem Tode rund um den Globus, für das permanente Spielen von Elvis-Platten, werden die Erben über eine Million Dollar verdienen. Zu den 500 Millionen (= 1/2 Milliarde) Tonträgern konnte die USA allein in den ersten eineinhalb Tagen 20 Millionen Käufe und Bestellungen addieren.

Betroffenheit und Schmerz löste der Tod bei allen befragten Prominenten aus: Cliff Richard 'Ohne ihn hätte es keine Beatles und keinen Cliff Richard gegeben. Vor 20 Jahren hätte ich nie zugegeben, daß ich ihn nachahme – heute gestehe ich es ein!' Jerry Lee Lewis 'Ich kann es nicht fassen!' Tom Jones 'Er hat mich beeinflußt, er war ein ehrlicher Mensch!' Paul McCartney 'I don't believe it!' Pat Boone 'Es ist gut, daß er so jung starb wie James Dean. So halten ihn seine Fans am besten in Erinnerung!' Sammy Davis jr. 'Auf der Skala zwischen 1 und 10 würde ich ihn mit 11 bewerten!' Und der amerikanische Präsident Jimmy Carter, den Tausende von Elvis-Fans im Weißen Haus angerufen hatten, um einen nationalen Staatstrauertag zu fordern, erklärté 'Der Tod Elvis Presleys beraubt unser Land eines Teiles seiner selbst!' Carter nannte den Rock'n'Roll-Sänger ein weltweites Symbol für die 'Vitalität, das Rebellentum und den guten Humor' Amerikas. Weiter erklärte der Präsident: 'Vor über 20 Jahren gelang ihm der Durchbruch ins Rampenlicht mit einer Durchschlagskraft, die ihresgleichen sucht und wahrscheinlich nie wieder erreicht werden wird.' Presleys Persönlichkeit und seine Musik haben, so Carter, die weiße Country-Musik und den schwarzen Rhythm & Blues miteinander verschmolzen und hätte das Gesicht der amerikanischen Pop-Kultur auf Dauer verändert.

Bis zum Abend seines Todes hatten sich unzählige Fans vor dem wuchtigen Tor zu 'Graceland' versammelt. Sie hielten auch die ganze Nacht dort aus. Am nächsten Morgen wurde bei der Polizei in Memphis Großeinsatz bekanntgegeben. Über 150 Verkehrspolizisten, Einheiten der Nationalgarde und drei Hubschrauber überwachten die Menschenmassen, die bald die 100 000-Grenze überschritten. Nur mühsam konnte die Polizei den Verkehr auf dem Elvis-Presley-Boulevard regeln. Immer wieder mußte die Menge aufgefordert werden, für Krankenwagen Platz zu machen. Denn in der Hitze und durch die Aufregung waren über 200mal ärztlicher Einsatz erforderlich. Mädchen brachen in Schreikrämpfe aus, eine Schwangere wurde gerade noch rechtzeitig in ein Krankenhaus eingeliefert. Das Baby kam gesund zur Welt. Drei Todesfälle und einige Verletzte forderte dagegen ein Autounfall am Donnerstag, dem 18. August. Ein betrunkener farbiger junger Mann war in die Menge gefahren, nachdem er einen parkenden Wagen gestreift hatte. Die Fans kamen mit riesigen Blumensträußen, Kränzen und Gebinden, um vom Gott der Pop-Musik, wie viele ihn bezeichnen, Abschied zu nehmen. Elvis lag aufgebahrt in einem 36000-Mark-Sarg aus Kupfer. Das Gesicht geschminkt, von den Leichenbestattern des Beerdigungs-Institutes zurechtgemacht, hellblaues Hemd, cremefarbener Smoking, weiße Seidenkrawatte, Nadel und Manschettenknöpfe aus Diamanten. Von 14.00 bis 17.00 Uhr hatten die Fans Zeit, ihr Idol zu sehen, bis 18.30 Uhr wurde die geschmacklose Körper-Show dann noch verlängert. Tony Joe White, Country-Sänger und enger Bekannter des Rock-Königs blieb angewidert in seinem kleinen Haus in Germantown, einem Vorort von Memphis: 'Da kriegt mich niemand hin! Es fehlt eigentlich nur noch, daß Manager Colonel Parker Eintrittskarten für die Beerdigung verkauft!'

Der Abschied für immer begann am Freitag, gegen 13 Uhr CST, Ortszeit Memphis, in 'Graceland'. Die engsten Familienmitglieder versammelten sich, darunter Ex-Frau Priscilla, Fast-Frau Ginger, Onkel Vester Presley, Tante Delta Mae und Vater Vernon. In der Halle nahm man das Beileid der ankommenden Trauergäste an. Bis gegen 14.00 Uhr waren alle da. Eine kurze Trauerrede hielt Pastor Rex Humbard, dann stieg man in die wartenden 17 weißen Cadillacs und folgte dem Leichenwagen mit dem Kennzeichen OF 635, der von sechs Motorradfahrern der Memphis-Polizei eskortiert wurde. Auf dem Forrest-Hill-Friedhof wurde der Sarg dann von Joe Esposito, Dr. George Nichopoulos, Charlie Hodge, Felton Jarvis (dem langjährigen Elvis-Produzenten), Leibwächter und Freund Lamar Fike und Vetter Billy Smith in das Elvis-Mausoleum getragen. Prominente Gäste, darunter James Brown, Burt Reynolds, Ann Margret, Sammy Davis jr., John

Wayne und der Gouverneur von Tennessee, Blanton, waren anwesend. Einzig Caroline Kennedy, die für die New Yorker Zeitung 'Daily News' angereist war, benutzte ihren bekannten Namen, um sich in 'Graceland' den toten Elvis Presley zu besehen, noch vor der Beerdigung flog sie nach New York zurück.

Mit dem Tode von Elvis Presley ging die einzigartige und beispiellose Karriere eines Mannes zu Ende, die zu erklären und zu durchleuchten, sich Fans wie Kritiker jahrelang vergeblich bemühten. Elvis Presley, der wie kein zweiter die gesamte Unterhaltungsmusik nachhaltig beeinflußte und revolutionierte, schien zwar in den letzten drei Jahren seines Lebens mit aller Macht zu versuchen, seine eigene Legende zu zerstören, doch vergeblich. Von schweren Krankheiten gezeichnet, war er schon zu schwach, den Mythos um ihn zu zerreißen.

Als in den siebziger Jahren das von Parker geleitete Elvis-Imperium aus Verlagen, Hotel- und Restaurationsketten, Tankstellen und Parkhäusern und anderem mehr, jährlich so viel umsetzte und einnahm, daß die 'live' Auftritte, für die der Rock-Sänger immerhin zwischen 500 000 und einer Million Dollar kassiert, schon nicht mehr ins Gewicht fallen, geht es mit dem Sänger bergab. Ab 1974 werden die Krankheitsphasen immer länger. Eine Augenkrankheit stellt sich als unheilbar heraus, der Darm versagt, Elvis Presley kann bald nur noch mit Tabletten schlafen, mit Pillen aufwachen, mit Medikamenten essen. Der Sänger verfällt in immer längere depressive Phasen, in denen er sich nach dem Tode sehnt. Die Erlösung kommt am 16. August 1977, 14.45 Uhr CST, Ortszeit, in seinem Haus 'Graceland' in Memphis.

Mit dem Tode des Rock-Sängers nahm eine ganze Generation Abschied von ihrer eigenen Jugend. Doch der Junge, den sie 'King' nannten, bleibt unvergessen.

Elvis Tod im Spiegel der Presse

HSV Sensation in Frankfurt 2:0

Pech für St. Pauli — 0:1 gegen Braunschweig

Bild HAMBURG

heiße Tage kalte Ente

Elvis Presley

Sein Todeskampf

Brustkorb geöffnet ● Herzmassage ● 14.30 Uhr: Letzter Atemzug - aus!

Terroristin Ensslin bewußtlos aus der Zelle geholt

Bombendrohung gegen Kappler

Mordkommando in Hamburg gelandet?

Nachrichten

Wenn Gillian lächelt, trinken Männer Bier

Qualität + Sicherheit

AEG Winkelschleifer

Fliegen Sie mit Ihrem Fachhändler zum WM-Endspiel

Fußball-Weltmeisterschaft

AEG Elektrowerkzeuge

Bilderschänder ist unterwegs!
Bericht auf Seite 18

Lugmeier ging jetzt mit der Polizei auf Schatzsuche!
Bericht auf Seite 3

Millionen weinen um Elvis Presley

Tod des Rock-Königs: Bestürzung in der ganzen Welt

Benzin wieder teurer

Das Wetter heute

Frau Kappler: Ich bitte Italien um Verständnis

„Wettlauf mit dem Tod“ / Brief an Präsident Leone

Riesen-Gaudi im Wasser

Morgenpost

Freitag, 19. August 1977

Harburg: Zwei Tote und 29 Verletzte im Bus

Die Unfall-Opfer sind alle Soldaten

Unser TV-Tip

Trauer um ELVIS

80 000 weinten – drei starben!

- Massenhysterie der Fans
- Auto raste in die Menge

Eine Frau liegt verletzt am Boden, ein Auto hat sie zu Boden geschleudert. Elvis-Fans leisten Hilfe.

Ab heute neue Serie: König Elvis Sein Leben - seine Hits

Stoppt Gericht Carrells Show?

MALLORCA
Direktflüge ab Hamburg
1 Woche ab DM 448,-
2 Wochen ab DM 618,-
3 Wochen ab DM 728,-
Es stehen Hotels zur Auswahl in Palma, Arenal, Cala Mayor, Porto Christo und Alcudia
FALKE-Reisen

Steuerabschlag frühestens im September

Pelze-Herbst
Jetzt kaufen
HAMBURG · COLONNADEN 54

James-Bond-Ratespiel

Abendzeitung

huber

Selbstmord-Welle nach dem Tod von Elvis Presley

Massenhysterie unter den Fans
Psychologen beraten Verzweifelte

Für Faye Dunaway ist jetzt die Zeit der Küsse vorüber

Benzin wird wieder teurer

Nach dem Streik-Ende: Hotels bedanken sich bei Spanien-Urlaubern

Viele Jugendliche in Bayern sind „schwach auf der Brust"

22 Prozent in ihrer Gesundheit gefährdet

HERTIE HAT'S

Quarz-Armbanduhr, LED,

DM 30,-

HERTIE

Elvis-Hysterie

Staatstrauer!

Über 100000 bei der Beerdigung!

Bonner Steuersenkung erst im November

Darmstadt: Mit einem Gewehr hantiert: Arzt erschossen

Bericht letzte Seite

Der Rock-König im Kupfersarg

Männer fauler als die Frauen

Radioaktiver Kran gestohlen

„Hallo, Höfer!"

Zum Dank Gratisurlaub

Bärbel Stuck hatte Pech

Wirbel um cleveren Angestellten

Wetter-Hugo meint:

Alarm bei den Löwen, Krach bei den Bayern

James-Bond-Ratespiel

Abendzeitung

Totalausverkauf

Pelze

Pelzsalon Burstein

Hunderttausende bei der Beerdigung

Blutbad vor der Villa des toten Elvis Presley

1,5 Millionen Arbeitslose im Jahr 1980?

Auto raste in trauernde Fans: Drei Tote, vier Schwerverletzte

Hunderte von Menschen brachen bei der Beisetzung zusammen

AZ-REPORT

ELVIS PRESLEY

Warum das Idol der Frauen Pech in der Liebe hatte…

Examensnote 1,7 – aber keine Stelle

SPD: Schlechte Chancen für Gymnasiallehrer

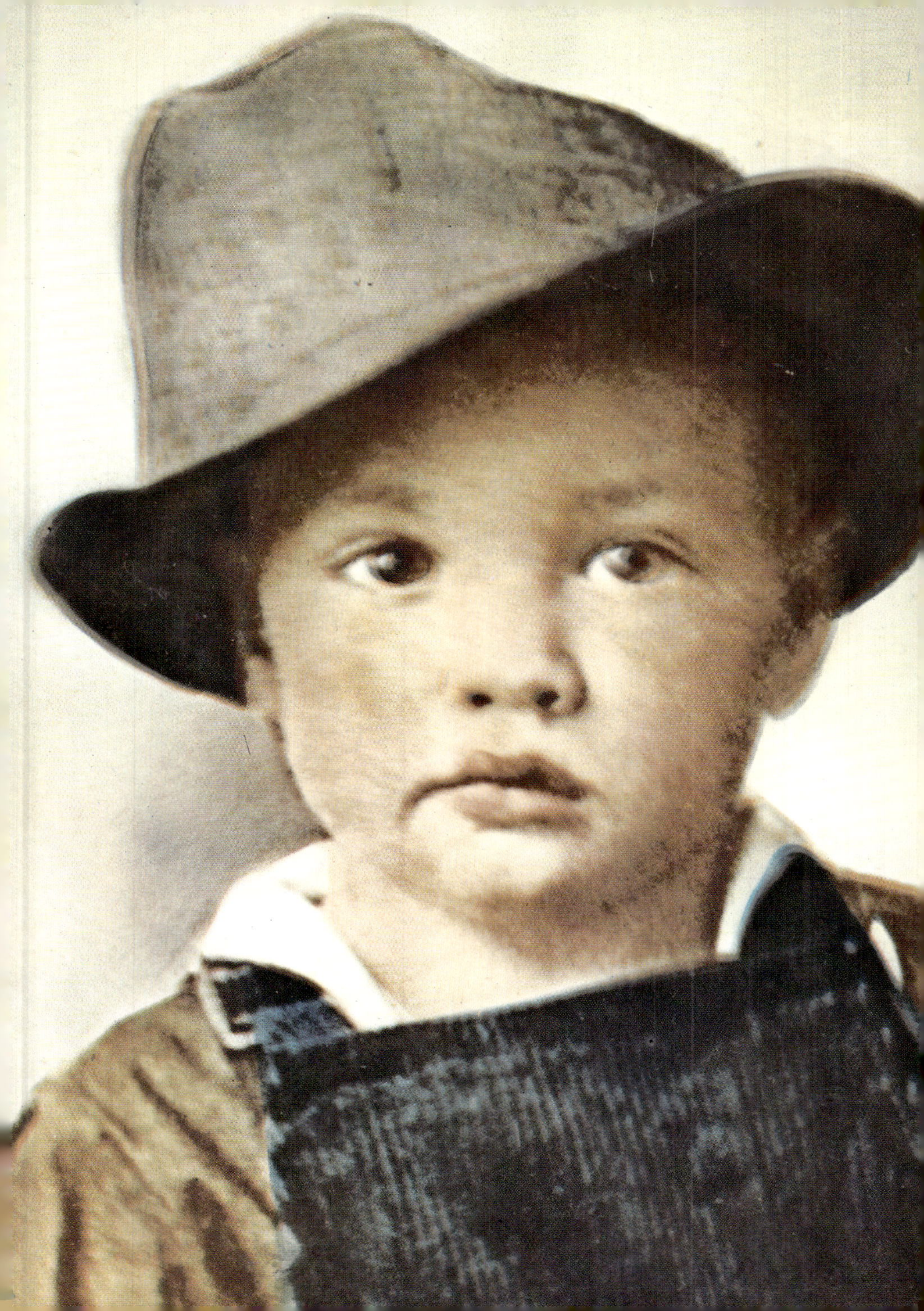

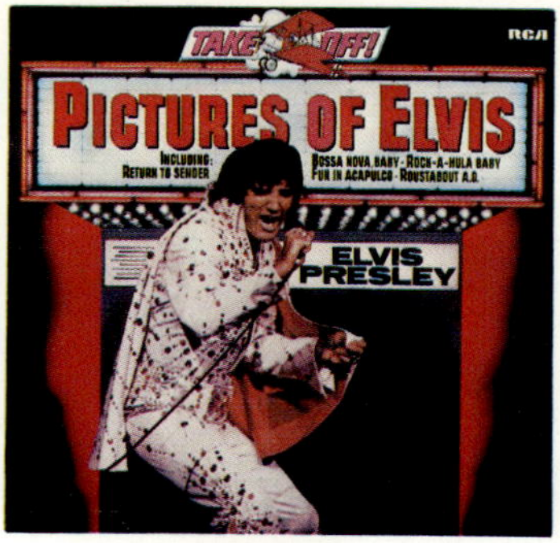

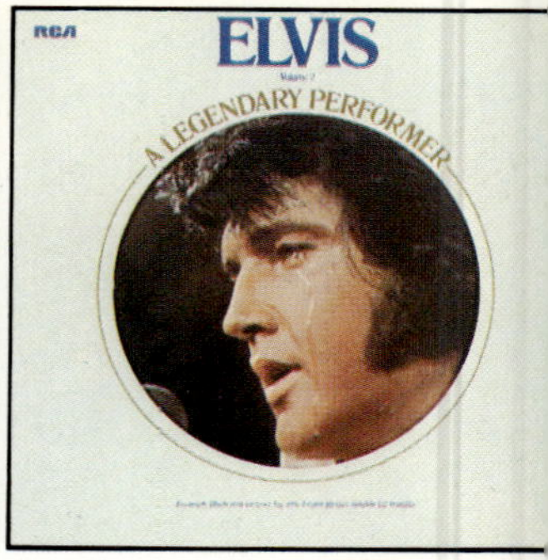

From Elvis Presley Boulevard, Memphis, Tennessee
Hurt · Never Again · Blue Eyes Crying In The Rain · Danny Boy · The Last Farewell · For The Heart · Bitter They Are, Harder They Fall · Solitaire · Love Coming Down · I'll Never Fall In Love Again

⊙ **26.21777** · APL1-1506 AS
🖭 **24.21777** · APK1-1506 CT

Takeoff – Pictures Of Elvis
Return To Sender · Roustabout · Little Egypt · Paradise Hawaiian Style · Girls! Girls! Girls! · Double Trouble · Do The Clam · Fun In Acapulco · Bossa Nova, Baby · Clambake · Girl Happy · Rock-A-Hula Baby

⊙ **26.21609** · PJL1-8079 AE
🖭 **24.21609** · PJK1-8079 CH

A Legendary Performer, Vol. 2
Harbor Lights · Interview With Elvi
I Want You, I Need You, I Love Yo
Blue Suede Shoes · Blue Christma
Jailhouse Rock · It's Now Or Neve
Cane And A High Starched Colla
Presentation Of Awards To Elvis
Blue Hawaii · Such A Night · Ba
What You Want Me To Do · How Gre
Thou Art · If I Can Dream

⊙ **26.21666** · CPL1-1349 A
🖭 **24.21666** · CPK1-1349 C

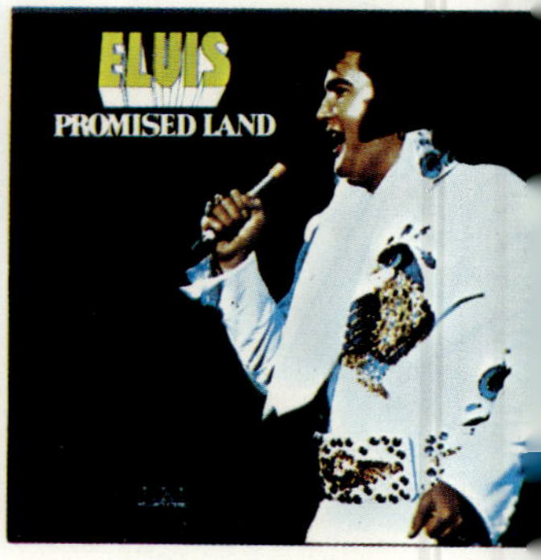

The Elvis Presley Sun Collection
That's Alright Mama · Blue Moon Of Kentucky · I Don't Care If The Sun Don't Shine · Good Rockin' Tonight · Milk Cow Blues Boogie · You're A Heartbreaker · I'm Left, You're Right, She's Gone · Baby, Let's Play House · Mystery Train · I Forgot To Remember To Forget · I'll Never Let You Go · I Love You Because · Tryin' To Get To You · Blue Moon a.o.

⊙ **26.21556** · HY 1001 AG
🖭 **24.21556** · HYK 1001 CH

Today
T-r-o-u-b-l-e · And I Love You So · Susan When She Tried · Woman Without Love · Shake A Hand · Pieces Of My Life · Fairytale · I Can Help · Bringin' It Back · Green Green Grass Of Home

⊙ **26.21513** · APL1-1039 AS
🖭 **24.21513** · APK1-1039 CT

Promised Land
Promised Land · There's A Hon
Tonk Angel · Help Me · Mr. Songma
Love Song Of The Year · It's Midnigh
Your Love's Been A Long Tir
Coming · If You Talk In Your Slee
Thinking About You · You Aske
Me To

⊙ **26.21454** · APL1-0873 A
🖭 **24.21454** · APK1-0873 C

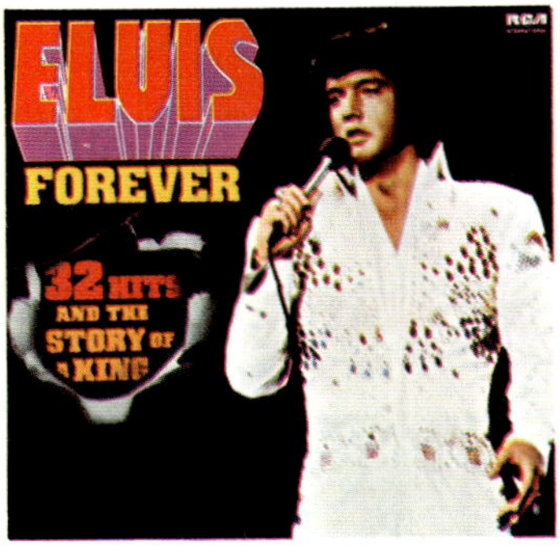

Hits Of The 70's
he Wonder Of You · I'm Leavin' · urning Love · Always On My Mind · Just Can't Help Believing · You Don't ave To Say You Love Me · There oes My Everything · Rags To Riches Until It's Time For You To Go · Kenucki Rain · I've Lost You · An American Trilogy

26.21442 · LPL1-7527 AS

Elvis Forever
My Baby Left Me · Heartbreak Hotel · Blue Suede Shoes · Hound Dog · Love Me Tender · Got A Lot O' Livin' To Do · (Let Me Be Your) Teddy Bear · I'm All Shook Up · Don't · Hard Headed Woman · King Creole · Jailhouse Rock · A Big Hunk O' Love · I Got Stung · One Night · Stuck On You · Fever · It's Now Or Never a.o.

2 LP

26.28103 · PJL2-8024 DP
24.28103 · PJK2-8024 CT

Elvis Recorded Live On Stage In Memphis
See See Rider · I Got A Woman · Love Me · Tryin' To Get To You · Medley: Long Tall Sally – Whole Lotta Shakin' Goin' On – Mama Don't Dance – Flip, Flop And Fly – Jailhouse Rock – Hound Dog – Why Me, Lord · How Great Thou Art a.o.

26.21314 · CPL1-0606 AS
24.21314 · CPK1-0606 CT

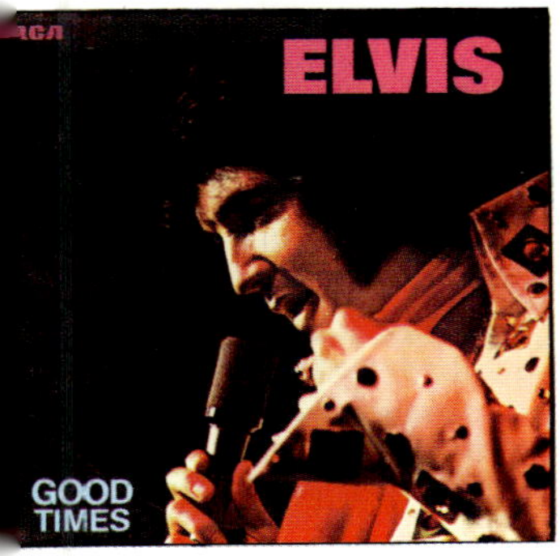

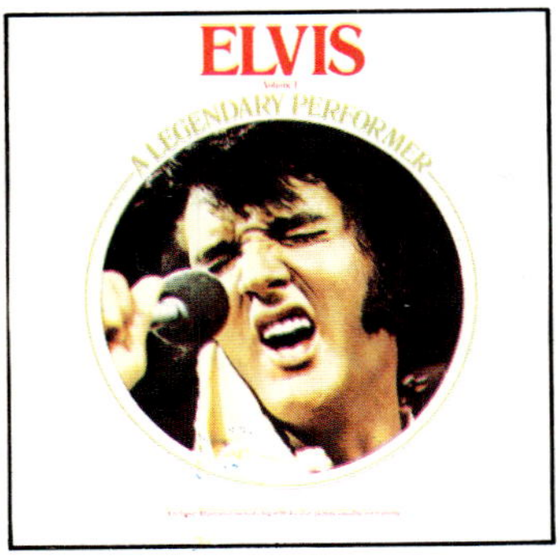

Good Times
ake Good Care Of Her · Loving Arms I Got A Feelin' In My Body · If That sn't Love · She Wears My Ring · I've Got A Thing About You Baby · My Boy Spanish Eyes · Talk About The Good imes · Good Time Charlie's Got The lues

26.21311 · CPL1-0475 AS
24.21311 · CPK1-0475 ☐ CT

A Legendary Performer, Vol. 1
That's All Right · I Love You Because · Heartbreak Hotel · Don't Be Cruel · Love Me · Trying To Get To You · Love Me Tender · (There'll Be) Peace In The Valley (For Me) · (Now And Then There's) A Fool Such As I · Tonight's All Right For Love · Are You Lonesome Tonight? · Can't Help Falling In Love

26.21309 · CPL1-0341 AS
24.21309 · CPK1-0341 ☐ CT

Raised On Rock / For Ol' Times Sake
Raised On Rock · Are You Sincere · Find Out What's Happening · I Miss You · Girl Of Mine · For Ol' Times Sake · If You Don't Come Back Just A Little Bit · Sweet Angeline · Three Corn Patches

26.21301 · APL1-0388 AS

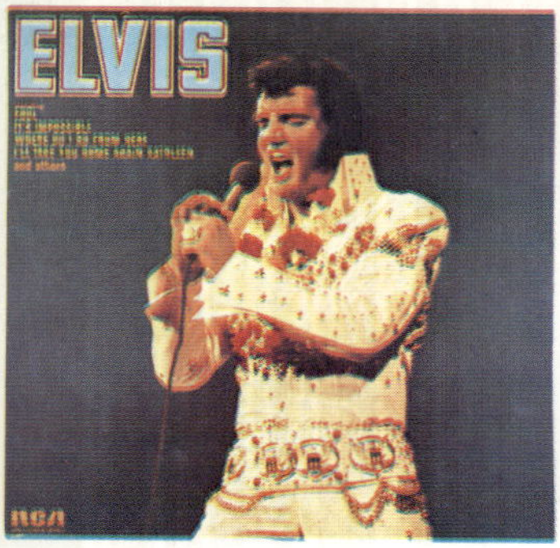

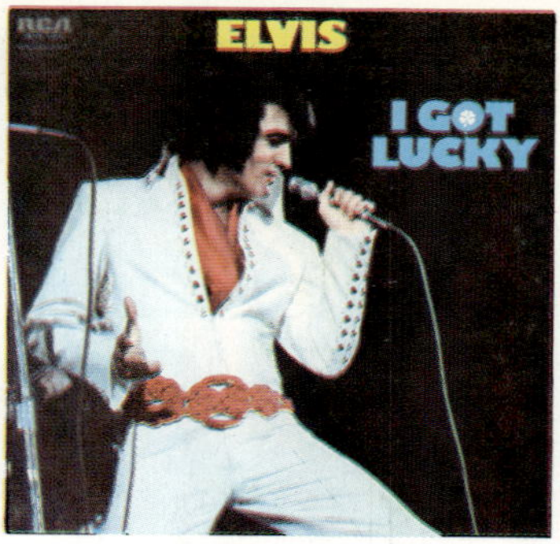

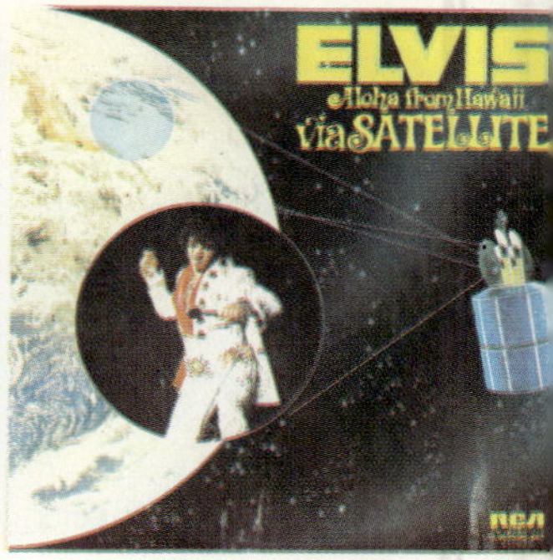

Elvis
Fool · Where Do I Go From Here · Love Me, Love The Life I Lead · It's Still Here · It's Impossible · For Lovin' Me · Padre · I'll Take You Home Again, Kathleen · I Will Be True · Don't Think Twice, It's All Right

⊙ **26.21292** · APL1-0283		AS
🖭		

I Got Lucky
I Got Lucky · What A Wonderful Live · I Need Somebody To Lean On · Yoga Is As Yoga Does · Riding The Rainbow · Fools Fall In Love · The Love Machine · Home Is Where The Heart Is · You Gotta Stop · If You Think I Don't Need You

⊙ **26.21232** · INTS 1322		AF
🖭 **24.21232** · PJK1-7533		CH

Aloha From Hawaii Via Satellite
Introduction: Also sprach Zarathust · See See Rider · Burning Love Something · You Gave Me A Mou tain · Steamroller Blues · My Way · Lo Me · Johnny B. Goode · It's Over Blue Suede Shoes · I'm So Lone some I Could Cry · I Can't Stop Lo ing You a.o.

2 L

⊙ **26.28010** · SR 6089/1-2		D
🖭 **24.21452/53** · PK2140/41		C

Elvis Sings Hits From His Movies, Vol. 1
Down By The Riverside · When The Saints Go Marching In · They Remind Me Too Much Of You · Confidence · Frankie And Johnny · Guitar Man · Long Legged Girl · You Don't Know Me · How Would You Like To Be · Big Boss Man · Old MacDonald

⊙ **26.21239** · INTS 1402		AF
🖭 **24.21239** · PJK1-7537		CH

Burning Love And Hits From His Movies, Vol. 2
Burning Love · Tender Feeling · Am I Ready · Tonight Is So Right For Love · Guadalajara · It's A Matter Of Time · No More · Santa Lucia · We'll Be Together · I Love Only One Girl

⊙ **26.21242** · INTS 1414		AF
🖭 **24.21242** · PJK1-7508		CH

Separate Ways
Separate Ways · Sentimental Me · I My Way · I Met Her Today · What Now What Next, Where To · Always On M Mind · I Slipped, I Stumbled, I Fell · Is So Strange · Forget Me Never · Ol Shep

⊙ **26.21244** · INTS 1422		AF
🖭 **24.21244** · PJK1-7538		CH

ɔck 'n' Roll
ue Suede Shoes · I Got A Sweety · ı Counting On You · I'm Left, You're ght, She's Gone · That's All Right · oney Honey · Mystery Train · I'm onna Sit Right Down And Cry Over u · Trying To Get To You · One-ded Love Affair · Lawdy Miss awdy · Shake, Rattle And Roll

26.21125 · LSP 10 380 AS

24.21125 · PK 11 082 CT

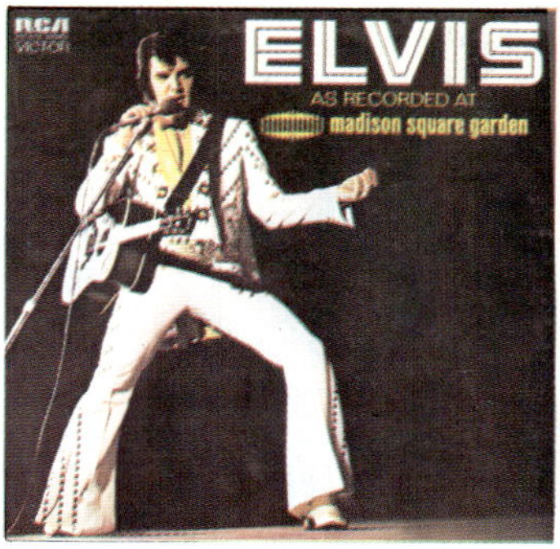

Elvis – As Recorded At Madison Square Garden June 10th, 1972
Introduction: Also sprach Zarathustra · That's All Right · Proud Mary · Never Been To Spain · You Don't Have To Say You Love Me · You've Lost That Lovin' Feelin' · Polk Salad Annie · Love Me · All Shook Up · Heartbreak Hotel · Medley: (Let Me Be Your) Teddy Bear/Don't Be Cruel a.o.

⊙ **26.21094** · LSP 4776 AS

🖭

He Touched Me
He Touched Me · I've Got Confidence · Amazing Grace · Seeing Is Believing · He Is My Everything · Bosom Of Abraham · An Evening Prayer · Lead Me, Guide Me · There Is No God But God · A Thing Called Love · I, John · Reach Out To Jesus

⊙ **26.21087** · LSP 4690 AS

🖭

'is Now
p Me Make It Through The Night · acle Of The Rosary · Hey Jude · Put ur Hand In The Hand · Until It's ne For You To Go · We Can Make Morning · Early Mornin' Rain · via · Fools Rush In · I Was Born out Ten Thousand Years Ago

26.21085 · LSP 4671 AS

The Other Sides – Worldwide Gold Award Hits, Vol. 2
Puppet On An String · Witchcraft · Trouble · Poor Boy · I Want To Be Free · Doncha' Think It's Time · Young Dreams · The Next Step Is Love · You Don't Have To Say You Love Me · Paralyzed · My Wish Came True · When My Blue Moon Turns To Gold Again a.o.

4 LP

⊙ **26.30001** · LPM 6402/1-4 GV

🖭

Worldwide 50 Gold Award Hits, Vol. 1
Heartbreak Hotel · I Was The One · I Want You, I Need You, I Love You · Don't Be Cruel · Hound Dog · Love Me Tender · Anyway You Want Me · Too Much · Playing For Keeps · I'm All Shook Up · That's When Your Heartaches Begin · Loving You · (Let Me Be Your) Teddy Bear · Jailhouse Rock a.o.

4 LP

⊙ **26.30002** · LSP 6401/1-4 GV

🖭 **24.21448/51** · PK 1773/76 CT

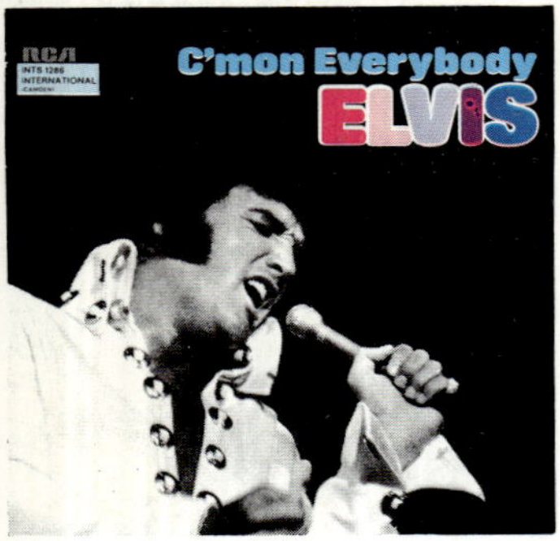

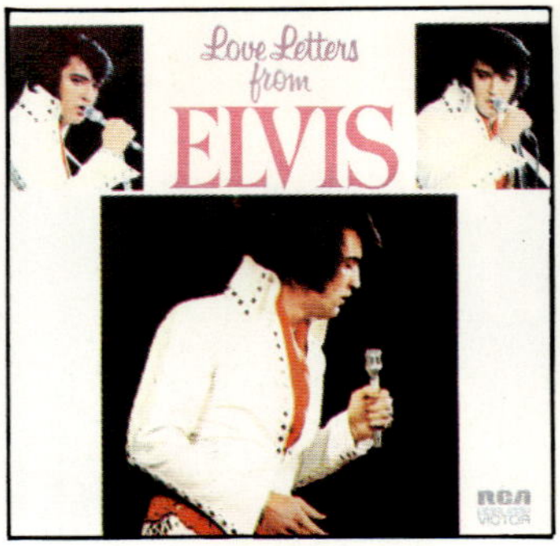

C'mon Everybody
C'mon Everybody · Angel · Easy Come, Easy Go · A Whistling Tune · Follow That Dream · King Of The Whole Wide World · I'll Take Love · Today, Tomorrow And Forever · I'm Not The Marrying Kind · This Is Living

⊙ **26.21223** · INTS 1286 AF

Love Letters From Elvis
Love Letters · When I'm Over You · If I Were You · Got My Mojo Working · Heart Of Rome · Only Believe · This Is Our Dance · Cindy, Cindy · I'll Never Know · It Ain't No Big Thing (But It's Growing) · Life

⊙ **26.21069** · LSP 4530 AS

You'll Never Walk Alone · Who Am I Let Us Pray · (There'll Be) Peace The Valley (For Me) · We Call On Hi I Believe · It Is No Secret · Sing Y Children · Take My Hand, Precio Lord

⊙ **26.21209** · INTS 1241

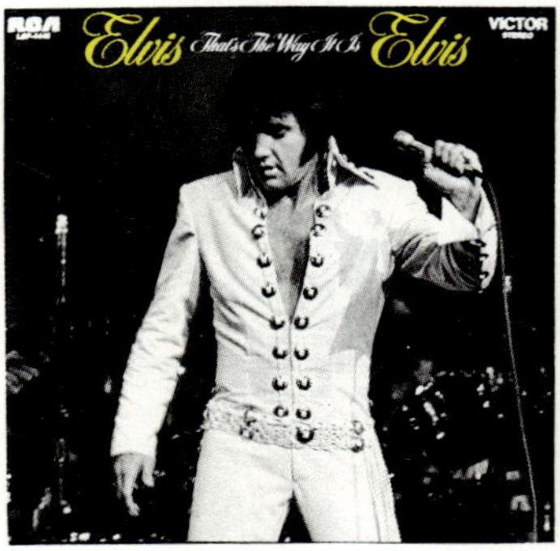

I'm 10.000 Years Old – Elvis Country
Snowbird · Tomorrow Never Comes · Little Cabin On The Hill · Whole Lotta Shakin' Goin' On · Funny How Time Slips Away · I Really Don't Want To Know · There Goes My Everything · It's Your Baby, You Rock It · The Fool · Faded Love · I Washed My Hands In Muddy Water · Make The World Go Away

⊙ **26.21061** · LSP 4460 AS

That's The Way It Is
I Just Can't Help Believin' · Twenty Days And Twenty Nights · How The Web Was Woven · Patch It Up · Mary In The Morning · You Don't Have To Say You Love Me · You've Lost That Lovin' Feelin' · I've Lost You · Just Pretend · Stranger In The Crowd · The Next Step Is Love · Bridge Over Troubled Water

⊙ **26.21058** · LSP 4445 AS

Almost In Love
Almost in Love · Long Legged Gi Edge Of Reality · My Little Frien A Little Less Conversation · Rubb neckin' · Clean Up Your Own Ba Yard · U.S. Male · Charro · Stay Aw

⊙ **26.21204** · INTS 1206

24.21204 · PJK1-7519

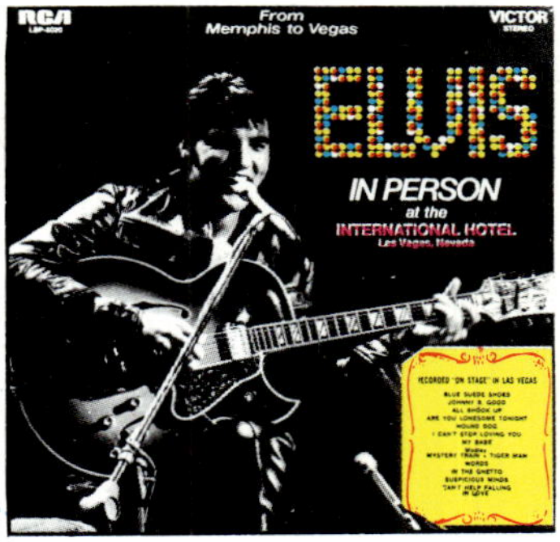

n Stage – February, 1970
ee See Rider · Release Me (And Let e Love Again) · Sweet Caroline · ınaway · The Wonder Of You · Polk lad Annie · Yesterday · Proud Mary · alk A Mile In My Shoes · Let It Be Me

26.21053 · LSP 4362 AS

Let's Be Friends
Stay Away, Joe · If I'm A Fool · Let's Be Friends · Let's Forget About The Stars · Mama · I'll Be There · Almost · Change Of Habit · Have A Happy

⊙ **26.21198** · INTS 1103 AF
🖭 **24.21198** · PJK1-7534 CH

From Memphis To Vegas
Elvis In Person At The International Hotel Las Vegas, Nevada / Back In Memphis
Blue Suede Shoes · Johnny B. Good · All Shook Up · Are You Lonesome Tonight · Hound Dog · I Can't Stop Loving You · My Baby · Medley: Mystery Train – Tiger Man · Words · In The Ghetto · Suspicious Minds a.o.
2 LP

⊙ **26.28006** · SR 6020/1-2 DX
🖭

vis Sings "Flaming Star"
ming Star · Wonderful World · Night e · All I Needed Was The Rain · Too ıch Monkey Business · Yellow se Of Texas · The Eyes Of Texas · e's A Machine · Do The Vega · Tiger ın

26.21191 · INTS 1012 AF
24.21191 · PJK1-7535 CH

Today, Tomorrow And Forever
Angel · C'mon Everybody · Easy Come, Easy Go · Flaming Star · King Of The Whole Wide World · Wild In The Country · Viva Las Vegas · Today, Tomorrow And Forever · You Gotta Stop · What A Wonderful Life · Tell Me Why · Stay Away

⊙ **26.21115** · LSP 10 220 AS
🖭

The Rockin' Days
Tutti Frutti · King Creole · Blue Suede Shoes · Don't Be Cruel · Hard Headed Woman · I Got Stung · Ready Teddy · All Shook Up · Long Tall Sally · Mean Woman Blues · Dixieland Rock · Shake, Rattle And Roll

⊙ **26.21114** · LSP 10 204 AS
🖭 **24.21114** · PK 34 175 ☐ CT

A Portrait In Music
Hound Dog · Jailhouse Rock · A Big Hunk O'Love · A Fool Such As I · Wooden Heart · Are You Lonesome Tonight? · It's Now Or Never · Kiss Me Quick · Good Luck Charm · You're The Devil In Disguise · Guitar Man · U.S. Male

⊙ **26.21183** · SRS 558 AF
24.21583 · PJK1-7052 CH

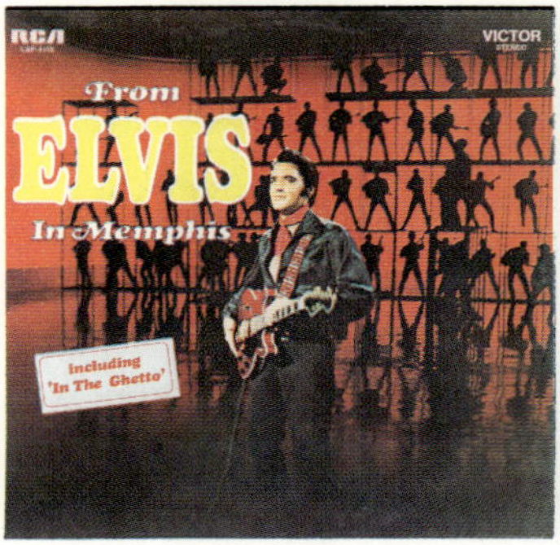

From Elvis in Memphis
Wearin' That Loved On Look · Only The Strong Survive · I'll Hold You In My Heart · Long Black Limousine · It Keeps Right On A-Hurtin' · I'm Movin' On · Power Of My Love · Gentle On My Mind · After Loving You · True Love Travels On A Gravel Road · Any Day Now · In The Ghetto

⊙ **26.21048** · LSP 4155 AS
24.21048 · VCS 67 304 □ CT

Elvis
Trouble / Guitar Man · Lawdy, Mi
Clawdy / Baby, What You Want Me
Do · Medley: Heartbreak Hotel
Hound Dog – All Shook Up · Ca
Help Falling In Love · Jailhouse Roc
Love Me Tender · Where Could I
But To The Lord · Up Above My He
/ Saved · Blue Christmas · One Nigh
Memories · Medley: Nothingville
Big Boss Man a.o.

⊙ **26.21046** · LSP 4088

Elvis' Gold Records, Vol. 4
Love Letters · Witchcraft · It Hurts Me · What'd I Say · Please Don't Drag That String Around · Indescribably Blue · You're The Devil In Disguise · Lonely Man · A Mess Of Blues · Ask Me · Ain't That Loving You Baby · Just Tell Her Jim Said Hello

⊙ **26.21039** · LSP 3921 AS

How Great Thou Art
How Great Thou Art · In The Garden · Somebody Bigger Than You And I · Farther Along · Stand By Me · Without Him · So High · Where Could I Go But To The Lord · By And By · If The Lord Wasn't Walking By My Side · Run On · Where No One Stands Alone · Crying In The Chapel

⊙ **26.21035** · LSP 3758 AS

Paradise, Hawaiian Style
Paradise, Hawaiian Style · Queen
Wahine's Papaya · Scratch My Bac
Drums Of The Islands · Datin'
A Dog's Life · House Of Sand · St
Where You Are · This Is My Heave
Sand Castles

⊙ **26.21033** · LSP 3643

..vis For Everyone!
..ur Cheatin' Heart · Summer Kis-..es, Winter Tears · Finders Keepers, ..sers Weepers · In My Way · Tomor-..w Night · Memphis, Tennessee · For ..e Millionth And The Last Time · ..rget Me Never · Sound Advice · ..nta Lucia · I Met Her Today · When It ..ains, It Really Pours

.. **26.21030** · LSP 3450 AS

Roustabout
Roustabout · Little Egypt · Poison Ivy League · Hard Knocks · It's A Wonderful World · Big Love Big Heartache · One Track Heart · It's Carnival Time · Carny Town · There's A Brand New Day On The Horizon · Wheels On My Heels

⊙ **26.21026** · LSP 2999 AS

Elvis' Golden Records, Vol. 3
It's Now Or Never · Stuck On You · Fame And Fortune · I Gotta Know · Surrender · I Feel So Bad · Are You Lonesome Tonight? · (Marie's The Name) His Latest Flame · Little Sister · Good Luck Charm · Anything That's Part Of You · She's Not You

⊙ **26.21024** · LSP 2765 AS

24.21024 · VCS 67071 CT

..n In Acapulco
..n In Acapulco · Vino, dinero y amor · ..exico · El toro · Marguerita · The Bull-..hter Was A Lady · (There's) No ..om To Rhumba In A Sports Car · ..hink I'm Gonna Like It Here · Bossa ..ova, Baby · You Can't Say No In ..capulco · Guadalajara · Love Me To-..ght · Slowly But Surely

26.21023 · LSP 2756 AS

Girls!Girls!Girls!
Girls! Girls! Girls! · I Don't Wanna Be Tied · Where Do You Come From · I Don't Want To · We'll Be Together · A Boy Like Me, A Girl Like You · Earth Boy · Return To Sender · Because Of Love · Thanks To The Rolling Sea · Song Of The Shrimp · The Walls Have Ears · We're Coming In Loaded

⊙ **26.21022** · LSP 2621 AS

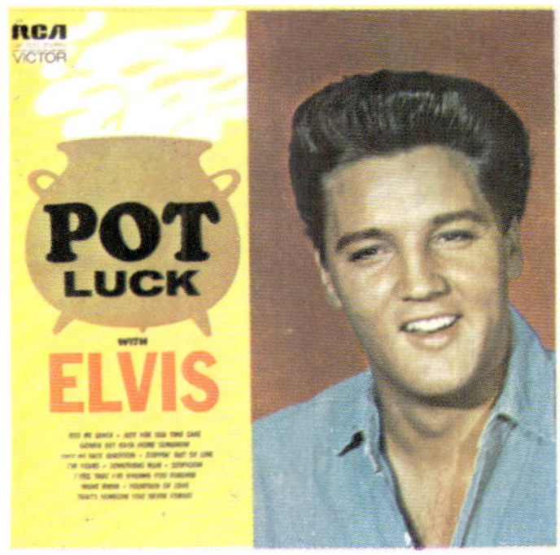

Pot Luck
Kiss Me Quick · Just For Old Time Sake · Gonna Get Back Home Somehow · (Such An) Easy Question · Steppin' Out Of Line · I'm Yours · Something Blue · Suspicion · I Feel That I've Known You Forever · Night Rider · Fountain Of Love · That's Someone You Never Forget

⊙ **26.21020** · LSP 2523 AS

Blue Hawaii
Blue Hawaii · Almost Always True · Aloha Oe · No More · Can't Help Falling In Love · Rock-A-Hula Baby · Moonlight Swim · Ku-u-i-po · Ito Eats · Slicin' Sand · Hawaiian Sunset · Beach Boy Blues · Island Of Love

⊙ **26.21019** · LSP 2426 AS

Something For Everybody
The Ballad Side: There Is Always Me · Give Me The Right · It's A Sin · Sentimental Me · Starting Today · Gently The Rhythm Side: I'm Comin' Home · In Your Arms · Put The Blame On Me · Judy · I Want You With Me · I Slipped, I Stumled, I Fell

⊙ **26.21018** · LSP 2370 AS

His Hand In Mine
His Hand In Mine · I'm Gonna Wa Dem Golden Stairs · In My Father House · Milky White Way · Know Only To Him · I Believe In The Man The Sky · Joshua Fit The Battle · H Knows Just What I Need · Swir Down Sweet Chariot · Mansion Ov The Hilltop · If We Never Meet Agair Working On The Building

⊙ **26.21017** · LSP 2328 A

G.I. Blues
Tonight's All Right For Love · What's She Really Like · Frankfort Special · Wooden Heart (Muss i denn, muss i denn) · G.I. Blues · Pocketful Of Rainbows · Shoppin' Around · Big Boots · Didja' Ever · Blue Suede Shoes · Doin' The Best I Can

⊙ **26.21016** · LSP 2256 AS

Elvis Is Back
Make Me Know It · Fever · The Girl Of My Best Friend · I Will Be Home Again · Dirty, Dirty Feeling · Thrill Of Your Love · Soldier Boy · Such A Night · It Feels So Right · Girl Next Door Went A'Walking · Like A Baby · Reconsider Baby

⊙ **26.21015** · LSP 2231 AS

50.000 000 Elvis Fans Can't B Wrong
Elvis' Gold Records, Vol. 2
I Need Your Love Tonight · Don' Wear My Ring Around Your Neck · M Wish Came True · I Got Stung · O Night · A Big Hunk O'Love · I Beg You · A Fool Such As I · Doncha' Thi It's Time

⊙ **26.21014** · LSP 2075 A
24.21014 · PK 2093 ☐ C

Date With Elvis
ue Moon Of Kentucky · Young And autiful · You're So Square (Baby on't Care) · Milkcow Blues Boogie · by Let's Play House · Good Rockin' night · Is It So Strange · We're nna Move · I Want To Be Free · orgot To Remember To Forget

26.21013 · LSP 2011 AS

For LP Fans Only
That's All Right · Lawdy, Miss Clawdy · Mystery Train · Playing For Keeps · Poor Boy · My Baby Left Me · I Was The One · Shake, Rattle And Roll · I'm Left, You're Right, She's Gone · You're A Heartbreaker

⊙ **26.21012** · LSP 1990 AS

King Creole
King Creole · As Long As I Have You · Hard Headed Woman · Trouble · Dixieland Rock · Don't Ask Me Why · Lover Doll · Crawfish · Young Dreams · Steadfast, Loyal And True · New Orleans

⊙ **26.21011** · LSP 1884 AS

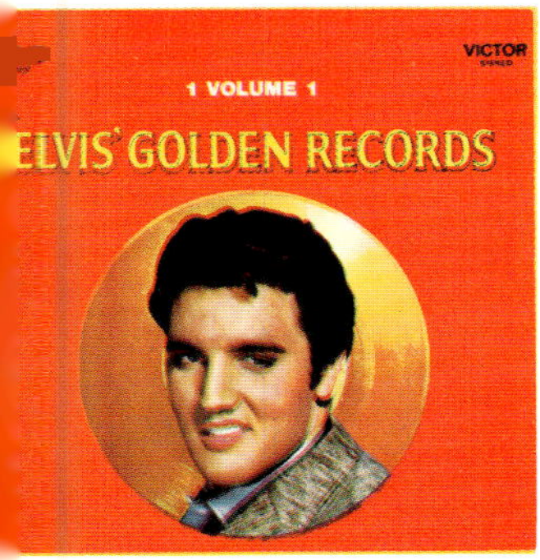

vis' Golden Records, Vol. 1
und Dog · Loving You · All Shook · Heartbreak Hotel · Jailhouse ck · Love Me · Too Much · Don't Be uel · That's When Your Heartaches gin · (Let Me Be Your) Teddy Bear · ve Me Tender · Treat Me Nice · yway You Want Me · I Want You, eed You, I Love You

26.21010 · LSP 1707 AS
24.21010 · VCS 67 173 CT

Loving You
Mean Woman Blues · Teddy Bear · Loving You · Got A Lot O'Livin' To Do · Lonesome Cowboy · Hot Dog · Party · Blueberry Hill · True Love · Don't Leave Me Now · Have I Told You Lately That I Love You? · I Need You So

⊙ **26.21009** · LSP 1515 AS

Elvis
Rip It Up · Love Me · When My Blue Moon Turns To Gold Again · Long Tall Sally · First In Line · Paralyzed · So Glad You're Mine · Old Shep · Ready Teddy · Anyplace Is Paradise · How's The World Treating You · How Do You Think I Feel

⊙ **26.21008** · LSP 1382 AS

Elvis Presley

Blue Suede Shoes · I'm Counting On You · I Got A Woman · One-Sided Love Affair · I Love You Because · Tutti Frutti Tryin' To Get To You · I'm Gonna Set Right Down And Cry · You Go · Blue Moon · Money Honey

⊙ **26.21007** · LSP 1254 AS

📼

Elvis Sings The Wonderful World Of Christmas

O Come, All Ye Faithful · The First Noël · On A Snowy Christmas Night · Winter Wonderland · The Wonderful World Of Christmas · It Won't Seem Like Christmas · I'll Be Home On Christmas Day · If I Get Home On Christmas Day · Holly Leaves And Christmas Trees

⊙ **26.21075** · LSP 4579 AS

📼

Elvis' Christmas Album

Blue Christmas · Silent Night · Wh… Christmas · Santa Claus Is Back … Town · I'll Be Home For Christma… (There'll Be) Peace In The Valley (F… Me) · If Every Day Was Like Christm… · Here Comes Santa Claus · Oh Lit… Town Of Bethlehem · Santa, Bring … Baby Back (To Me) · Mama Liked T… Roses · Take My Hand, Precious Lo…

⊙ **26.21199** · INTS 1126 A…

📼

Kurz-Biographie nach Daten

8. Januar 1935

Elvis Aron Presley kommt als erster von Zwillingen in Tupelo im US-Bundesstaat Mississippi als Sohn des Landarbeiters Vernon Presley und dessen Ehefrau Gladys, geborene Smith, zur Welt. Sein Bruder Jesse Garon wird tot geboren und am nächsten Tag in einem namenlosen Grab auf dem Priceville Friedhof in Tupelo beigesetzt.

1940

Einschulung in die East Tupelo Consolidated School.

1940

Erster öffentlicher Auftritt bei der Mississippi-Alabama Fair and Dairy Show in Tupelo mit dem Lied ‚Old Shep'.

Juni 1946

Umzug der Presleys von East Tupelo nach Tupelo in die Nähe des Neger-Ghettos Shakerag. Elvis wechselt in die Milam Junior High School.

8. Januar 1947

Zum Geburtstag erhält Elvis von seinen Eltern statt eines Fahrrades, das er sich gewünscht hatte, eine Gitarre für 12,95 Dollar.

September 1948

Umzug nach Memphis, Tennessee. Erste Wohnung in der Poplar Avenue No. 572. Elvis kommt in die L. C. Humes High School.

Februar 1949

Vernon Presley beginnt bei der Firma United Paint für einen Stundenlohn von 83 Cents als Packer zu arbeiten.

Mai 1950

Umzug der Presleys in die Lauderdale Courts, Winchester Street No. 185.

November 1950

Elvis bekommt einen Job als Platzanweiser im Loew's State Theater für einen Wochenlohn von 12,75 Dollar.

Juni 1951

Sam C. Phillips gründet die Firma Sun Records in Memphis.

7. Januar 1953

Umzug der Presleys in eine kleine Ein-Zimmer-Wohnung in der Cypress Street No. 398.

10. April 1953

Vernon Presley wird 37 Jahre alt.

25. April 1953

Gladys Presley wird 41 Jahre alt. Entgegen bis heute anders lautenden Informationen schenkt Elvis seine erste eigene Platte seiner Mutter nicht zu diesem Geburtstag.

Juni 1953

Elvis wird mit Abschluß-Zeugnis aus der L. C. Humes High School entlassen. Er findet einen ersten Job als Hilfsarbeiter bei der Precision Tool Company.

Juni 1953

Umzug der Presleys in die Alabama Street No. 462. Elvis wird bei der

Crown Electric Company in der Poplar Avenue No. 353 als Lkw-Fahrer angestellt. Er verdient über 40 Dollar in der Woche. Von diesem Geld nimmt er im gleichen Monat bei dem Memphis Recording Service, einem Ableger von Sun-Records, für 4 Dollar zwei Lieder für eine eigene Platte auf. Die Titel ‚My Happiness' und ‚That's When Your Heartaches Begin' werden direkt auf die Platte eingeritzt. Das einzige Exemplar schenkt Elvis seiner Mutter nachträglich zum Geburtstag, da er im April als Schüler noch nicht in der Lage war, 4 Dollar auszugeben.

4. Januar 1954

Zweite 4-Dollar-Platte im Memphis Recording Service mit den Titeln ‚Casual Love' und ‚I'll Never Stand In Your Way'. Elvis lernt Sam C. Phillips kennen.

März 1954

Sam C. Phillips läßt Elvis in das Sun-Studio rufen, um mit ihm die beiden Titel ‚Without You' und ‚Rag Mop', sie stammten von einem Demo-Band aus Nashville, zu probieren. Nach drei Stunden wird die Session abgebrochen, weil Elvis als Sänger nicht den Vorstellungen von Sam Phillips entspricht.

April 1954

Durch die Vermittlung von Sam C. Phillips kommt Elvis Presley mit dem Gitarristen Scotty Moore und dem Bassisten Bill Black zusammen. Die drei üben bald allabendlich; oftmals im Sun Studio.

5. oder 6. Juli 1954

Erste Session im Sun Studio, die Sam C. Phillips mitschnitt. Die Session dauerte drei Tage. Folgende Stücke wurden aufgenommen:

1. ‚I Love You Because'
2. ‚That's All Right, Mama'
3. ‚Blue Moon Of Kentucky'
4. ‚Blue Moon'

Es ist wahrscheinlich, daß noch andere, allerdings bis heute unveröffentlichte Stücke aufgenommen wurden.

Juli 1954

Dewey Phillips, ein Discjockey der Rundfunkstation WHBQ in Memphis, spielt die erste Anpressung von Elvis Presleys ‚That's All Right, Mama' in seiner Nachtsendung. Über 60 Telefonanrufer bitten um nähere Informationen und wünschen erneutes Spielen der Platte. Dewey Phillips läßt Elvis, der ins Kino gegangen ist, ins Studio holen, um ein Interview mit ihm zu machen. Als Reaktion auf die Platte gehen innerhalb der nächsten Tage über 5 000 Bestellungen bei Sun Records ein.

12. Juli 1954

Elvis Presley unterzeichnet (zusammen mit seinen Eltern) den ersten Manager-Vertrag mit seinem Gitarristen W. S. Moore III, der als Band Leader und für alle Buchungen 10 Prozent der Gage bekommen soll.

6. August 1954

Veröffentlichung der ersten Elvis-Presley-Single auf dem Sun Label unter der Nummer 209. Titel der A-Seite: ‚That's All Right, Mama', B-Seite: ‚Blue Moon Of Kentucky'.

August 1954

Zum Monatsende ist die Platte auf Platz 3 in den Country & Western Charts in Memphis. Elvis Presley hat seinen ersten und einzigen Auftritt im bekannten ‚Grand Ole Opry' Radioprogramm der WSM-Rundfunkstation in Nashville. Er singt die beiden Songs seiner Single. Nach seinem Auftritt rät ihm Jim Denny, der Organisator des Programms, er solle besser wieder Lastwagen fahren.

September 1954

Zweite Sun-Session mit folgenden Aufnahmen:
1. ‚I Dont Care If The Sun Don't Shine
2. ‚Good Rockin' Tonight'
3. ‚Just Because'

2. Oktober 1954

Erster Auftritt im ‚Louisiana Hayride' Radioprogramm des KWKH-Rundfunksenders in Shreveport, Louisiana. Die Resonanz ist so gut, daß Elvis Presley von da an jeden Samstag in Shreveport in dieser Sendung auftritt.

10. Oktober 1954

Erster großer öffentlicher Auftritt im Overton Park Shell in Memphis, Tennessee. Nach ‚Good Rockin' Tonight' zeigen sich beim Publikum zum ersten Mal Anzeichen einer Elvis-Hysterie.

Oktober 1954

Zweite Sun-Single-Veröffentlichung. A-Seite: ‚Good Rockin' Tonight', B-Seite: ‚I Don't Care If The Sun Don't Shine'. Elvis quittiert seinen Fahrer-Job bei der Crown Electric Company.

Dezember 1954

Dritte Sun-Session mit folgenden Aufnahmen:
1. ‚Milkcow Blues Boogie'
2. ‚You're A Heartbreaker'

Januar 1955

Management-Vertrag mit dem WMPS-Rundfunk-Discjockey und Konzert-Veranstalter Robert Neal Hobgood, genannt Bob Neal. Im gleichen Monat Veröffentlichung der dritten Sun-Single. A-Seite: ‚Milkcow Blues Boogie', B-Seite: ‚You're A Heartbreaker'. Weitere Sun-Session.

5. Februar 1955

Fünfte Sun-Session mit folgenden Aufnahmen:
1. ‚I'm Left, You're Right, She's Gone'
2. ‚Baby, Let's Play House'
3. ‚My Baby Is Gone'

Februar 1955

Colonel Thomas Andrew Parker bucht das erste Konzert für Elvis Presley in Carlsbad, New Mexico. Anschließend tritt Elvis Presley mit Scotty Moore und Bill Black im Vorprogramm von Hank Snow auf.

1. Mai 1955

Beginn der ersten größeren Tournee mit Hank Snow's Jamboree.

Mai 1955

Veröffentlichung der vierten Sun-Single. A-Seite: ‚I'm Left, You're Right, She's Gone', B-Seite: ‚Baby, Let's Play House'.

Juli 1955

Erste Sun-Session mit dem Schlagzeuger D. J. Fontana. Folgende Aufnahmen wurden eingespielt:
1. ‚Mystery Train'
2. ‚I Forgot To Remember To Forget'
3. ‚Trying To Get To You'

Juli 1955

‚Baby, Let's Play House' wird als erster Elvis-Song in den nationalen Hitparaden notiert. Im gleichen Monat verursacht Elvis bei einem Auftritt in Jacksonville, Florida, den ersten Tumult. Während seines Konzertes reißen ihm begeisterte Mädchen die Kleider vom Leibe.

August 1955

Veröffentlichung der fünften und letzten Sun-Single, A-Seite: ‚Mystery Train', B-Seite: ‚I Forgot To Remember To Forget'.

August 1955

Colonel Thomas A. Parker, sein Assistent Tom Diskin, Bob Neal, Vernon Presley und Elvis führen erste Gespräche über die weitere Karriere des Sängers.

September 1955

Elvis Presley unternimmt seine erste eigene Tournee mit Wanda Jackson, Floyd Cramer und Johnny Cash im Vorprogramm.

November 1955

Colonel Parker übernimmt mehr und mehr das Management für Elvis Presley, obwohl Bob Neal weiterhin alle Verträge unterzeichnet. Mitte des Monats stellt sich Elvis Presley beim Country & Western-Discjockey-Treffen in Nashville, Tennessee, vor.

November 1955

Andere, große Plattenfirmen zeigen Interesse an Elvis Presley. Colonel Parker verhandelt unter anderem mit Ahmet Ertegun, Präsident von Atlantic Records, der 25 000 Dollar bietet. Parker lehnt ab. In New York unterzeichnet Steve Sholes am 26. November, nach zähen Verhandlungen mit Parker, für die RDA Victor einen Vertrag mit Sam C. Phillips. Für 35 000 Dollar wechselt Elvis Presley von Sun Label zur RCA. Weitere 5 000 Dollar erhält Elvis, der sich mit dem neuen Vertrag einverstanden erklärt.

November 1955
RCA veröffentlicht alle fünf auf dem Sun Label erschienenen Singles noch einmal auf dem eigenen Label. Elvis Presley hat damit zwei Schallplattenfirmen, die dieselben Platten verkaufen.

10. Dezember 1955
Der Aberbach Musikverlag Hill and Range gründet für Elvis Presley den ersten Musikverlag: Elvis Presley Music. Von Sam C. Phillips wird dessen Verlag Hi Lo Music aufgekauft, weil dieser mehrere Elvis-Titel besitzt.

17. Dezember 1955
Letzter Auftritt im ‚Louisiana Hayride' Programm.

5. Januar 1956
Elvis Presley betritt zum erstenmal das RCA- Studio in Nashville in der McGavock Street No. 1525. Chet Atkins übernimmt die Vorbereitungen für die erste RCA-Produktion.

8. Januar 1956
Elvis Presley wird 21 Jahre alt.

10. bis 11. Januar 1956
Erste RCA-Session unter der Leitung von Steve Sholes und Chet Atkins mit folgenden Aufnahmen:

1. ‚I Got A Woman'
2. ‚Heartbreak Hotel'
3. ‚Money Honey'
4. ‚I'm Counting On You'
5. ‚I Was The One'

25. Januar 1956
RCA veröffentlicht die erste eigene Elvis-Presley-Produktion. A-Seite der Single: ‚Heartbreak Hotel', B-Seite: ‚I Was The One'.

28. Januar 1956
Erster Auftritt in der ‚Tommy and Jimmy Dorsey Stage Show', einer CBS-Fernsehshow aus New York. Elvis singt ‚Heartbreak Hotel' und erhält 1 250 Dollar.

30. und 31 Januar 1956
Zweite RCA-Session in New York.

3. Februar 1956
Dritte RCA-Session in New York.

4. Februar 1956
Zweiter Auftritt in der ‚Tommy and Jimmy Dorsey Stage Show'. Da diese TV- Show über die gesamten Vereinigten Staaten ausgestrahlt wird, erhält Elvis Presley eine hervorragende Promotion für seine erste RCA-Single.

11. Februar 1956
Dritter Auftritt in der ‚Tommy and Jimmy Dorsey Stage Show'.

18. Februar 1956
Vierter Auftritt in der ‚Tommy and Jimmy Dorsey Stage Show'.

25. Februar 1956
Fünfter Auftritt in der ‚Tommy and Jimmy Dorsey Stage Show'.

Februar 1956
‚Heartbreak Hotel' Nummer 28 in den nationalen C & W- und Pop-Hitparaden der USA.

3. März 1956
Sechster und letzter Auftritt in der ‚Tommy and Jimmy Dorsey Stage Show'.

10. April 1956
Umzug der Presleys in ein Ranch House im Audubon Drive No. 1034 in Memphis, das Elvis Presley für 40 000 Dollar gekauft hat.

23. April 1956
Erster Auftritt im Frontier Hotel in Las Vegas, Nevada. Colonel Parker, der inzwischen alleiniger Manager von Elvis Presley ist, hat einen 14-Tage-Vertrag abgeschlossen. Der schlechten Resonanz wegen, wird das Elvis-Gastspiel nach einer Woche abgebrochen.

April 1956
‚Heartbreak Hotel' wird Nummer eins in den nationalen C & W- und Pop-Hitparaden der USA.

Mai 1956
Die zweite RCA-Produktion wird veröffentlicht. A-Seite: ‚I Want You, I Need You, I Love You', B-Seite: ‚My Baby Left Me'.

6. Juni 1956
Über 40 Millionen Amerikaner sehen Elvis Presley bei seinem Auftritt in der ‚coast to coast' TV-Show von Milton Berle. Gage: 5 000 Dollar.

Juli 1956

RCA veröffentlicht die dritte eigene Produktion. A-Seite: ‚Hound Dog', B-Seite: ‚Don't Be Cruel'.

1. Juli 1956

Elvis Presley ist zu Gast in der zweiten Steve-Allen-Show, einer neuen NBC-Fernsehserie, die als Konkurrenz zur CBS-TV-Show mit Ed Sullivan geplant worden war. Elvis erhält 7 500 Dollar Gage. Die Einschaltquote lag an diesem Abend mit 55 Prozent weit über den 15 Prozent von Ed Sullivan.

9. September 1956

Obwohl Ed Sullivan früher gesagt hatte, er würde Elvis Presley nicht einmal mit einem Stock berühren, verhandelt er mit Colonel Parker über drei Elvis-Auftritte in seiner Show, um wieder die höchste Einschaltquote zu erhalten. Bei Elvis Presleys Auftritt an diesem Abend liegt sie bei 82,6 Prozent. Über 54 Millionen Amerikaner sind eingeschaltet. Ed Sullivan, der sich krankheitshalber (oder aus einem anderen Grund?) von dem englischen Schauspieler Charles Laughton vertreten läßt, ist wieder Nummer eins.

12. September 1956

RCA veröffentlicht sieben Elvis-Presley-Singles auf einmal:

1. ‚Blue Suede Shoes'/‚Tutti Frutti'
2. ‚I'm Counting On You'/‚I Got A Woman'
3. ‚I'll Never Let You Go'/‚I'm Gonna Sit Right Down And Cry Over You'
4. ‚Tryin' To Get To You'/‚I Love You Because'
5. ‚Blue Moon'/‚Just Because'
6. ‚Money Honey'/‚One-Sided Love Affair

7. ‚Shake, Rattle & Roll'/‚Lawdy, Miss Clawdy'
Da Elvis Presley bei seinem ersten Auftritt in der Ed-Sullivan-Show den Titelsong seines ersten Filmes ‚Love Me Tender' vorgestellt hatte, gingen bei der RCA über eine Million Vorbestellungen ein. Deshalb wird noch eine achte Single veröffentlicht. A-Seite: ‚Love Me Tender', B-Seite: ‚Any Way You Want Me'.

16. September 1956
Beginn der Dreharbeiten für ‚Love Me Tender' in Hollywood.

25. September 1956
Elvis Presley ist Gast bei der alljährlichen Mississippi-Alabama-Fair-And-Dairy-Show in seinem Geburtsort Tupelo.

18. Oktober 1956
Ende der Dreharbeiten zu ‚Love Me Tender'.

28. Oktober 1956
Zweiter Auftritt in der Ed-Sullivan-Show.

15. November 1956
Premiere von ‚Love Me Tender' im New Yorker Paramount Theater. Die Ankündigung von Elvis Presleys Erscheinen verursacht einen Tumult. Elvis kommt nicht.

Dezember 1956
Von Anfang September bis Mitte Dezember ist Elvis Presley mit seinen Platten ständig Nummer eins in den amerikanischen Hitparaden.

4. Januar 1957
Elvis Presley wird im Kennedy Veterans Hospital in Memphis von Dr.

Leonard Glick untersucht und für tauglich befunden, Soldat der US Armee zu werden.

6. Januar 1957
Dritter und letzter Auftritt in der Ed-Sullivan-TV-Show. Elvis Presley erhält für seine drei Auftritte die Rekordsumme von 50 000 Dollar.

März 1957
Elvis kauft für 100 000 Dollar in Whitehaven bei Memphis sein Haus und Anwesen ‚Graceland'.

1. Mai 1957
Beginn der Arbeiten zu ‚Jailhouse Rock' in den MGM-Studios in Hollywood. Song-Session.

Juli 1957
Der zweite Elvis-Presley-Film ‚Loving You' kommt in die Kinos.

22. September 1957
Scotty Moore und Bill Black verlassen Elvis Presley, weil sie zu wenig verdienen.

27. September 1957
Elvis Presley gibt ein Wohltätigkeitskonzert während der Mississippi-Alabama-Fair-And-Dairy-Show in Tupelo.

Oktober 1957
Der dritte Elvis Presley Film ‚Jailhouse Rock' hat Premiere.

9. November 1957
Elvis Presley kommt zum ersten Mal nach Hawaii. Der Titelsong seines neuen Filmes ist Nummer eins in den US-Hitparaden.

20. Dezember 1957
Elvis Presley erhält seine Einberufung zur US Armee zum 20. Januar 1958.

23. Dezember 1957
Elvis schreibt einen Brief an die Militärbehörde mit der Bitte, auf Grund seiner Dreharbeiten zu seinem neuen Film ihn zu einem etwas späteren Zeitpunkt einzuziehen.

27. Dezember 1957
Das Memphis Draft Board verschiebt seine Einberufung auf den 20. März 1958.

Januar 1958
Beginn der Dreharbeiten für den Paramount-Film ‚King Creole' in Hollywood.

24. März 1958
6.35 Uhr. Elvis Presley meldet sich in Memphis bei der Einberufungsbehörde. Er wird vereidigt und bekommt die Soldaten-Nummer US 53310716. Abfahrt nach Fort Chaffee, Arkansas.

14. August 1958
Elvis Presleys Mutter Gladys stirbt in Memphis im Methodist Hospital an Hepatitis.

22. September 1958
Nach einer letzten Pressekonferenz in New York wird Elvis Presley auf dem Truppentransporter ‚USS General Randal' nach Bremerhaven verschifft.

1. Oktober 1958

Ankunft in Bremerhaven. Elvis Presley wird zu seiner Einheit nach Friedberg, Hessen, gebracht.

Oktober 1958

Vernon Presley und Elvis Presleys Großmutter Minnie wohnen zuerst im Ritter's Park Hotel in Bad Nauheim. Bald mieten sie ein Haus im Ort in der Goethestraße Nr. 14.

1. Juni 1959

Elvis wird zum ‚specialist fourth class' und sein Sold wird von 78 Dollar auf 135,30 Dollar pro Monat erhöht.

Januar 1960

Elvis Presley wird Sergeant.

2. März 1960

Abflug vom US-Militärflughafen in Frankfurt am Main nach New York. Kurze Zwischenlandung zum Auftanken auf einem Flugplatz in Schottland. Das ist das einzige Mal, daß Elvis Presley britischen Boden betritt. Die Elvis-Fans in Großbritannien zehren noch heute davon.

5. März 1960

Elvis wird in Fort Dix, New Jersey, aus der Armee entlassen.

20. und 21. März 1960

Erste Recording-Session nach der Militärzeit im RCA-Studio in Nashville, Tennessee.

12. Mai 1960

Frank Sinatra präsentiert Elvis Presley in einer ‚Welcome Home, Elvis-

Show'. Für seinen 6-Minuten-Auftritt in der vierten Frank-Sinatra-Timex-TV-Show erhält Elvis Presley die Rekordsumme von 125 000 Dollar.

Oktober 1960

Premiere des Paramount-Filmes ‚G. I. Blues'.

Dezember 1960

Der Film-Konzern 20th Century Fox bringt den Elvis-Presley-Film ‚Flaming Star' in die amerikanischen Kinos.

25. Februar 1961

Zwei Auftritte in einem Wohltätigkeitskonzert im Ellis-Auditorium (5 500 Plätze) in Memphis.

25. und 26. März 1961

Die zwei Auftritte im Arizona Memorial Concert in Honululu,Hawaii sind Elvis Presleys letzten ‚live performances' bis 1969.

Juni 1961

Premiere des 20th-Century-Fox-Filmes ‚Wild In The Country'

November 1961

Premiere des Paramount-Filmes ‚Blue Hawaii'. Es wird Elvis Presleys erfolgreichster Film.

Februar 1962

RCA veröffentlicht die Single Nr. 7992. A-Seite: ‚Good Luck Charm', B-Seite: ‚Anything, That's Part Of You'. Es ist die letzte Single bis Ende 1969, die Elvis Presley auf den ersten Platz in den US-Hitparaden bringt.

März 1962
Premiere des United-Artists-Filmes ‚Follow That Dream'.

Juli 1962
Premiere des United-Artists-Filmes ‚Kid Gallahad'

November 1962
Premiere des Paramount-Filmes ‚Girls! Girls! Girls!'.

April 1963
Premiere des MGM-Filmes ‚It Happened At The World's Fair'.

November 1963
Premiere des Paramount-Filmes ‚Fun In Acapulco'.

März 1964
Premiere des 14. Elvis-Presley-Filmes. Titel der MGM-Produktion: ‚Kissin' Cousins'.

Mai 1964
Premiere des MGM-Filmes ‚Viva Las Vegas'. Elvis Presley spielt zusammen mit Ann Margret.

Novemer 1964
Premiere des Paramount-Filmes ‚Roustabout'.

Januar 1965
Premiere des MGM-Filmes ‚Girl Happy'.

September 1965
Premiere des Allied Artists-Filmes ‚Tickle Me'.

Oktober 1965
Premiere des MGM-Filmes ‚Harum Scarum'. In der BRD läuft der Film unter dem Titel: ‚Verschollen im Harem'. Es ist der schlimmste aller Elvis-Streifen.

März 1966
Premiere des UA-Filmes: ‚Frankie and Johnny'.

Juni 1966
Premiere des Paramount-Filmes ‚Paradise, Hawaiian Style'. Der Film soll an den Erfolg von ‚Blue Hawaii' anknüpfen, wird aber ein Reinfall.

Oktober 1966
Premiere des MGM-Filmes ‚Spinout'.

März 1967
Premiere des Paramount-Filmes ‚Easy Come, Easy Go'.

April 1967
Premiere des MGM-Filmes ‚Double Trouble'.

1. Mai 1967
Hochzeit im Alladin Hotel in Las Vegas, Nevada. Elvis Presley, 32, heiratet Priscilla Beaulieu, 21.

Oktober 1967
Premiere des UA-Filmes ‚Clamebake'.

1. Februar 1968
Elvis Presley wird Vater. Im Baptist Memorial Hospital in Memphis bringt Priscilla die 6,15 Pfund schwere Tochter Lisa Marie zur Welt.

März 1968
Premiere des MGM-Filmes ‚Stay Away, Joe'.

Mai 1968
Premiere des MGM-Filmes ‚Speedway'.

27. und 28. Juni 1968
Aufzeichnung der Elvis-Presley-TV-Show in den NBC-Studios in Burbank, California. Auftraggeber ist die Singer Nähmaschinenfabrik.

Oktober 1968
Premiere des MGM-Filmes ‚Live A Little, Love A Little'.

3. Dezember 1968
21.00 Uhr, Sendung der NBC-Elvis-Presley-Show.

13. bis 16. und 20. bis 23. Januar 1969
Elvis Presley produziert in den American Studios in Memphis 21 Titel, die zum Großteil im Mai auf seinem Album ‚From Elvis In Memphis' veröffentlicht werden. Das ist die erste Recording-Session in Memphis seit 1955.

März 1969
Premiere des National General Corporation-Filmes ‚Charro'. Ein Film, in dem Elvis nicht singt.

April 1969
RCA veröffentlicht die Single ‚In The Ghetto' mit ‚Any Day Now' als B-Seite. Die Platte wird Nummer drei in der ‚Billboard'-Hitparade.

Mai 1969
Premiere des MGM-Filmes ‚The Trouble With The Girls'.

31. Juli 1969
Erster Live-Auftritt nach mehr als acht Jahren im International Hotel in Las Vegas, Nevada.

22. bis 26. August 1969
Elvis Presleys Konzerte im Showroom des International Hotels werden auf Band mitgeschnitten.

28. August 1969
Letzter Auftritt in Las Vegas.

August 1969
Die NBC wiederholt die Elvis-Presley-TV-Show vom Vorjahr und sendet sie nochmals ‚from coast to coast'. Im gleichen Monat veröffentlicht RCA die Single ‚Suspicious Minds', B-Seite: ‚You'll Think Of Me'. Es wird die erste Single seit 1962, die Elvis Presley wieder auf den ersten Platz in den US-Hitparaden bringt.

Oktober 1969
Premiere des NBC-Universal-Filmes ‚Change Of Habit'.

26. Januar 1970
Beginn seiner zweiten Gastspiel-Reihe im International Hotel in Las Vegas. Elvis Presleys letzter Auftritt ist am 23. Februar.

27. Februar bis 1. März 1970
Elvis tritt anläßlich der Houston -Livestock -Show sechsmal im Astro-

dome (44 500 Plätze) in Houston, Texas, auf. Alle Konzerte sind ausverkauft.

November 1970

Der MGM-Film ‚That's The Way It Is', der Elvis Presley ‚live' in Konzerten und privat zeigt, kommt in die Kinos. In den USA erhält er gute Kritiken. In der BRD sehen ihn so wenige Zuschauer, daß er bald abgesetzt wird.

11. November 1970

Letztes Elvis-Presley-Konzert des Jahres in Denver, Colorado.

26. Januar 1971

Beginn einer neuen Gastspiel-Reihe in dem inzwischen in Hilton Hotel umbenannten ehemaligen International Hotel in Las Vegas.

23. Februar 1971

Letztes Konzert im Las Vegas Hilton.

20. Juli 1971

Erstes Konzert in Del Webb's Sahara Tahoe Hotel in Stateline, Lake Tahoe, Nevada.

2. August 1971

Letztes Konzert im Sahara Tahoe Hotel.

9. August 1971

Rückkehr ins Las Vegas Hilton.

6. September 1971

Letztes Konzert im Las Vegas Hilton.

5. November 1971
Beginn einer US-Tournee in Minneapolis, Minnesota.

16. November 1971
Ende der Tournee in Salt Lake City, Utah. Damit absolviert Elvis Presley 1971 156 Auftritte.

26. Januar 1972
Beginn einer neuen Gastspiel-Reihe im Las Vegas Hilton.

23. Februar 1972
Letztes Konzert im Las Vegas Hilton.

5. April 1972
Beginn einer US-Tournee in Buffalo, New York.

9. Juni 1972
Pressekonferenz im Hilton Hotel in New York. Am gleichen Tag erster Auftritt im Madison Square Garden.

10. Juni 1972
Zwei weitere Auftritte im Madison Square Garden werden für eine LP mitgeschnitten.

11. Juni 1972
Letzter Auftritt im Madison Square Garden. Alle Konzerte sind ausverkauft.

20. Juni 1972
Ende der Tournee in Tulsa, Oklahoma.

4. August 1972
Beginn einer neuen Gastspiel-Reihe im Las Vegas Hilton.

4. September 1972
Ende des Gastspieles im Las Vegas Hilton.

8. November 1972
Beginn einer neuen US-Tournee in Lubbock, Texas.

18. November 1972
Ende der Tournee in Honululu, Hawaii. Damit tritt Elvis Presley 1972 164mal auf.

12. Januar 1973
Proben für die ‚Aloha From Hawaii' Show.

14. Januar 1973
‚Aloha From Hawaii' wird aus dem International Center in Honululu an diesem Sonntag um 12.30 Uhr über Satellit weltweit ausgestrahlt. Diese Elvis-Presley-Show sehen über 1/3 der Weltbevölkerung.

26. Januar 1973
Beginn einer neuen Gastspiel-Reihe im Las Vegas Hilton. Drei Konzerte fallen aus, da Elvis Presley erkrankt.

23. Februar 1973
Letzter Auftritt im Las Vegas Hilton.

22. April 1973
Beginn einer US-Tournee in Phoenix, Arizona.

30. April 1973
Ende der Tournee mit einem Konzert in Denver, Colorado.

5. Mai 1973
Beginn einer Gastspiel-Reihe im Sahara Tahoe Hotel.

16. Mai 1973
Abbruch der Konzert-Reihe, die bis zum 20. Mai geplant ist, weil Elvis erkrankt.

20. Juni 1973
Beginn einer neuen US-Tournee in Mobile, Alabama.

3. Juli 1973
Ende der Tournee in Atlanta, Georgia

6. August 1973
Beginn einer neuen Gastspiel-Reihe im Las Vegas Hilton.

3. September 1973
Letzter Auftritt im Las Vegas Hilton.

Oktober 1973
Scheidung von seiner Frau Priscilla, die schon im Sommer 1972 in ‚Graceland' auszieht, um in Los Angeles alleine zu leben. Elvis Presley zahlt eine einmalige Abfindung von 5 Millionen DM und eine monatliche Unterstützung für Lisa Marie von DM 25 000.

26. Januar 1974
Erster Auftritt im Las Vegas Hilton, wo Elvis Presley insgesamt im Januar und Februar 29mal auf der Bühne steht.

9. Februar 1974
Letzter Auftritt im Las Vegas Hilton.

1. März 1974
Beginn einer US-Tournee, die mit Unterbrechungen über zwei Monate dauert.

12. Mai 1974
Letztes Konzert in Fresno, California.

16. Mai 1974
Beginn einer Gastspiel-Reihe im Sahara Tahoe Hotel.

26. Mai 1974
Letztes von 22 Konzerten im Sahara Tahoe Hotel.

15. Juni 1974
Beginn einer US-Tournee in Fort Worth, Texas.

2. Juli 1974
Ende der Tournee in Salt Lake City, Utah.

19. August 1974
Beginn einer Gastspiel-Reihe im Las Vegas Hilton.

2. September 1974
Letztes von 25 Konzerten im Las Vegas Hilton. Zwei Konzerte werden abgesagt. Colonel Parker gibt keine Begründung.

27. September 1974
Beginn einer zweiten US-Tournee in diesem Jahr in College Park, Maryland.

9. Oktober 1974
Letztes Konzert der Tournee in Abilene.

10. Oktober 1974
Erstes Konzert in einer kurzen Gastspiel-Reihe im Sahara Tahoe Hotel.

14. Oktober 1974
Letzte von acht Shows im Sahara Tahoe Hotel. Damit absolviert Elvis Presley 1974 148 Auftritte. Da Elvis im Sommer an Gewichtsproblemen leidet, er wiegt bis zu 250 Pfund, darf bei keiner seiner Shows fotografiert werden. Die Konzert-Besucher berichten, seine Auftritte seien kurz und schlecht geworden.

8. Januar 1975
Elvis Presley wird 40 Jahre alt.

20. Januar 1975
Elvis Presley wird in Memphis ins Baptist-Krankenhaus eingeliefert. Sein Arzt Dr. George Nichopoulos gibt eine nichtssagende Erklärung an die Presse.

13. Februar 1975
Elvis Presley wird aus dem Krankenhaus entlassen.

18. März 1975
Erster Auftritt im Las Vegas Hilton.

1. April 1975
Letzte von 29 Elvis-Presley-Shows im Las Vegas Hilton.

23. April 1975
Erstes Konzert einer großen US-Tournee in Mobile, Alabama.

24. Juli 1975
Letzter Auftritt von 54 Auftritten in den vorherigen Monaten in Ashville, North Carolina.

18. August 1975
Erster Auftritt im Rahmen einer Gastspiel-Reihe im Las Vegas Hilton.

20. August 1975
Nach der fünften Show im Las Vegas Hilton wird das Elvis-Summer-Festival '75 abgebrochen. Der Star ist schwer krank. Bis zum April des nächsten Jahres tritt Elvis nicht mehr auf.

30. April 1976
Erstes von 14 Konzerten im Sahara Tahoe Hotel.

9. Mai 1976
Letzter Auftritt im Showroom des Sahara Tahoe Hotels. Elvis Presley fliegt mit seinem Jet ‚Lisa Marie', der auf dem Flughafen in Reno, Nevada bereit steht, nach Los Angeles und Memphis. Colonel Parker beginnt mit den Vorbereitungen der US-Sommer-Tournee.

16. August 1977
14.45 Uhr CST Elvis Presley stirbt in seiner Villa „Graceland" in Memphis/Tennessee.

Filmographie:

November 1956
Love Me Tender
20th Century Fox

Juli 1957
Loving You
Paramount

Oktober 1957
Jailhouse Rock
Metro-Goldwyn-Mayer

Mai 1958
King Creole
Paramount

Oktober 1960
G. I. Blues
Paramount

Dezember 1960
Flaming Star
20th Century Fox

Juni 1961
Wild In The Country
20th Century Fox

November 1961
Blue Hawaii
Paramount

März 1962
Follow That Dream
United Artists

Juli 1962
Kid Gallahad
United Artists

November 1962
Girls! Girls! Girls!
Paramount

April 1963
It Happened At The World's Fair
Metro-Goldwyn-Mayer

November 1963
Fun In Acapulco
Paramount

März 1964
Kissin' Cousins
Metro-Goldwyn-Mayer

Mai 1964
Viva Las Vegas
Metro-Goldwyn-Mayer

November 1964
Roustabout
Paramount

Januar 1965
Girl Happy
Metro-Goldwyn-Mayer

September 1965
Tickle Me
Allied Artists

Oktober 1965
Harum Scarum
Metro-Goldwyn-Mayer

März 1966
Frankie And Johnny
United Artists

Juni 1966
Paradise, Hawaiian Style
Paramount

Oktober 1966
Spinout
Metro-Goldwyn-Mayer

März 1967
Easy Come, Easy Go
Paramount

April 1967
Double Trouble
Metro-Goldwyn-Mayer

Oktober 1967
Clamebake
United Artists

März 1968
Stay Away, Joe
Metro-Goldwyn-Mayer

Mai 1968
Speedway
Metro-Goldwyn-Mayer

Oktober 1968
Live A Little, Love A Little
Metro-Goldwyn-Mayer

März 1969
Charro
National General Corp.

Mai 1969
The Trouble With Girls
Metro-Goldwyn-Mayer

Oktober 1969
Change Of Habit
NBC-Universal

November 1970
Elvis:
That's The Way It Is
Metro-Goldwyn-Mayer

Dezember 1972
Elvis On Tour
Metro-Goldwyn-Mayer

Quellenverzeichnis:

Baake, Dieter: Beat — die sprachlose Opposition, Juventa Verlag, München, 1972.
Belz, Carl: The Story Of Rock, Oxford University Press, New York, 1972.
Cash, Johnny: Man In Black, Zondervan, Grand Rapids, 1975.
Cohn, Nik: Pop From The Beginning, Weidenfeld & Nicolson, London, 1969.
Davis, Clive: Clive — Inside The Record Business, William Morrow, New York, 1974.
Feathers, Leonard: The New Edition Of The Encyclopedia Of Jazz, Horizon Press, New York, 1960.
Gillett, Charles: The Sound Of The City, Outerbridge & Dienstfrey, New York, 1970.
Hand, Albert: The A - Z Of Elvis Presley, Albert Hand Publications, Heanor, 1976.
Handy, W.C.: Blues — An Anthology, Mac Millan, New York, 1972.
Hartwich-Wiechell, Dörte: Pop-Musik, Analysen und Interpretationen, Arno Volk Verlag Hans Gerig, Köln, 1974.
Hemphill, Paul: The Nashville Sound: Bright Lights And Country Music, Simon & Schuster, New York, 1970.
Hetman, Frederik: Bob Dylan, Rowohlt, Reinbek, 1976.
Hopkins, Jerry: Elvis, A Biography, Warner, New York, 1972.
Jones, Leroi: Blues People, Negro Music In White America, William Morrow, New York, 1963.
Kuhnke, Klaus; Lück, Hartmut; Miller, Manfred; Schroeder, Tom; Schulz, Peter: Roll Over Beethoven — Zur Geschichte der populären Musik, Edition Eres, Lilienthal, 1973.
Marcus, Greil: Mystery Train, Images Of America In Rock 'n' Roll Music, Dutton, New York, 1975.
Mann, May: Elvis And The Colonel, Drake, New York, 1975.
Osborne, Jerry: Record Collector's Price Guide, O'Sullivan Woodside, Phoenix, 1976.
Palmer, Tony: Born Under A Bad Sign, Kimber, London, 1970.
Parish, James Robert: The Elvis Presley Scrapbook, Ballantine, New York, 1975.
Robinson, Richard: Rock Revolution, Popular Library, New York, 1976.
Roxon, Lillian: Rock Encyclopedia, Grosset & Dunlap, New York, 1971.
Schmidt-Joos, Siegfried; Graves, Barry: Rock Lexikon, Rowohlt, Reinbek, 1975.
Schöler, Franz: Let It Rock, Hanser, München, 1975.
Whitcomb, Ian: After The Ball — Pop Music From Rag To Rock, Simon & Schuster, New York, 1973.

Weitere Informationen aus folgenden Zeitschriften und Magazinen: ‚Billboard', Chincinnati; ‚Cashbox', New York; ‚Creem', Walled Lake; ‚Elvis', Göttingen; ‚Elvis Monthly', Leicester; ‚Elvisette', Lyngby; ‚Hollywood Press', Hollywood; ‚Hollywood Star', Hollywood; ‚Melody Maker', London; ‚New Musical Express', London, ‚New York Times', New York; ‚Record World', New York; ‚Rolling Stone', New York; ‚Time Magazine', New York; ‚Variety', New York.

Bildnachweis:
Für die freundliche Abdruckgenehmigung der Bilder danken wir: RCA, Teldec, 20th Century Fox, MGM, Paramount, United Artists und Allied Artists.

Für Hilfe und Unterstützung bedanke ich mich besonders bei: Chester B. Atkins, Ian R. Bailye, Hans Georg Baum, Buster Burnham, Jochen Dix, Neshui Ertegun, Evelyn Heyl, Melvin Ilberman, Stan Levine, Wilfried Mannes, Anthony E. S. McGinnity, Andreas Odenwald, Thomas A. Parker, Sabina von Rogalla, Hans Werner Rohde, Klaus Wellershaus, Stefan Böhle, Ted Teske, Jürgen Schwitzkofski und nicht zuletzt bei Jörg Troska.

Inhaltsverzeichnis